弗布克人力资源管理操作实务系列

定责 定岗 定编 定员 定额 定薪

（第 2 版）

孙宗虎　编著

人 民 邮 电 出 版 社
北　　京

图书在版编目（C I P）数据

定责定岗定编定员定额定薪 / 孙宗虎编著. -- 2版
. -- 北京 : 人民邮电出版社, 2017.11
（弗布克人力资源管理操作实务系列）
ISBN 978-7-115-47092-8

Ⅰ. ①定… Ⅱ. ①孙… Ⅲ. ①企业管理－人力资源管
理 Ⅳ. ①F272.92

中国版本图书馆CIP数据核字(2017)第250844号

内容提要

人力资源管理工作是一项实务性很强的工作，仅有战略而缺少实施战略的方法和工具是无法达到预期效果的。如何把人力资源管理的工作落到实处；如何从实际出发，设计出行之有效的方案；如何把人力资源管理各项工作加以细化；如何执行人力资源管理的各项具体工作……这些都是从业者关心的问题。

本书立足于人力资源管理的基础性工作，从组织目标与组织结构设计、部门结构设计与职能分解、岗位分析与评价三大维度出发，详细介绍了企业高效开展定责、定岗、定编、定员、定额、定薪工作的具体内容，系统分析了定责、定岗、定编、定员、定额、定薪与人力资源管理系统和岗位管理体系的关系，这对夯实人力资源管理的基础工作具有极强的指导作用。

本书适合企事业单位人力资源管理人员、培训师、咨询师及高校相关专业师生阅读和使用。

◆ 编　　著　孙宗虎
　责任编辑　程珍珍
　责任印制　焦志炜
◆ 人民邮电出版社出版发行　　北京市丰台区成寿寺路 11 号
　邮编 100164　　电子邮件 315@ptpress.com.cn
　网址 http://www.ptpress.com.cn
　北京天宇星印刷厂印刷
◆ 开本：787×1092　1/16
　印张：18　　2017 年 11 月第 2 版
　字数：380 千字　　2025 年 3 月北京第 26 次印刷

定　价：69.00　元

读者服务热线：（010）81055656　印装质量热线：（010）81055316
反盗版热线：（010）81055315

人力资源管理操作实务系列
专家委员会成员

以下名单按姓氏笔画顺序排列

王志强 三一集团高级副总经理　三一新能源投资有限公司总经理

王鹤鹏 生活家（北京）家居装饰有限公司武汉分公司总经理

白　云 凹凸人网（北京）咨询有限公司 CEO

龙红明 长沙市爱欣爱见教育管理有限公司人力资源总监

龙拉非 深圳市新睿女主人形象设计有限公司创始人

任　艺 华恒智信副总经理　高级咨询师

孙宗虎 北京弗布克管理咨询有限公司总经理

张　显 腾讯人力资源平台部助理总经理　腾讯上海分公司人力资源总监

张　颖 薪酬绩效专家　颖和企业管理咨询有限公司创始人　前腾讯高级薪酬绩效经理

李原淑 北大方正集团方正商学院执行院长

屈秀丽 北京恒昌利通投资管理有限公司人力资源高级经理

胡　炜 中信建投证券股份有限公司人力资源部高级副总裁

赵　磊 华恒智信副总经理　中国人力资源协会理事

郭振山 汇川技术 BU HRBP

郭　娟 京东集团 HRBP Head

龚高科 中车株洲所时代电气股份有限公司物流中心主任

程　玮 中国核工业二四建设有限公司人力资源部主管

彭皖寅 礼舍科技合伙人兼人力资源总监

熊俊彬 CSTD 中国人才发展社群创始人

魏晨琛 美科多（北京）家居用品有限公司常务副总

总序

伴随着“互联网＋ ”和人工智能的崛起，人力资源管理在企业中所起的作用也发生了重大的变化。人力资源部门所扮演的角色，将伴随着时代的变化不断调整。

第一，在人员招聘上，正逐步从招人走向找人。未来找人将成为人力资源招聘的常态。

第二，在人员培训上，正逐步由技能培训走向领导力开发。人力资源开发将变得非常重要，提升员工的领导力将是未来人力资源部门重要的工作任务之一。

第三，在组织设计上，未来人力资源将基于平台开展组织设计的各项工作。“平台＋个人”将成为未来组织的常态。

第四，在雇佣关系上，雇佣时代逐步退去，合伙时代正在开启。

第五，在人员管理上，随着智能机器逐步取代一些蓝领岗位，未来的人员管理将更多集中于对高知型人才的管理。

不管组织如何变革、技术如何发展，在企业管理中，人依然是最重要的资源，而对人的管理也依然是企业管理中永恒的主题。

在企业中，不管是“招人”还是“选人”，不管是“育人”还是“用人”，人力资源管理工作者仍将发挥着重要的作用。将企业的人力资源转化为企业的竞争优势仍将是人力资源管理工作者主要的工作。

企业人力资源管理工作者在培训、人员开发、人才盘点、绩效薪酬、员工关系等工作上，仍会基于企业的人力资源战略，不断落实企业人力资源管理的各项工作，并做到求真务实；同时在管理实践中仍需要使用人力资源管理的各种工具、方法、方案和模板。

人力资源管理工作是一项实务性很强的工作，仅有战略而缺少实施战略的方法和工具是无法达到预期效果的。如何把人力资源管理的工作落到实处；如何从实际出发，设计出行之有效的方案和工具；如何把人力资源各项工作加以细化；如何执行人力资源各项具体的工作……这些都是亟需解决的问题。

这套图书从人力资源管理实务的角度出发，针对某一个部门、某一类人员、某一类事项的管理问题，提供了细节化、工具化、方案化的解决策略，体现了很强的实用性和工具性。

因此，这套图书既可以作为人力资源管理工作者的工具书和操作手册，也可作为高校人力资源管理专业教材，尤其适用于职业院校人力资源专业。

北大方正集团方正商学院执行院长

李原淑

2017 年 5 月

再版前言

对于企业而言，要设计出适合企业发展需求的战略性人力资源管理系统，首先要正确认识和理解构建人力资源管理系统的基础与依据。只有做好人力资源管理的基础性工作，才能顺利地进行组织诊断、变革与创新，实现人力资源数量与质量的合理配置。

那么，如何使人力资源管理能够在操作层面上支撑企业的战略实施和日常运营呢?职位分析如何与企业的战略、组织、流程相对接，真正成为向人力资源管理过渡的桥梁?**定责、定岗、定编、定员、定额、定薪（简称“六定”）**到底如何界定?它们与人力资源管理系统和岗位体系的关系如何?应当采用什么方法、按照什么样的流程和方案进行“六定”工作呢?

本书立足于人力资源管理的基础性工作，采用流程分析、图表设计、范例演示等形式，详细介绍了企业高效开展“六定”工作的具体内容，以“六定”工作促进人力资源管理系统和岗位体系的设计。

《定责 定岗 定编 定员 定额 定薪》第一版上市几年来，赢得了大量读者的关注与喜爱。他们对本书给予了高度评价，同时针对书中存在的问题提出了客观的批评和有效的改进建议。在此，我们衷心感谢广大读者多年来对弗布克的大力支持!

在对读者反映的问题、提出的意见进行充分研究的基础上，我们结合市场调研的结果及企事业单位的现实情况，对《定责 定岗 定编 定员 定额 定薪》进行了改版。此次改版，我们将原书中的部分内容进行了替换、补充和更新，其目的就是使本书更加符合当今读者的实际工作需求，更好地实现我们“拿来即用”的承诺。

在编写《定责 定岗 定编 定员 定额 定薪（第2版）》时，我们在第1版的基础上做了如下修订。

1. 内容更具系统性

本书秉着系统、务实的原则，系统分析了“六定”工作与企业人力资源管理、组织结构、部门结构、岗位分析和评价的关系，详细介绍了开展定责、定岗、定编、定员、定额、定薪各项工作的具体内容，并提供了工作中所需的各种流程图、模型等实用工具，从而便于人力资源管理者更加高效、便捷地开展“六定”工作。

2. 增加了新型企业的岗位管理内容

本书密切结合大数据和移动互联网的技术发展，新增了电商企业、互联网金融公司组织结构设计范本，以及App开发工程师、数据分析师、网店客服等岗位职责示例，目的就是为了方便上述企业的人力资源管理工作者借鉴、使用。

3. 提供了多个行业的定编定员设计范例

本书有针对性地选取了多个行业定编、定员工作的设计范例，为企业的定编、定员工作的实施提供了可以参照的模板。

在本书修订的过程中，孙立宏、孙宗坤、刘井学、刘伟、程富建负责资料的收集和整理，王淑燕、王伟华负责修订了本书的第一、二章，毕春月、程淑丽负责修订了本书的第三、四章，权锡哲、高玉卓负责修订了本书的第五、六章，王瑞永负责修订了本书的第七章，刘俊敏、王海燕负责修订了本书的第八、九章，刘柏华、刘娜负责修订了本书第十、十一章，全书由孙宗虎统改、定稿。

弗布克 HR 研究中心

2017 年 5 月

目　录

第1章

六定与人力资源管理

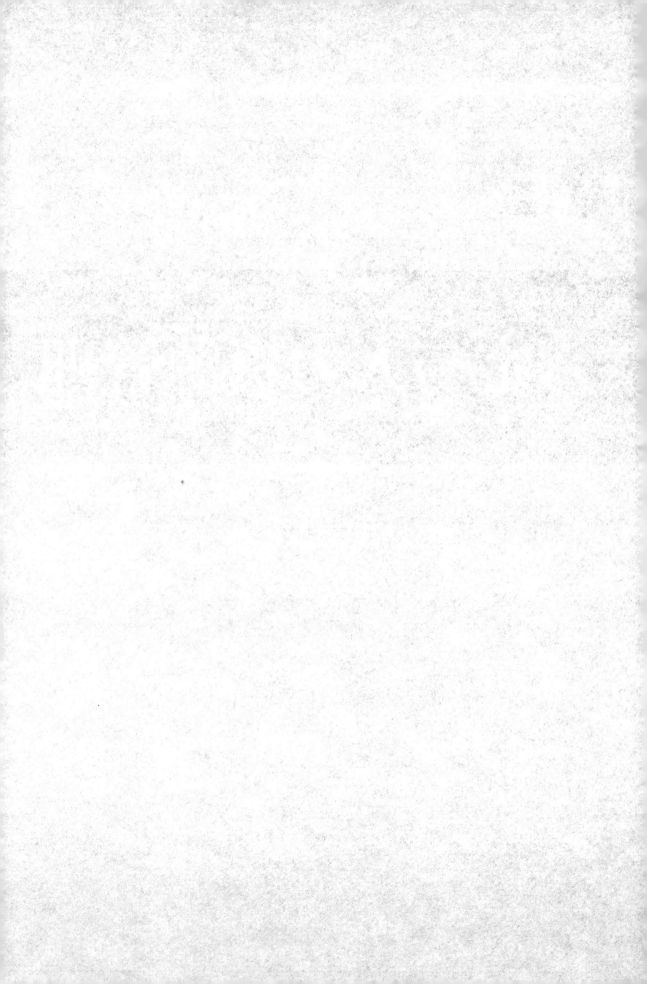

1.1 六定

人力资源是劳动组织从事经济活动的必要条件。劳动组织从设计组建时起，就要考虑需要多少人、人员应具备什么样的条件，以及如何将这些人合理地组织起来，以达到既能满足生产和工作的需要，又能使其发挥应有的作用的目的。

“定责、定岗、定编、定员、定额、定薪”（以下简称“六定”，如图 1-1 所示）之所以被称为人力资源管理的基础性工作，就在于只有将“六定”工作进一步完善，才能确保我们不断地进行组织诊断、变革与创新，以实现人力资源数量与素质的合理配置。

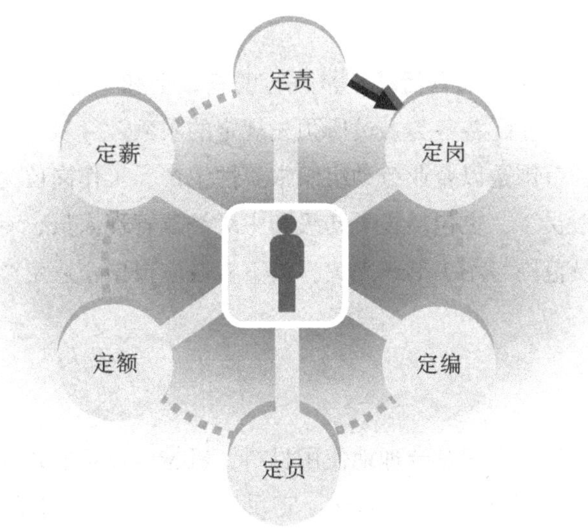

图 1-1 六定

1.1.1 定责

定责是指在明确组织目标、系统进行岗位分析的基础上，对各个工作岗位所需要完成的工作内容以及应承担的责任范围进行设定，以期达到各个岗位职责明晰、协作有序的目的。

1.1.2 定岗

合理、顺畅、高效的组织结构是企业快速、有序运行的基础，岗位是企业组织结构中最基本的功能单位。定岗就是在生产组织合理设计以及劳动组织科学化的基础上，从空间和时间上科学地界定各个工作岗位的分工与协作关系，明确地规定各个岗位的职责范围、对人员的素质要求、工作程序和任务总量。因事设岗是岗位设置的基本原则。

1.1.3 定编

简单来说，定编就是要明确企业发展需要多少合适的人员。编制包括机构编制和人员编制两个部分，这里研究的是对工作组织中各类岗位的数量、职务的分配，以及依据人员的数量及其结构所作的人员编制。

定编是在定责、定岗的基础上，对各职能部门和业务机构进行合理布局与设置的过程。定编为企业制订生产经营计划和人事调配提供了依据，有利于企业不断优化组织结构、提高劳动效率。

1.1.4 定员

定员是在确保企业生产经营活动正常进行的基础上和一定的生产技术组织条件下，按照一定的要求，对企业配备各类人员所预先规定的限额。

企业劳动定员的范围是以企业劳动组织常年性生产、工作岗位为对象，具体既包括从事各类活动的一般员工，也包括各类初级和中级经营管理人员、专业技术人员，以及高层管理人员。定员范围与用工形式无关，员工人数应根据企业生产经营活动的特点和实际情况来确定。

1.1.5 定额

定额是在规范的劳动组织及合理地使用材料、机械、设备的条件下，预先规定完成单位合格产品所消耗的资源数量的标准，它反映的是在一定时期社会生产力水平的高低。

1.1.6 定薪

企业薪酬体系对企业的发展有着举足轻重的作用。薪酬是影响员工满意度的关键因素之一。定薪是在岗位评价的基础上，运用各种方法或模式构建由外在薪酬和内在薪酬组成的薪酬体系的过程，具体内容如图 1-2 所示。

岗位评价结果是建立薪酬体系的重要依据，但定薪还需要进行薪酬调查、企业薪酬承受能力测试等。定薪的目的是使绩效优良者优先评为先进、得到晋升和加薪，使绩效劣差者被降级或被降低工资。只有这样，才能充分发挥薪酬的基本经济保障作用、激励作用，从而调动员工的积极性，进而吸引、留住优秀员工。如果不能建立科学、有效的绩效考核体系，岗位评价和以岗定薪就成了无本之木、空中楼阁。

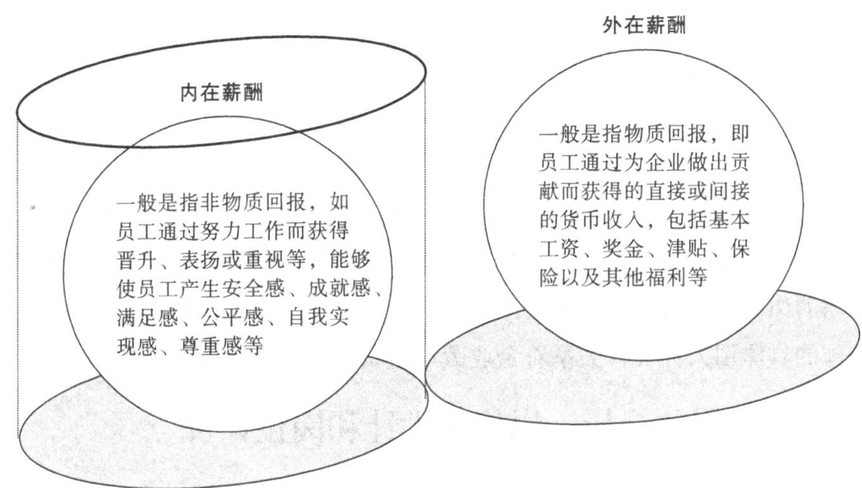

图 1-2　薪酬体系的构成

1.2　六定与岗位管理体系

1.2.1　六定与组织结构设计和变革

部门是承担某种职能模块的载体，我们可按一定的原则将它们组合在一起，形成组织结构。组织结构是组织内部分工协作的基本形式或框架，组织结构变革的内容如图 1-3所示。

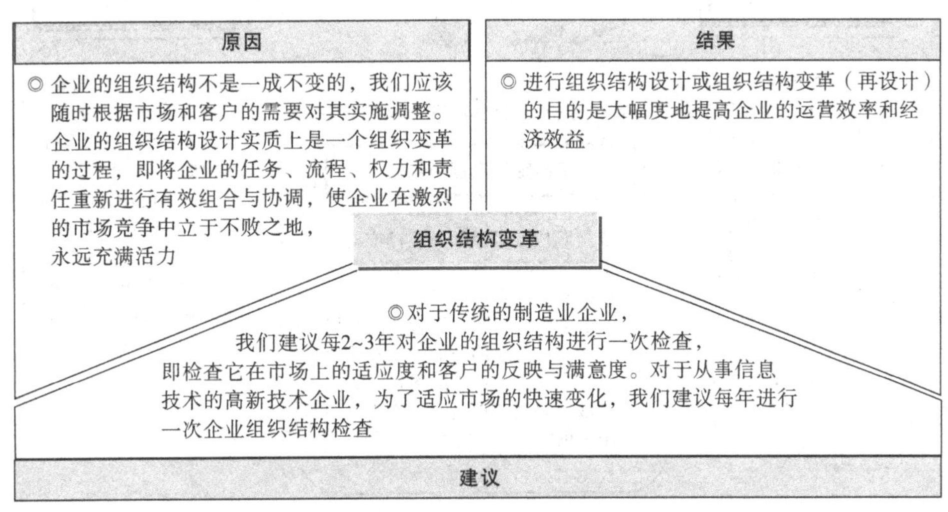

图 1-3　组织结构变革的原因、结果和建议

科学、合理的定责、定岗、定编、定员、定额、定薪有利于企业进行组织结构的设计和变革。组织结构的设计与变革也决定着六定的内容及实施的结果。

1.2.2　六定与部门设置和整合

部门设置和整合是组织结构设计的重要内容。部门设置和整合是指将企业活动按照一定的逻辑进行安排，设置成若干个管理单位并进行统一整合。部门结构的模式和职能决定了部门的岗位设置与岗位人员的配置，为接下来的六定工作指明了方向，其决定着科学、合理的具体用人标准，关系着企业劳动组织的科学化管理。

1.2.3　六定与岗位分析、岗位再设计和岗位评价

岗位分析是对企业各类岗位的性质、任务、职责、劳动条件和环境，以及员工承担本岗位任务应具备的资格条件所进行的系统分析与研究，并由此制定岗位规范、工作说明书等人力资源管理文件的过程。

岗位再设计是由于组织优化和业务流程再造，需要在已有岗位的基础上，按照相应的要求对岗位进行重新设计的过程。

岗位评价是一种系统地测定每一个岗位在单位内部工资结构中所处位置的工具。它以岗位任务在整个工作中的重要程度为标准，以某具体岗位在正常情况下对员工的要求为依据，而不考虑个人的工作能力或在工作中的表现。

岗位分析、岗位再设计和岗位评价是开展六定工作的依据，具体内容如图 1-4 所示。

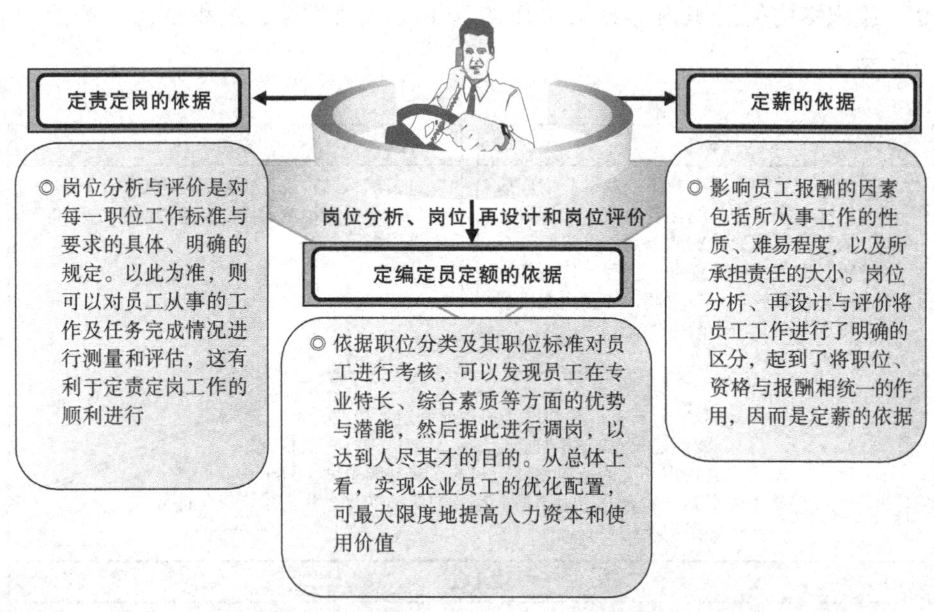

图 1-4　岗位分析、岗位再设计和岗位评价

1.3 六定与企业人力资源管理

定责、定岗、定编、定员、定额和定薪是人力资源管理工作分析系统中的重要内容。因此，科学、合理地做好“六定”工作，是企业人力资源管理工作顺利开展的保障。

1.3.1 定责与人力资源管理

定责是指“明确组织具体做什么工作”。其是定岗、定编、定员、定额、定薪工作的基础，只有明确部门和岗位责任，才能进行岗位的编制工作，并确定人员的数量。定责是岗位薪资制定的依据，所以说定责是开展其他工作的基础，是六定工作中最重要的内容。开展定责工作，需先进行企业决策分类，以优化管理战略，然后再从组织架构设置到部门和岗位配置、从职责细分到流程梳理、从完善人力资源规划到明确岗位职责，以及从公司战略层面进行一一明确。

定责为人力资源管理工作提供了依据，其对人力资源管理工作的作用体现在如图1-5所示的五个方面。

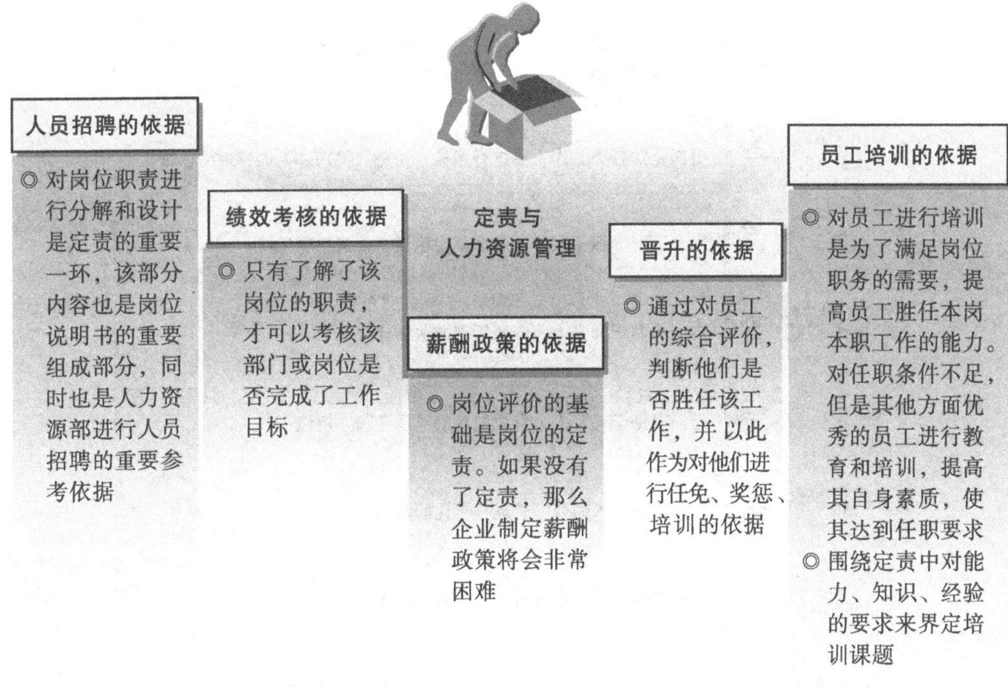

图 1-5 定责与人力资源管理

1.3.2 定岗与人力资源管理

定岗是指“明确界定组织中各个工作岗位的分工与协作关系”。在定岗过程中，通过明确组织战略、分析组织架构、研究工作流程和进行岗位分析，以优化岗位设置和人力资源管理体系的建设。定岗与人力资源管理的关系主要体现在如图 1-6 所示的几个方面。

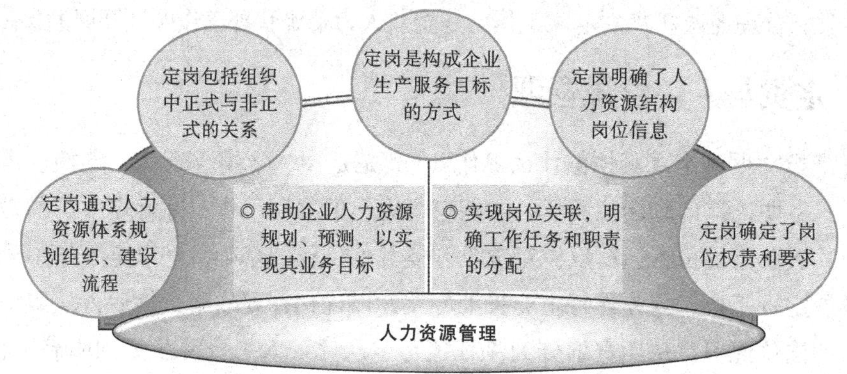

图 1-6 定岗与人力资源管理的关系

定岗使员工的工作更具有针对性，同时也为接下来的定编工作奠定了基础。定岗对人力资源管理的作用如图 1-7 所示。

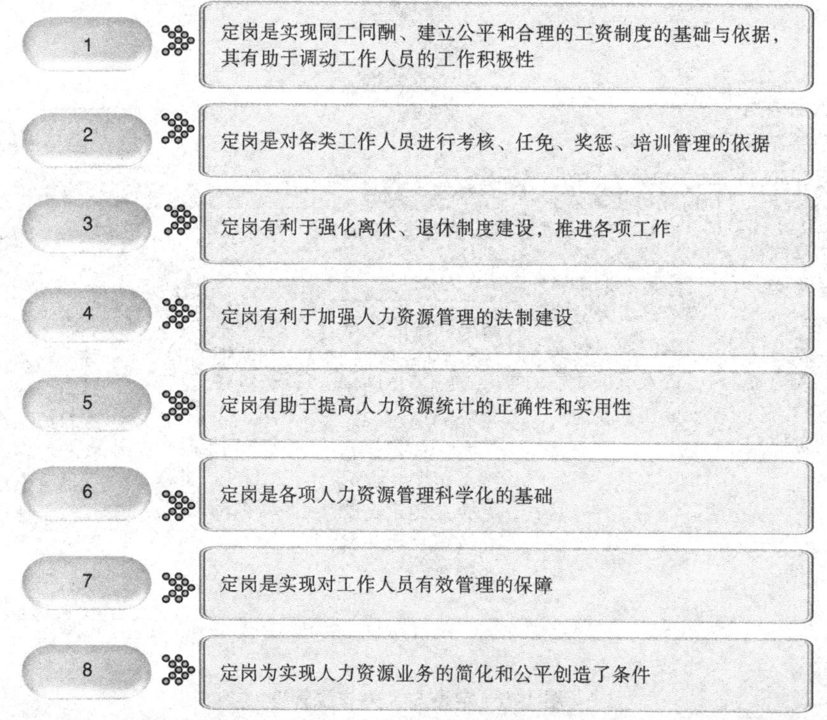

1
定岗是实现同工同酬、建立公平和合理的工资制度的基础与依据，其有助于调动工作人员的工作积极性
2
定岗是对各类工作人员进行考核、任免、奖惩、培训管理的依据
3
定岗有利于强化离休、退休制度建设，推进各项工作
4
定岗有利于加强人力资源管理的法制建设
5
定岗有助于提高人力资源统计的正确性和实用性
6
定岗是各项人力资源管理科学化的基础
7
定岗是实现对工作人员有效管理的保障
8
定岗为实现人力资源业务的简化和公平创造了条件

图 1-7 定岗对人力资源管理的作用

1.3.3 定编与人力资源管理

定编是指“明确组织发展需要多少合适的人员”。定编是组织人力资源管理中的一项基础性工作，其采取一定的程序和科学的方法，对确定的岗位进行人员数量的调整和配备。完成定编工作，即实现了事事有人做、人人有事做的目标，促进了人力资源管理工作的规范化、合理化和科学化建设。

定编与人力资源管理的关系主要体现在如图 1-8 所示的几个方面。

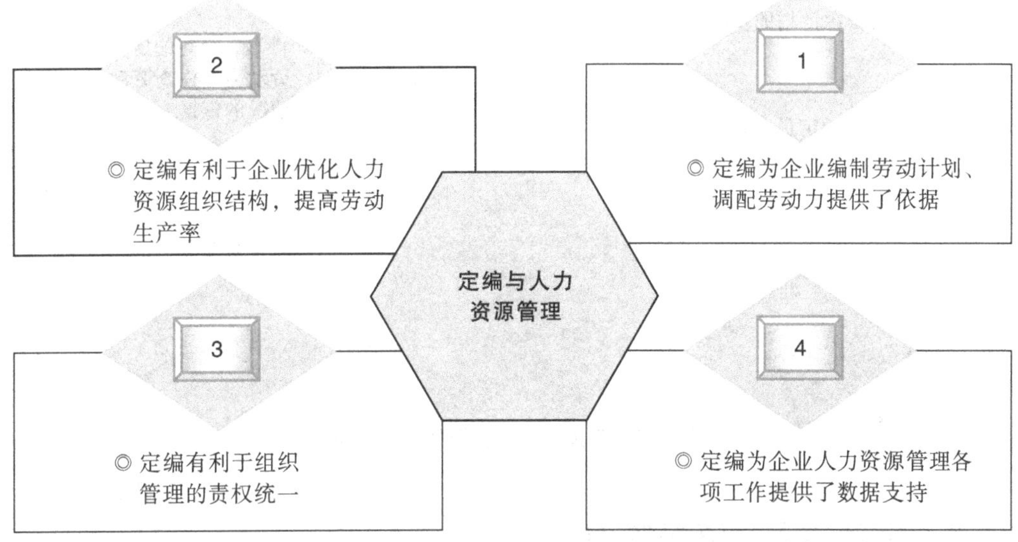
1
◎ 定编为企业编制劳动计划、调配劳动力提供了依据
2
◎ 定编有利于企业优化人力资源组织结构，提高劳动生产率
定编与人力资源管理
3
◎ 定编有利于组织管理的责权统一
4
◎ 定编为企业人力资源管理各项工作提供了数据支持

图 1-8 定编与人力资源管理的关系

总之，定编可以帮助企业进行人力资源规划、预测，使企业实现业务目标。人力资源规划是研究未来推动战略实现的“人”的问题，以及战略对员工的数量、质量、结构等方面的要求。但是，应当注意人力资源数量规划主要解决人与事的数量关系是否对应的问题。一般情况下，数量规划以先进的企业为研究对象，同时考虑在岗员工的工作负荷，以实现对工作时间的有效利用，但我们应注意这种数量关系不是绝对的，而是随着设备、技术、作业流程的变化而变化的。

1.3.4 定员与人力资源管理

定员是指“明确组织需要哪些类型的人员”。定员是对岗位价值链上每个环节应发挥的作用进行系统分析，包括岗位对组织的贡献、岗位之间的内在关系、岗位在流程中的位置与角色，以及其内在各要素的互动与制约的关系等，以使岗位人员配置协调平衡。

定员工作也是企业的一项基础管理工作，其能保证企业合理地配备人员，以达到节约人力、避免浪费、提高劳动生产率的目的。定员与人力资源管理的关系主要体现在如图 1-9 所示的几个方面。

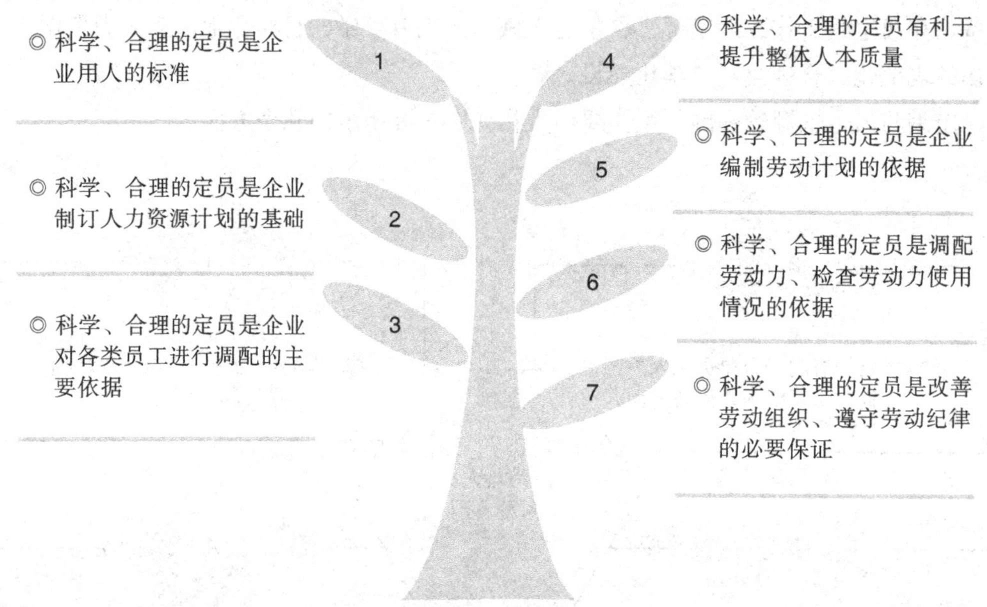

图 1-9　定员与人力资源管理的关系

1.3.5　定额与人力资源管理

定额是指“明确人、财、物的限定标准或计算工作量的标准”。其也是企业现代化人力资源管理的基础工作之一。定额不能脱离企业现实的生产技术和管理水平，要在现有的条件下，保持一定的先进性和合理性。因此，做好定额工作是提高企业经济效益、减少劳动消耗的重要保证。

定额是衡量员工贡献大小、合理进行分配的重要依据。企业应当将岗位员工的劳动态度、专业技能熟练度、贡献大小作为评定工资和奖励的依据，做到让员工多劳多得、少劳少得。无论是实行计时奖励还是计件工资制度，定额都是考核员工技能高低、贡献大小，以及评定劳动态度的重要标准之一。定额与人力资源管理的关系主要体现在如图 1-10 所示的几个方面。

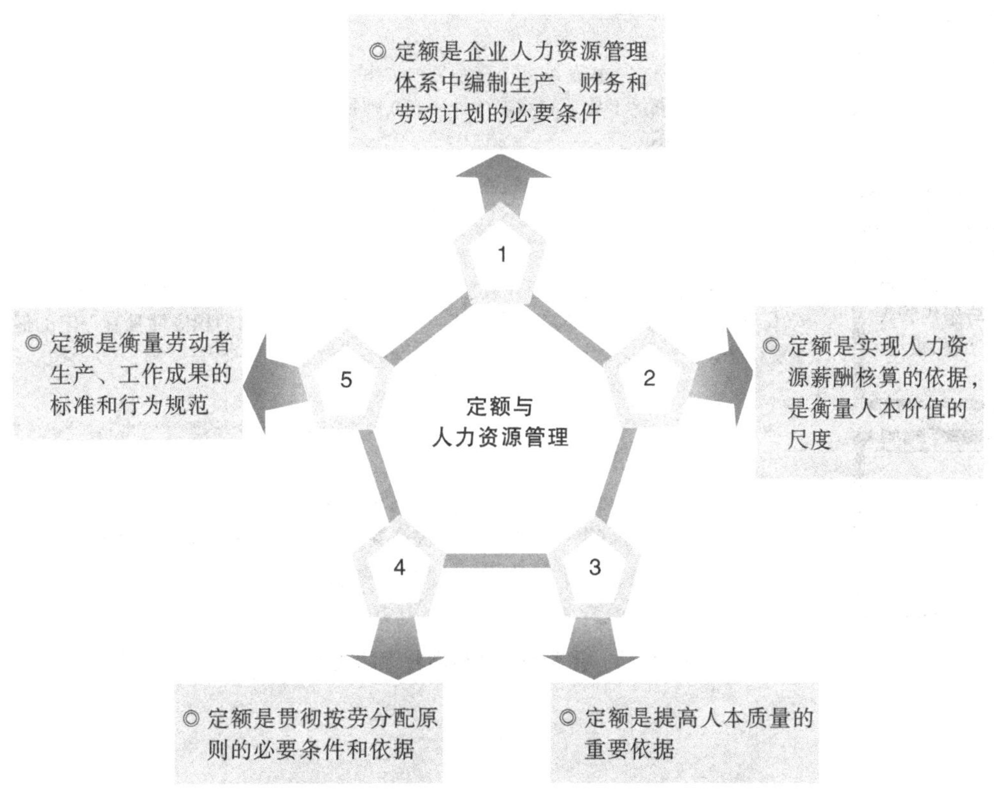

图 1-10　定额与人力资源管理的关系

1.3.6　定薪与人力资源管理

定薪是指“确定某任职者的既定工资和浮动工资”。由于不同的任职者在技能、经验、资源占有、工作效率、工作贡献等方面存在差异，所以定薪工作也要根据岗位差异和任职者差异体现出不同，而此项工作又是人力资源管理工作中比较受关注和重视的工作内容之一。

定薪与人力资源管理的关系主要体现在如图 1-11 所示的几个方面。

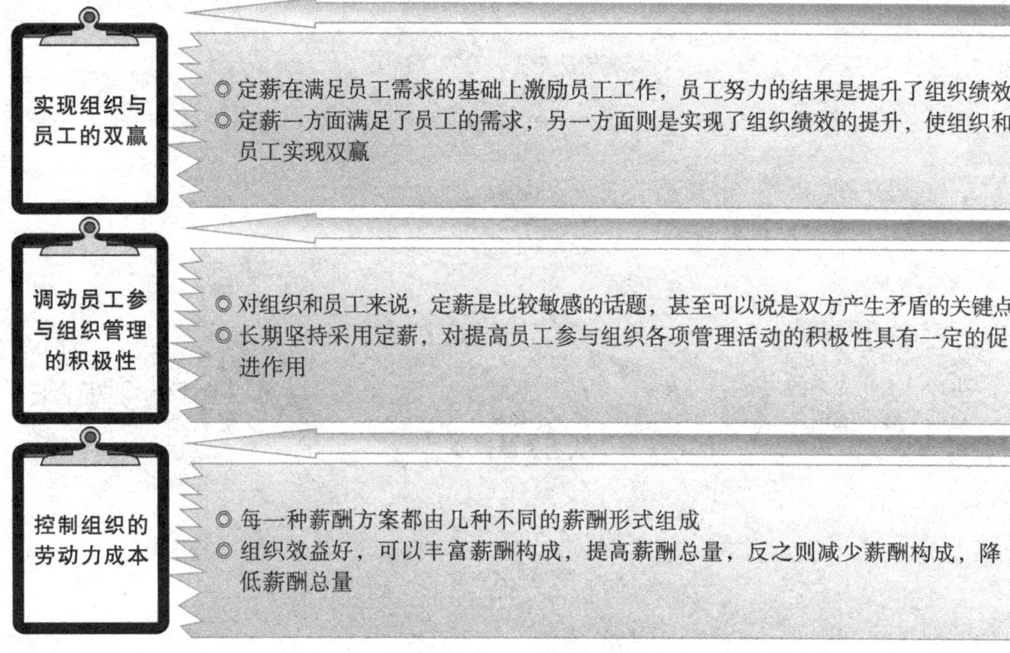

实现组织与员工的双赢
◎定薪在满足员工需求的基础上激励员工工作，员工努力的结果是提升了组织绩效
◎定薪一方面满足了员工的需求，另一方面则是实现了组织绩效的提升，使组织和员工实现双赢
调动员工参与组织管理的积极性
◎对组织和员工来说，定薪是比较敏感的话题，甚至可以说是双方产生矛盾的关键点
◎长期坚持采用定薪，对提高员工参与组织各项管理活动的积极性具有一定的促进作用
控制组织的劳动力成本
◎每一种薪酬方案都由几种不同的薪酬形式组成
◎组织效益好，可以丰富薪酬构成，提高薪酬总量，反之则减少薪酬构成，降低薪酬总量

图 1-11　定薪与人力资源管理的关系

第2章

企业组织结构设计

现代人力资源管理是指为了实现组织既定的目标，采用计划、组织、指挥、监督、激励、协调、控制等有效措施和手段，对组织中的人力资源进行有效开发、合理利用与科学管理的机制、制度、流程、技术和方法的总称。

那么，对于企业而言，设计出适合本企业各个发展阶段的人力资源管理系统，解决好如图 2-1 所示的几个关键问题，成为企业人力资源管理工作中不可回避的现实。

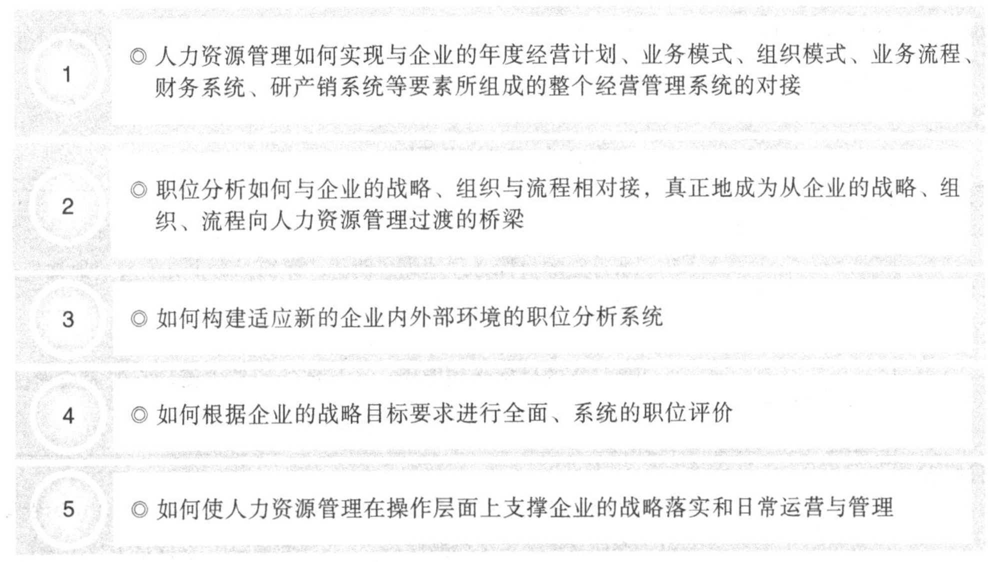

1
◎ 人力资源管理如何实现与企业的年度经营计划、业务模式、组织模式、业务流程、财务系统、研产销系统等要素所组成的整个经营管理系统的对接
2
◎ 职位分析如何与企业的战略、组织与流程相对接，真正地成为从企业的战略、组织、流程向人力资源管理过渡的桥梁
3
◎ 如何构建适应新的企业内外部环境的职位分析系统
4
◎ 如何根据企业的战略目标要求进行全面、系统的职位评价
5
◎ 如何使人力资源管理在操作层面上支撑企业的战略落实和日常运营与管理

图 2-1 企业人力资源管理工作面临的问题

因此，要进行战略性人力资源管理系统的设计，首先应正确认识和理解构建人力资源管理系统的基础与依据是什么。这里所指的基础和依据主要包括两个方面：一是对企业的组织目标进行梳理、对企业的组织结构进行设计，以明确部门结构和职能，并进行岗位分析与评价；二是对岗位体系所涉及的职责、编制、人员数量和质量以及标准薪资等进行研究与界定。

只有在形成这种基础和依据的前提下进行人力资源管理系统内的胜任素质模型、招聘、绩效、薪酬、培训与开发、员工关系、职业生涯规划等各职能模块的设计与整合，才能科学、合理、高效地发挥人力资源管理系统的牵引、激励、约束和竞争淘汰的作用。

2.1 组织目标设计

组织目标是完成组织使命和宗旨的载体，是组织使命的具体化。组织目标的设计包括组织目标的设定和分解。

2.1.1 组织目标设定

组织目标是在一定的原则下，通过调查研究、拟定目标、评价论证和目标决断四个步骤进行设定的。

1. 组织目标设定的原则

对于一个组织的管理是从设定目标开始的，而目标的设定则是将主客观条件统一起来的决策或计划过程，即将主观需要、主观条件与客观环境结合起来形成组织努力方向的过程。此外，组织目标的设定应该遵循SMART原则，具体内容详见表2-1。

表2-1 SMART原则

表达要求		内容
总体要求	S（Specific）	组织所订立的目标必须清晰、明了、详细，要让员工清楚地知道他们共同奋斗的目标是什么
目标值	M（Measurable）	组织所订立的目标必须能用一个具体的标准去衡量它的完成情况，如营业额、资金的流向、客户的反馈等
	A（Attainable）	组织所订立的目标必须是通过努力能够达成的。目标若订立的太简单，会使员工缺乏工作激情目标；若太难实现，会使员工失去信心
目标内容	R（Realistic）	组织必须根据员工的实际能力和当时的实际情况制定目标，不能让人感觉目标是虚无缥缈的
时间要求	T（Time-bound）	组织的目标必须具有时效性，且能够根据周围情况的变化进行调整

组织可以采用自上而下的方法设定目标。在现代企业管理中，组织体系巨型化和组织运行方式的有计划性，决定了该方法在管理实践中更为常见。有时，当下级对整体的战略意图把握不准时，其也可以采用自下而上的方法设定目标。

2. 组织目标设定的模型图

我们可在组织使命和宗旨的基础上制定组织的总目标。为了保证总目标的实现，企业可将其层层分解，以确定保证性职能战略目标。也就是说，总战略目标是企业的主体目标，职能性目标是保证性的目标，同时各个职能性目标又可分成很多的子目标。组织目标设定的模型如图2-2所示。组织各层级的目标及目标的责任人如图2-3所示。

企业使命
总目标
职能性目标
职能性目标
职能性目标
子目标
子目标
子目标
子目标
子目标
子目标
子目标
子目标
子目标

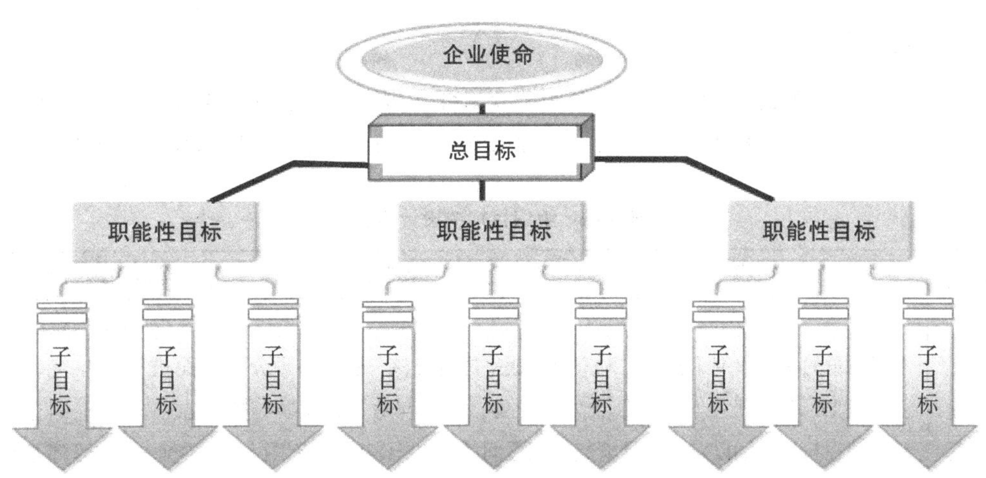

图 2-2　组织目标设定模型

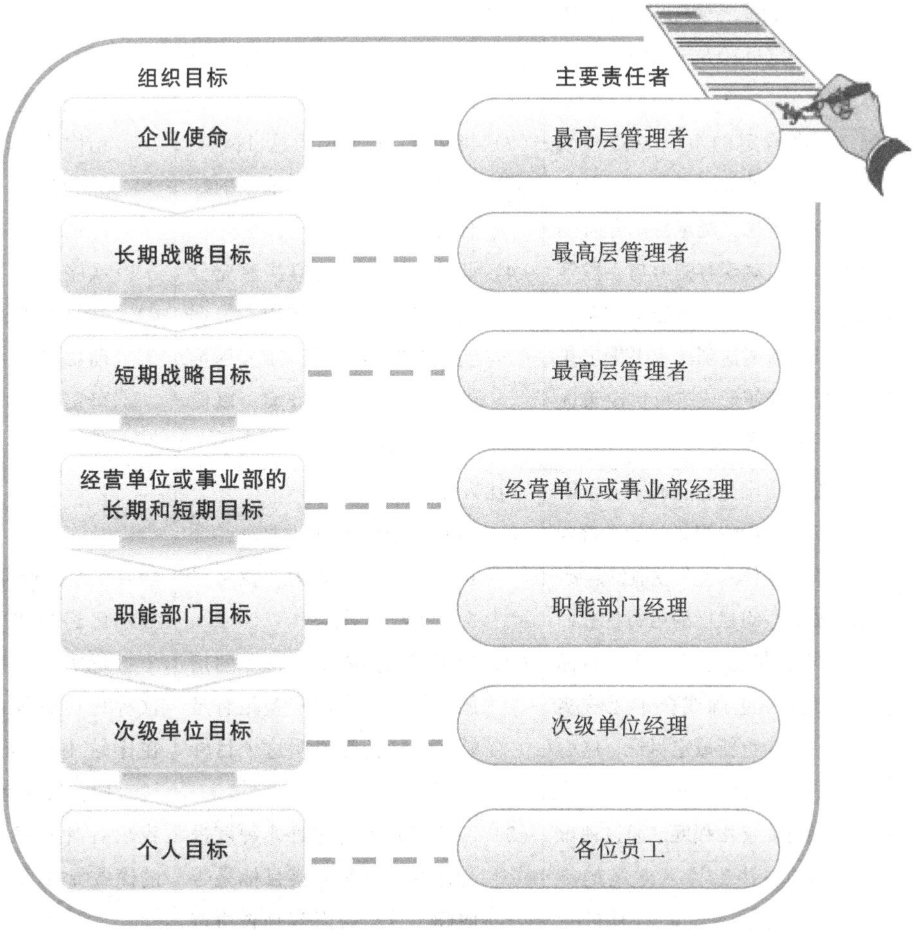

组织目标
主要责任者
企业使命
最高层管理者
长期战略目标
最高层管理者
短期战略目标
最高层管理者
经营单位或事业部的长期和短期目标
经营单位或事业部经理
职能部门目标
职能部门经理
次级单位目标
次级单位经理
个人目标
各位员工

图 2-3　组织目标及主要责任者

3. 组织目标的设计步骤

一般来说，要确定组织目标，需经历调查研究、拟定目标、评比论证和选定目标四个步骤。这四个步骤是紧密联系在一起的，并相互照应、协调进行，具体内容详见表2-2。

表2-2　组织目标的设计步骤

步骤	内容	具体方法	需要注意的问题
调查研究	进行大量的调查研究工作，对调查研究成果进行复核，然后整理分析复核意见，并将机会与威胁、长处与短处、自身与对手、需要与资源、现在与将来加以对比，弄清楚它们之间的关系，为确定组织目标奠定坚实的基础		调查研究一定要全面进行，并突出重点，主要应侧重于企业与外部环境的关系和对未来变化的研究与预测
拟定目标	拟定组织目标一般包括两个环节，即拟定目标方向和拟定目标水平 首先，在既定的组织经营领域内，通过对外部环境、需要和资源的综合考虑，确定目标方向 其次，通过对现有能力与手段等的全面估量，对沿着战略方向展开的活动所要达到的水平做出初步规定，这便形成了可供决策选择的目标方案	一般的方法包括： （1）将类似的目标合并为一个目标 （2）将从属目标归结于总目标 （3）通过计算形成一个单一的综合目标 （4）此外，管理者还应注意充分发挥参谋人员的作用，根据实际需要与可能，使其尽可能多地提出目标方案，以便于对比优选	（1）在确定组织目标的过程中，必须注意目标结构的合理性，并列出各个目标的综合排列次序 （2）在满足需要的前提下，应尽可能减少目标个数
评比论证	（1）目标方向是否正确。着重研究拟定的组织目标是否符合企业整体利益与发展的需要 （2）论证组织目标的可行性。如果通过论证发现拟定的目标完全不正确或根本无法实现，应重新拟定目标，然后再进行评价论证 （3）目标完善化程度。通过评价论证，找出目标方案的不足，并想方设法对其进行完善	评比方法的步骤： （1）主要是按照目标的要求，分析企业的实际能力，找出目标与现状的差距 （2）制定用以消除上述差距的措施。如对消除这些差距有足够的保证，则说明这个目标是可行的 （3）对拟定目标的完善化程度进行评价，着重考察目标是否明确、目标的内容是否协调一致以及有无改进的余地	如果在评比论证时，人们已经提出了多个目标方案，那么这种评比论证就要在比较中进行。通过对比，权衡利弊，找出各种目标方案的优劣所在

（续表）

步骤	内容	具体方法	需要注意的问题
选定目标	选定目标要从以下三个方面进行权衡： （1）目标方向的正确程度 （2）可望实现的程度 （3）期望效益的大小		在选定目标时，要掌握决断的时机，既要防止在机会和困难没有弄清楚前就轻易决断，也要反对无休止的拖延和优柔寡断

2.1.2 组织目标分解

目标分解就是按照一定的要求和方法，将总体目标分解到各层次、各部门以及具体的人员，从而形成目标体系的过程。目标分解是明确目标责任的前提，是使总体目标得以实现的基础。

1. 进行目标分解的要求

进行目标分解时，不仅要注意目标的统一，还要注意目标的影响因素，具体要求如图 2-4 所示。

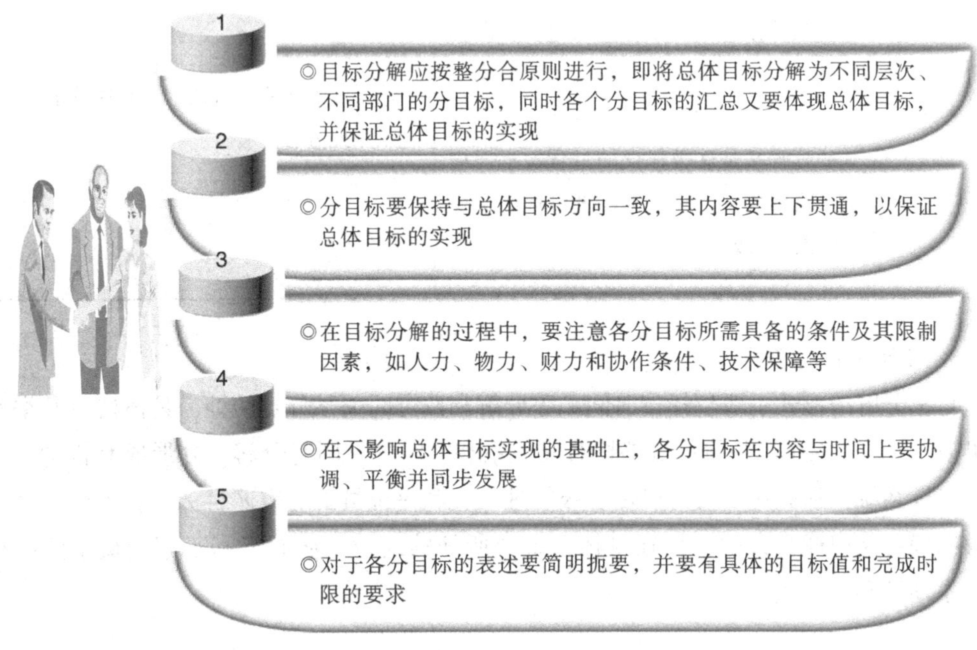

1
◎目标分解应按整分合原则进行，即将总体目标分解为不同层次、不同部门的分目标，同时各个分目标的汇总又要体现总体目标，并保证总体目标的实现
2
◎分目标要保持与总体目标方向一致，其内容要上下贯通，以保证总体目标的实现
3
◎在目标分解的过程中，要注意各分目标所需具备的条件及其限制因素，如人力、物力、财力和协作条件、技术保障等
4
◎在不影响总体目标实现的基础上，各分目标在内容与时间上要协调、平衡并同步发展
5
◎对于各分目标的表述要简明扼要，并要有具体的目标值和完成时限的要求

图 2-4　进行目标分解的要求

2. 目标分解的方法

目标分解的方法一般包括指令式分解、协商式分解和系统图法三种，在实际操作时常使用系统图法。这些方法的具体内容和优缺点详见表2-3。

表2-3　目标分解的方法

方法	内容	优缺点
指令式分解	指令式分解是指在目标分解前不与下级沟通，而由领导者确定分解方案，并以指令或指示、计划的形式下达	这种分解方法虽然容易使目标构成一个完整的体系，但由于未与下级协商，对下级承担目标的困难、意见不了解，容易造成某些目标难以落实的问题；另外，由于这项目标是上级制定的，因而不利于调动下级的积极性和能力的发挥
协商式分解	协商式分解即上下级能够就总体目标的分解和层次目标的落实进行充分的商谈或讨论，以取得一致意见	这种分解方法容易使目标落到实处，也有利于调动下级的积极性和能力的发挥
系统图法	将一级目标（总体目标）分解就是将实现一级目标的手段作为二级目标，以此类推，将每一级进行分解，从而形成一个“目标—手段”链；同时，自上而下式的分解又是逐级保证的过程，不但构成了目标体系，而且将各级目标的实现也落到了实处	不论采取上述哪种方法，在具体分解时都应采用此方法

3. 目标分解的形式

目标分解的形式一般包括按时间顺序分解和按空间关系分解两种，具体内容及举例详见表2-4。如果组织的目标能够按时间关系和空间关系同时分解，并形成有机的、立体的目标系统，那么这不仅可以使各级管理人员和每位员工对整体目标一目了然，而且能够明确各部门或个人的目标在目标系统中所处的地位，从而有利于调动员工的积极性、主动性和创造性。

表 2-4　目标分解的形式

分解形式	具体内容	举例
按时间顺序分解	制定目标实施进度，以了解和控制进度。这种分解形式构成了目标的时间体系	例如，长期目标、短期目标、年度目标等
按空间关系分解	(1) 按管理层次的纵向分解 即将目标逐级分解到每一个管理层次，有些目标还可以分解至个人	如图 2-2 所示
	(2) 按职能部门的横向分解 即将目标项目分解到有关职能部门，这种分解方式构成了目标的空间体系	例如，结合分解后的短期目标，企业可制定相应的职能目标（如业务单元业绩目标、融资目标、人力资源开发目标等）

2.2　组织结构设计

组织结构是组织内部分工协作的基本形式或框架。随着组织规模的扩大，仅靠个人指令或默契远远不能实现高效分工协作，这时我们可通过组织结构设计，事先规定对象、工作范围和联络路线等事宜。

组织结构设计是企业总体设计的重要组成部分，也是企业管理的基本前提。组织结构设计是在企业组织理论的指导下进行的，是按照一定的方法和步骤设计的组织结构。

2.2.1　组织结构设计方法

企业应依据组织自身特点和发展规模设计组织结构，并在社会和组织发展变化中进行不断完善。组织结构设计的方法包括职能设计法、矩阵设计法和流程设计法三种，具体内容如图 2-5 所示。

方法	内容	优缺点
组织结构职能设计法	◎ **职能型组织结构设计模式**：直线型、职能型、事业部、集团、三师（经营、技术、财务）结构 ◎ 部门划分法：根据人数、职能、产品、地区和客户进行划分	◎ **优点**：权责分明，管理明确，能够提高业务质量 ◎ **缺点**：横向管理混乱，难以控制，协调成本高
组织结构矩阵设计法	◎ 按职能分工和产品任务设计组织结构 ◎ 矩阵型组织由项目型组织发展而来（项目式生产和项目式服务组织）	◎ **优点**：增加员工归属感，员工协作顺畅 ◎ **缺点**：双重领导管理困难，沟通环节多，项目和部门权责不易明晰
组织结构流程设计法	◎ **流程设计模式**：经营战略、客户关系、企业业务、组织结构 ◎ 营销特性与组织、产品结构与生产、产销特性与组织的结构模式搭建	◎ **优点**：分工清楚、权责分明、业务专业，工作计划、实施能够得到保证 ◎ **缺点**：部门协调困难，工作业务断续，影响整体利益

图 2-5　组织结构设计方法

2.2.2　组织结构设计步骤

在设计组织结构的过程中，对影响组织结构的因素进行系统分析、对部门结构的不同模式进行选择是两个关键环节。

（1）对于组织结构设计，我们必须认真研究以下四个方面的影响因素（如图 2-6 所示），并与之保持相互衔接和相互协调的关系。究竟应主要考虑哪些因素，可视企业的具体情况而定。

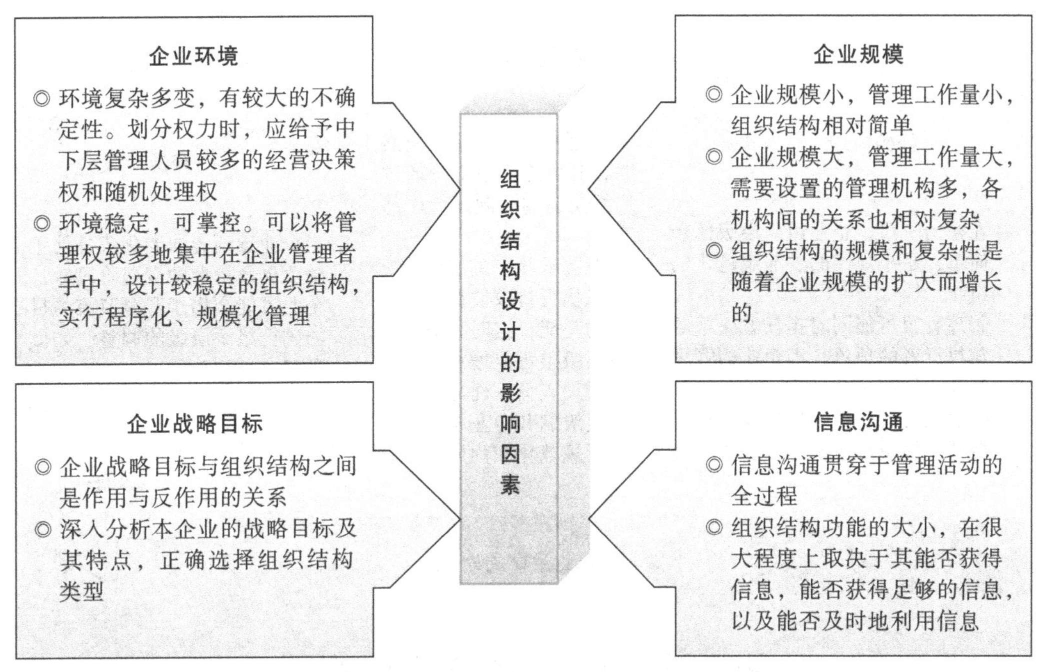

企业环境
◎ 环境复杂多变，有较大的不确定性。划分权力时，应给予中下层管理人员较多的经营决策权和随机处理权
◎ 环境稳定，可掌控。可以将管理权较多地集中在企业管理者手中，设计较稳定的组织结构，实行程序化、规模化管理
企业规模
◎ 企业规模小，管理工作量小，组织结构相对简单
◎ 企业规模大，管理工作量大，需要设置的管理机构多，各机构间的关系也相对复杂
◎ 组织结构的规模和复杂性是随着企业规模的扩大而增长的
组织结构设计的影响因素
企业战略目标
◎ 企业战略目标与组织结构之间是作用与反作用的关系
◎ 深入分析本企业的战略目标及其特点，正确选择组织结构类型
信息沟通
◎ 信息沟通贯穿于管理活动的全过程
◎ 组织结构功能的大小，在很大程度上取决于其能否获得信息，能否获得足够的信息，以及能否及时地利用信息

图 2-6　组织结构设计的影响因素

企业战略对组织结构设计的影响详见表 2-5。

表 2-5　不同战略类型与组织结构

战略类型	保守型	风险型战略	分析型战略
战略目标	稳定和效率	灵活性	稳定和灵活性
所面临的环境	稳定的	动荡的	动荡的
组织结构特征	具有高度劳动分工、规范化、集权化的严密层级控制系统的机械式组织形式	低劳动分工、低规范化、部门化、分权化的有机式组织形式	适度的集权控制，一部分实行高规范化、标准化、程序化的组织结构，一部分实行分权化、低规范化的柔性的组织结构

企业生命周期三阶段对组织结构的影响如图 2-7 所示。

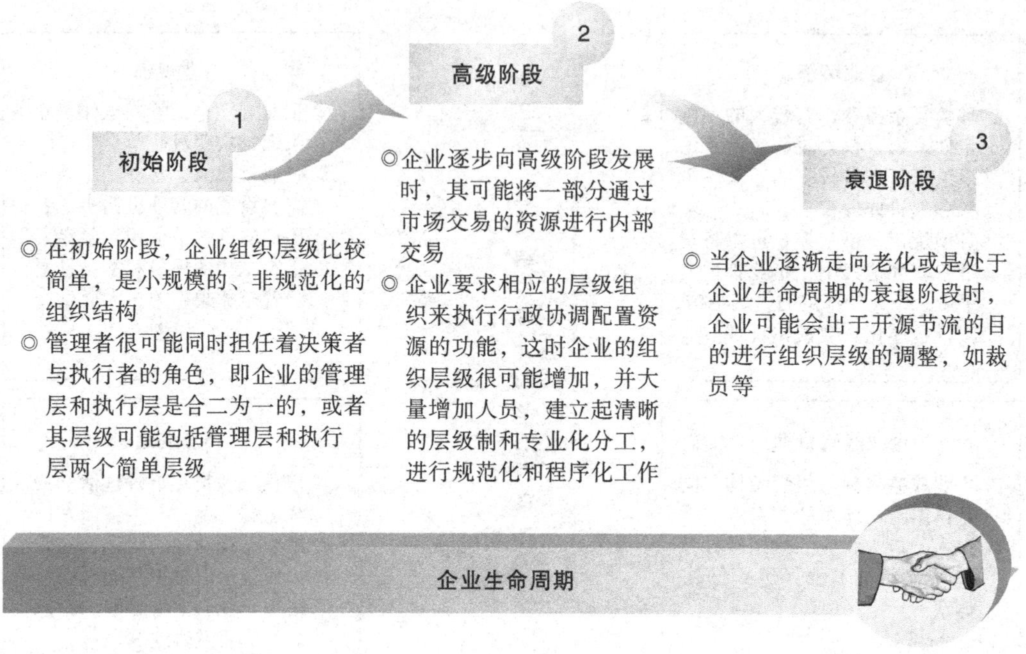

1 初始阶段

◎ 在初始阶段，企业组织层级比较简单，是小规模的、非规范化的组织结构

◎ 管理者很可能同时担任着决策者与执行者的角色，即企业的管理层和执行层是合二为一的，或者其层级可能包括管理层和执行层两个简单层级

2 高级阶段

◎企业逐步向高级阶段发展时，其可能将一部分通过市场交易的资源进行内部交易

◎ 企业要求相应的层级组织来执行行政协调配置资源的功能，这时企业的组织层级很可能增加，并大量增加人员，建立起清晰的层级制和专业化分工，进行规范化和程序化工作

3 衰退阶段

◎ 当企业逐渐走向老化或是处于企业生命周期的衰退阶段时，企业可能会出于开源节流的目的进行组织层级的调整，如裁员等

企业生命周期

图 2-7　企业生命周期三阶段对组织结构的影响

（2）组织结构设计的步骤如图 2-8 所示。

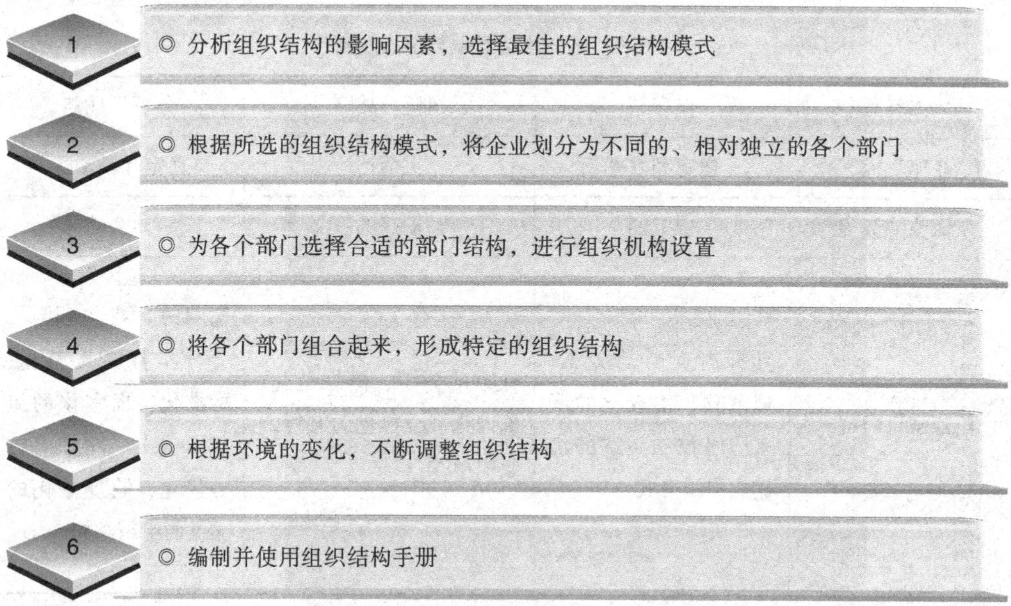

1 ◎ 分析组织结构的影响因素，选择最佳的组织结构模式

2 ◎ 根据所选的组织结构模式，将企业划分为不同的、相对独立的各个部门

3 ◎ 为各个部门选择合适的部门结构，进行组织机构设置

4 ◎ 将各个部门组合起来，形成特定的组织结构

5 ◎ 根据环境的变化，不断调整组织结构

6 ◎ 编制并使用组织结构手册

图 2-8　组织结构设计的步骤

一般而言，大型企业整体性的结构模式和局部性的结构模式可以是不同的。例如，

在整体上是事业部制的结构，在某个事业部内则可以采用职能制的结构。因此，我们不应该将不同的结构模式截然对立起来。

2.2.3 组织结构设计模型

组织结构设计模型即为组织结构设计的基本形式。随着组织多元化、及时性的变化，组织结构的模式呈多样化趋势。组织结构设计模型不仅包括传统的直线制、直线职能制、事业部制、矩阵结构，还包括模拟分权制、多维立体型等新的组织结构设计模型。

1. 直线制

直线制是一种最简单的组织结构形式，即职权或命令的流向呈一条直线，由上至下贯穿于组织之中，每个下属只有一个直接上级，只接受一个上级的指挥，也只向一个上级报告。直线制的特点、优缺点及适用范围如图 2-9 所示。

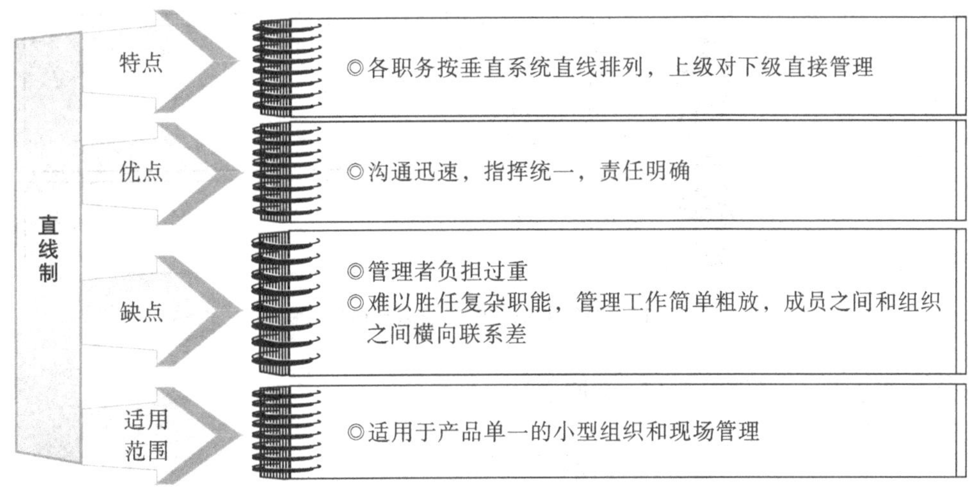

图 2-9 直线制的特点、优缺点及适用范围

直线制组织结构如图 2-10 所示。

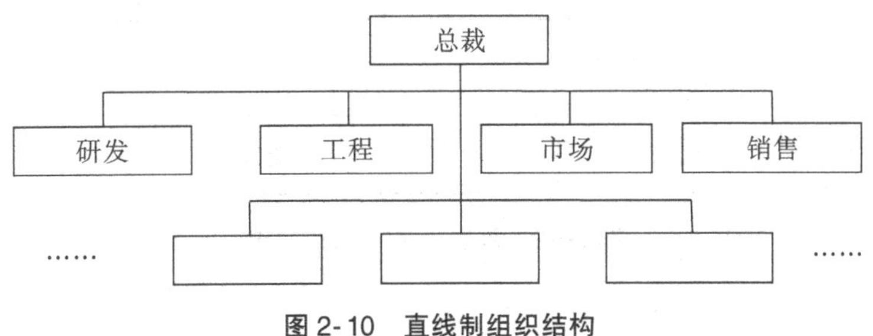

图 2-10 直线制组织结构

2. 直线职能制

直线职能制是在直线制和职能制的基础上建立起来的。目前直线职能制仍被我国绝大多数企业采用。

直线职能制将企业管理机构和人员分为以下两类：一类是直线领导机构和人员，其按统一指挥原则对各级组织行使指挥权，在自己的职责范围内有一定的决定权和对所属下级的指挥权，并对自己部门的工作负全部责任；另一类是职能机构和人员，其按专业化原则从事组织的各项职能管理工作，是直线指挥人员的参谋，这里应注意其不能对直接部门发号施令，只能进行业务指导。

直线职能制的优缺点及适用范围如图 2-11 所示。

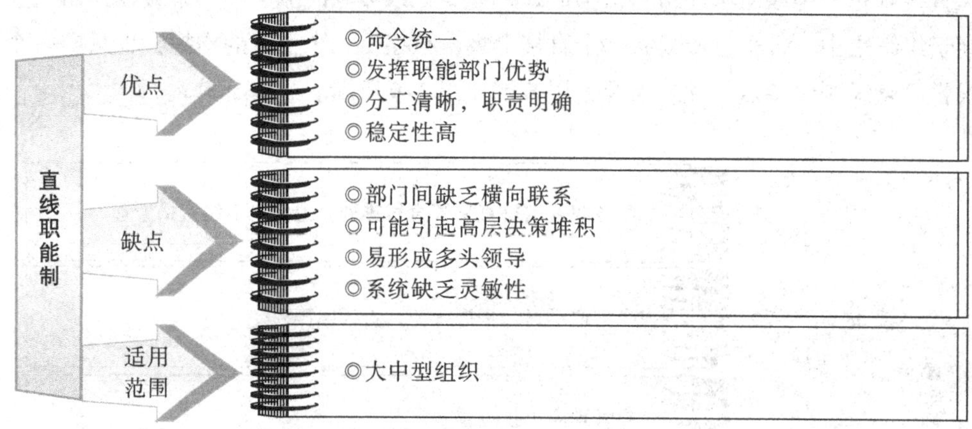

图 2-11　直线职能制的优缺点及适用范围

直线职能制组织结构如图 2-12 所示。

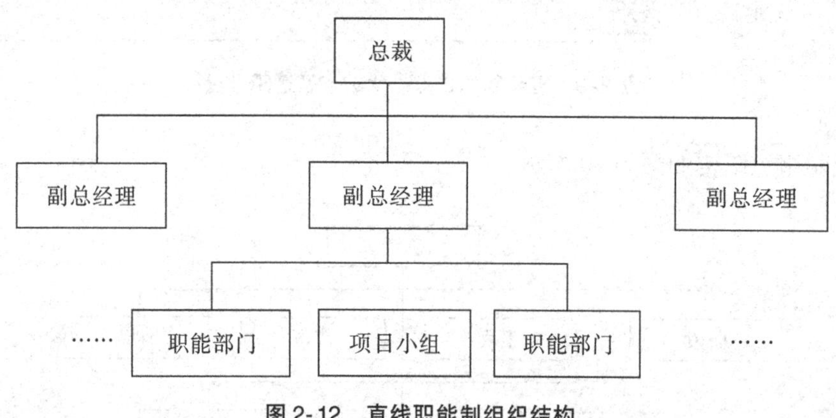

图 2-12　直线职能制组织结构

3. 事业部制

事业部制是在直线职能制框架的基础上，按产品或地区划分为许多事业部或分公司，设置独立核算、自主经营的事业部，并在总公司的领导下，统一政策、分散经营的一种组织结构形式。其也是一种分权化体制。事业部制的特点、优缺点及适用范围如图2-13 所示。

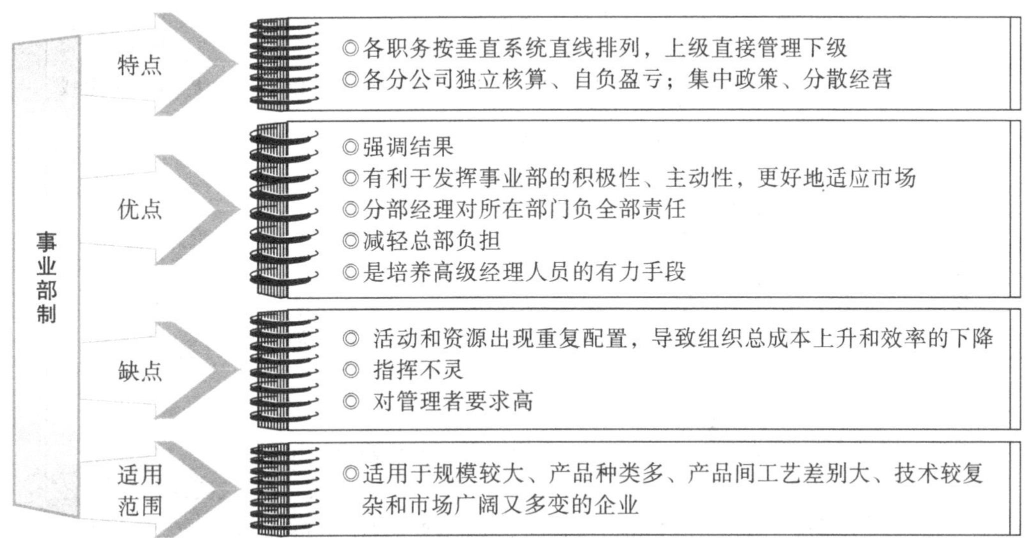

图 2-13　事业部制的特点、优缺点及适用范围

事业部制组织结构如图 2-14 所示。

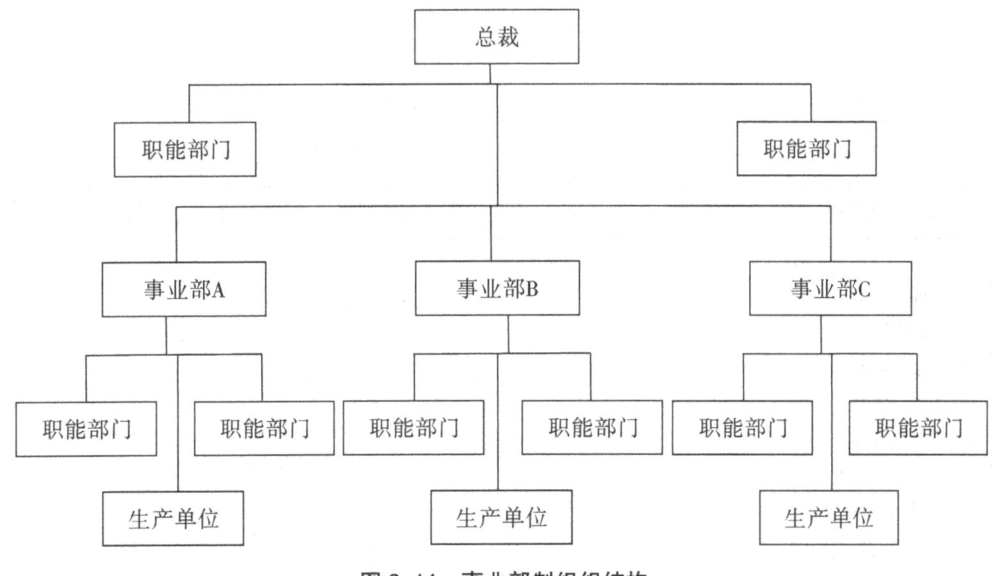

图 2-14　事业部制组织结构

4. 矩阵结构（任务小组）

矩阵结构是指将按职能划分的纵向指挥系统与按项目组成的横向系统结合起来而形成的组织结构。纵向是职能系统，横向是产品或区域的项目系统。项目系统无固定工作人员，随着任务进度需要随时抽调相关人员，这些人员完成该项目工作后再回到原部门。矩阵结构的特点、优缺点及适用范围如图 2-15 所示。

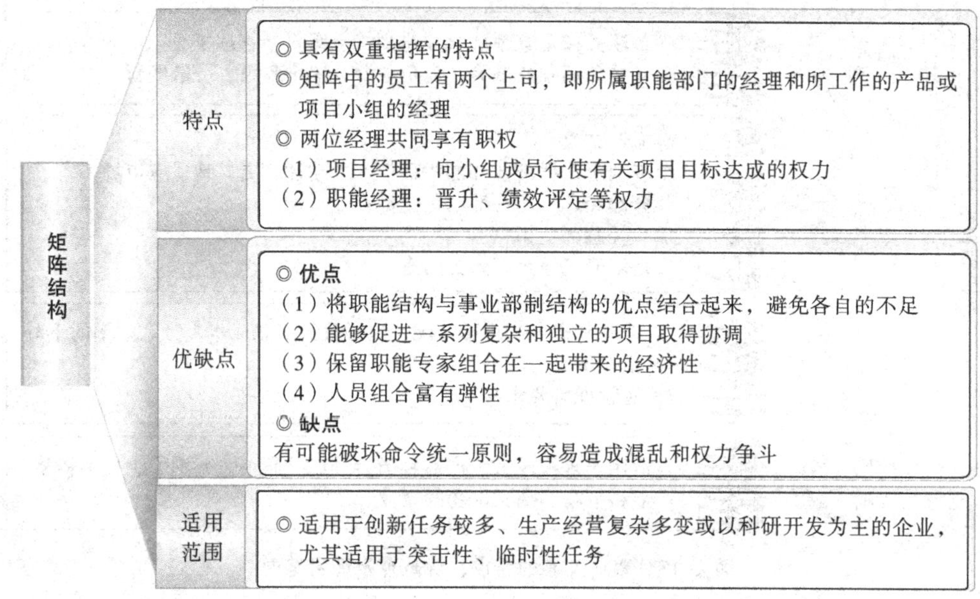

图 2-15　矩阵结构的特点、优缺点及适用范围

矩阵制组织结构如图 2-16 所示。

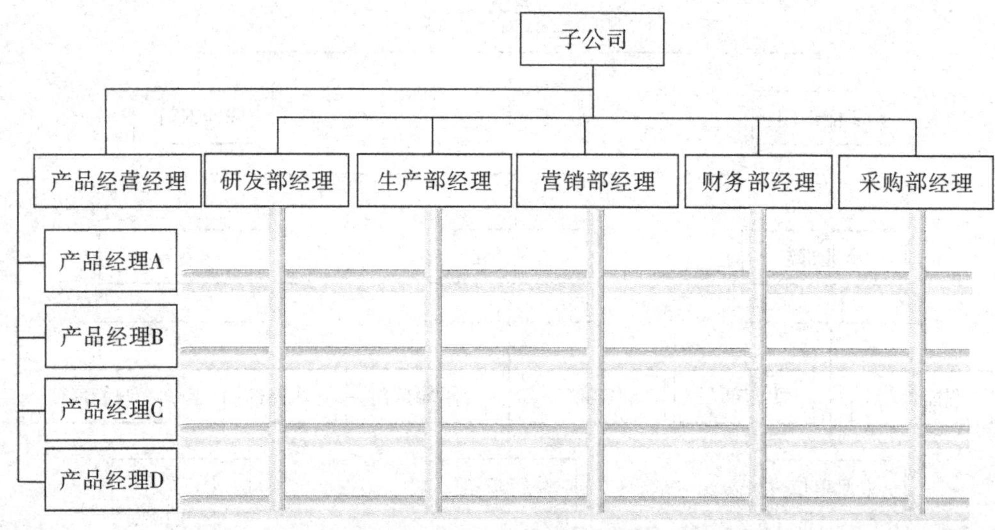

图 2-16　矩阵制组织结构

5. 模拟分权制

模拟分权制又称模拟分散管理组织结构，是指为了改善经营管理，人为地将企业划分成若干单位，实行模拟独立经营、单独核算的一种管理组织模式。模拟分权制的特点、优缺点及适用范围如图 2-17 所示。

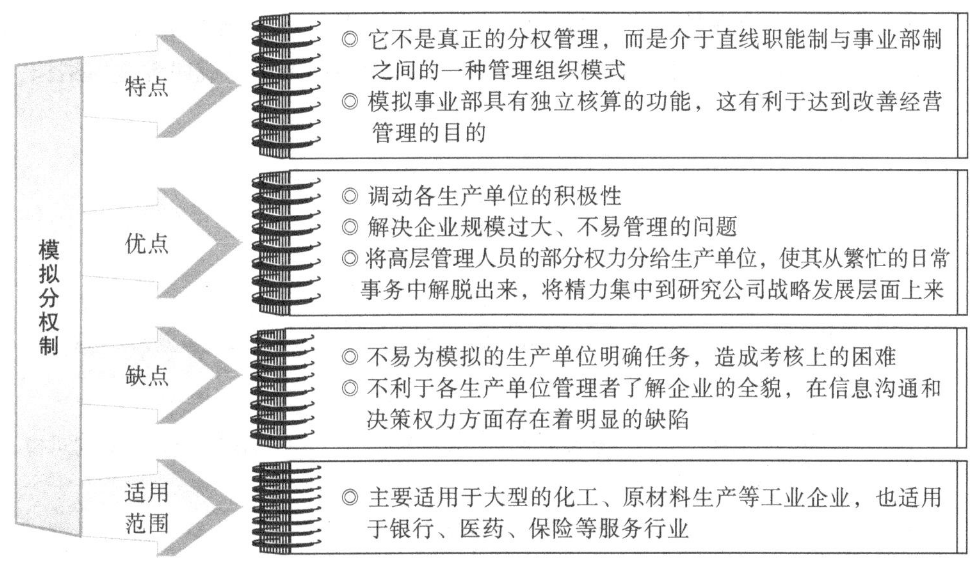

图 2-17　模拟分权制的特点、优缺点及适用范围

模拟分权制按生产区域、生产阶段将企业分成若干个组织单元，这些组织单元拥有较大的自主权，有自己的管理机构，各个组织单元之间按内部的转移价格进行产品交换及利润计算，并进行模拟单独核算。

模拟分权制组织结构如图 2-18 所示。

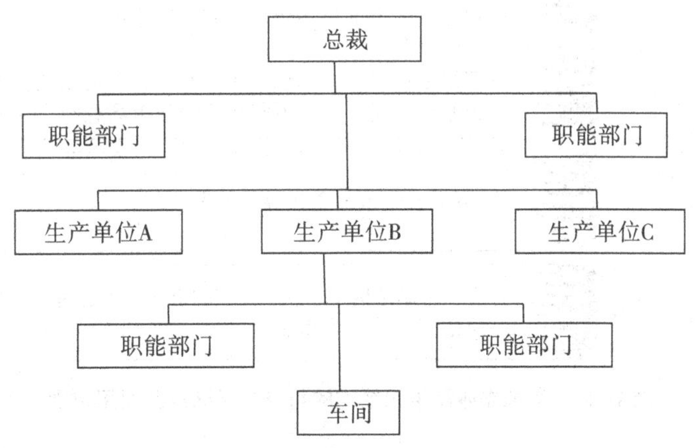

图 2-18　模拟分权制组织结构

6. 多维立体型组织结构

所谓多维是指在组织内部存在三类以上（包括三类）的管理机制。多维立体型组织结构是由直线职能制、矩阵制、事业部制和地区、时间结合为一体的复杂的结构形态。

多维立体型组织结构是在矩阵制结构（即二维平面）的基础上建立以产品利润、地区利润和专业成本为中心的三维立体结构，若再加上时间即可构成四维立体结构，具体如图 2-19 所示。

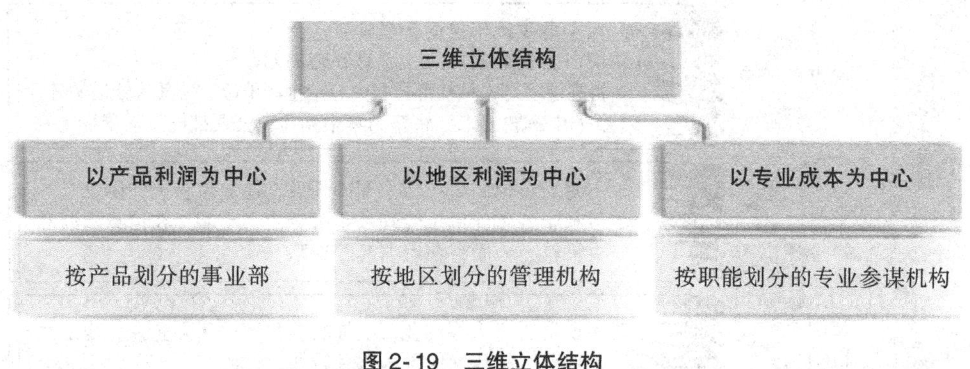

图 2-19　三维立体结构

多维立体型组织结构的特点、优缺点及适用范围如图 2-20 所示。

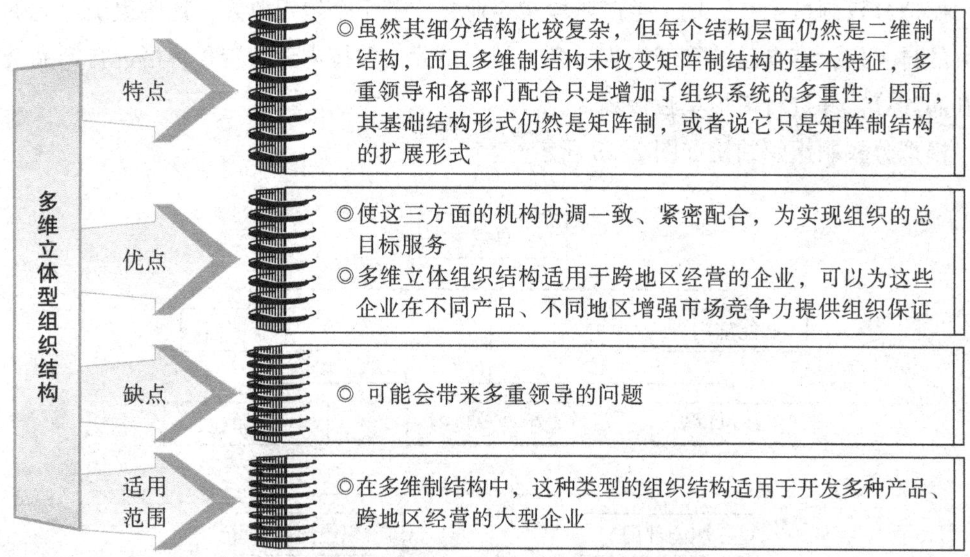

图 2-20　多维立体型组织结构的特点、优缺点及适用范围

多维立体型组织结构如图 2-21 所示。

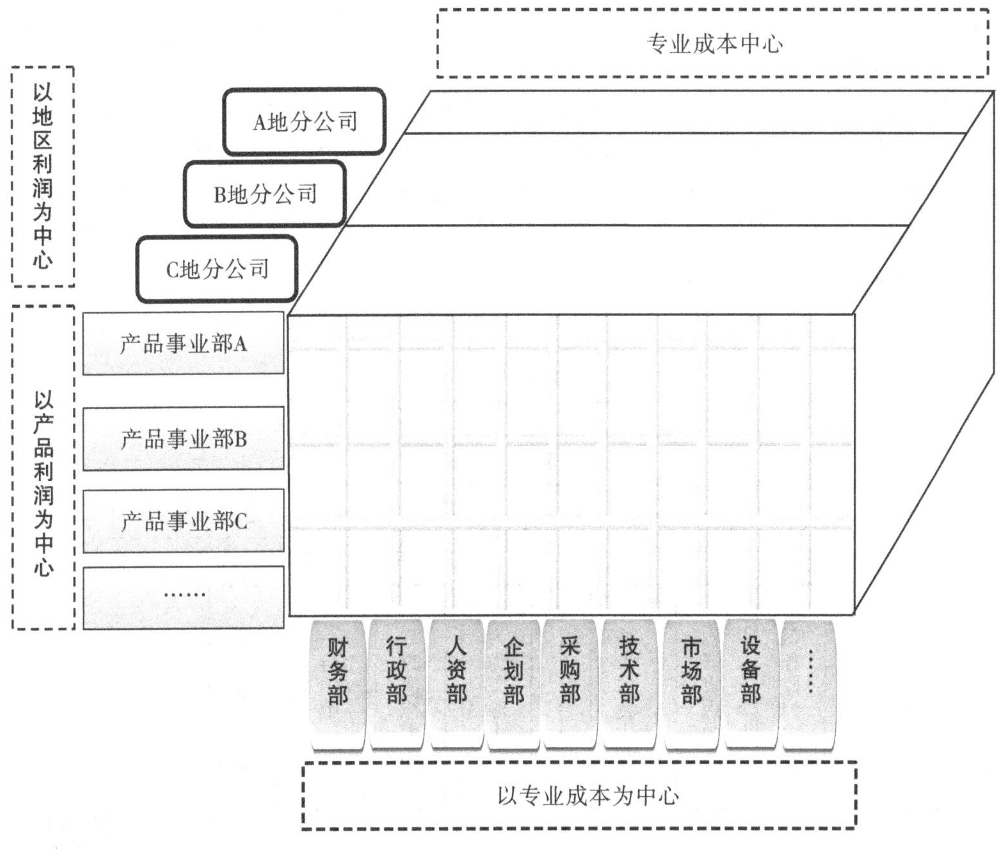

图 2-21　多维立体型组织结构

2.3　组织结构设计范本

2.3.1　生产制造企业组织结构

究竟选择哪一种组织结构形式，企业应考虑自身的实际情况（例如，企业规模的大小、人员素质的高低、产品研发的复杂程度、市场环境的优劣等）。各类企业要以科学、有效的方法来选择和制定企业的组织结构形式。

下面是某生产制造企业的组织结构范例，仅供读者参考。

范例名称	生产制造企业的组织结构	代表行业	生产制造业
		应用范围	

一、企业介绍

某企业创办于1980年，是经国家工商行政管理局核准成立的区域企业集团。企业主营中高档皮鞋，兼营皮件、服饰等，并且在海外已成功上市。该企业下设若干个生产不同产品的工厂，现有员工5 000余名，固定资产4亿元，占地160余亩，拥有国际一流水平的生产工艺和营销管理机制。

二、组织结构图

该企业的组织结构如下图所示。

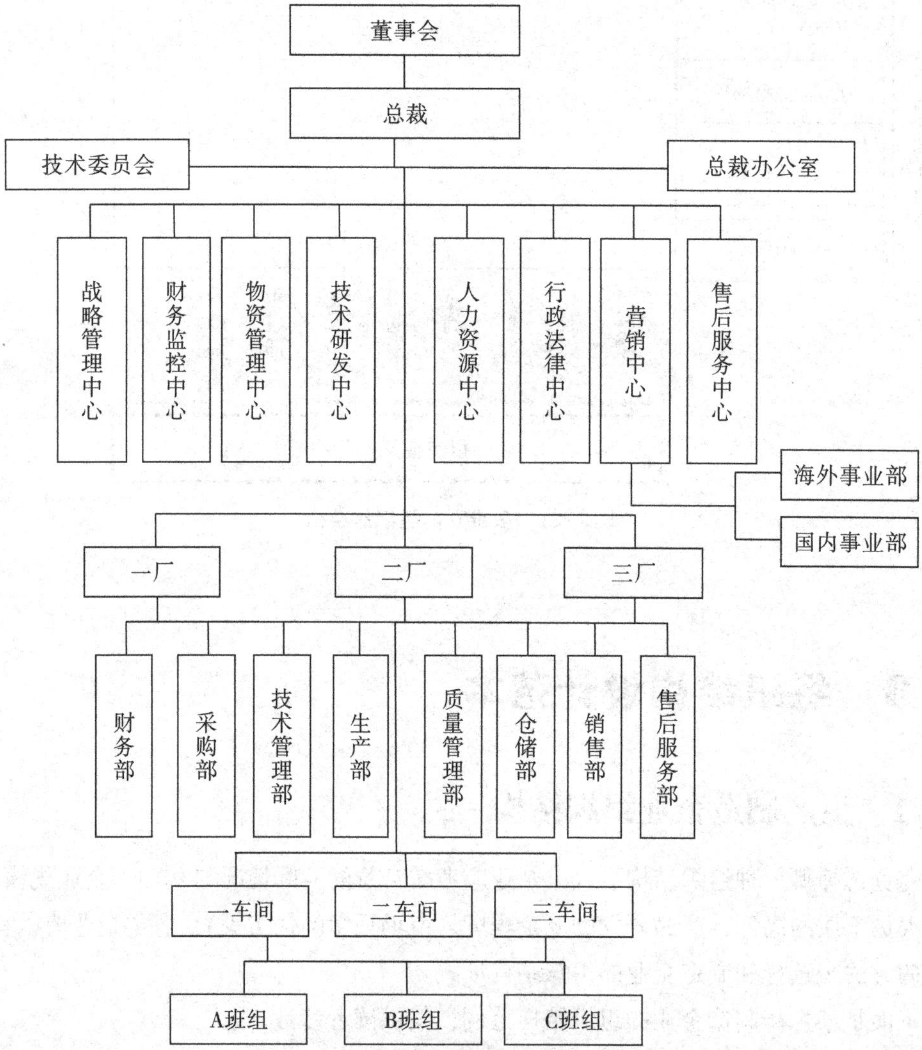

董事会
总裁
技术委员会
总裁办公室
战略管理中心
财务监控中心
物资管理中心
技术研发中心
人力资源中心
行政法律中心
营销中心
售后服务中心
海外事业部
国内事业部
一厂
二厂
三厂
财务部
采购部
技术管理部
生产部
质量管理部
仓储部
销售部
售后服务部
一车间
二车间
三车间
A班组
B班组
C班组

2.3.2 房地产企业组织结构

下面是某房地产企业组织结构范例，仅供读者参考。

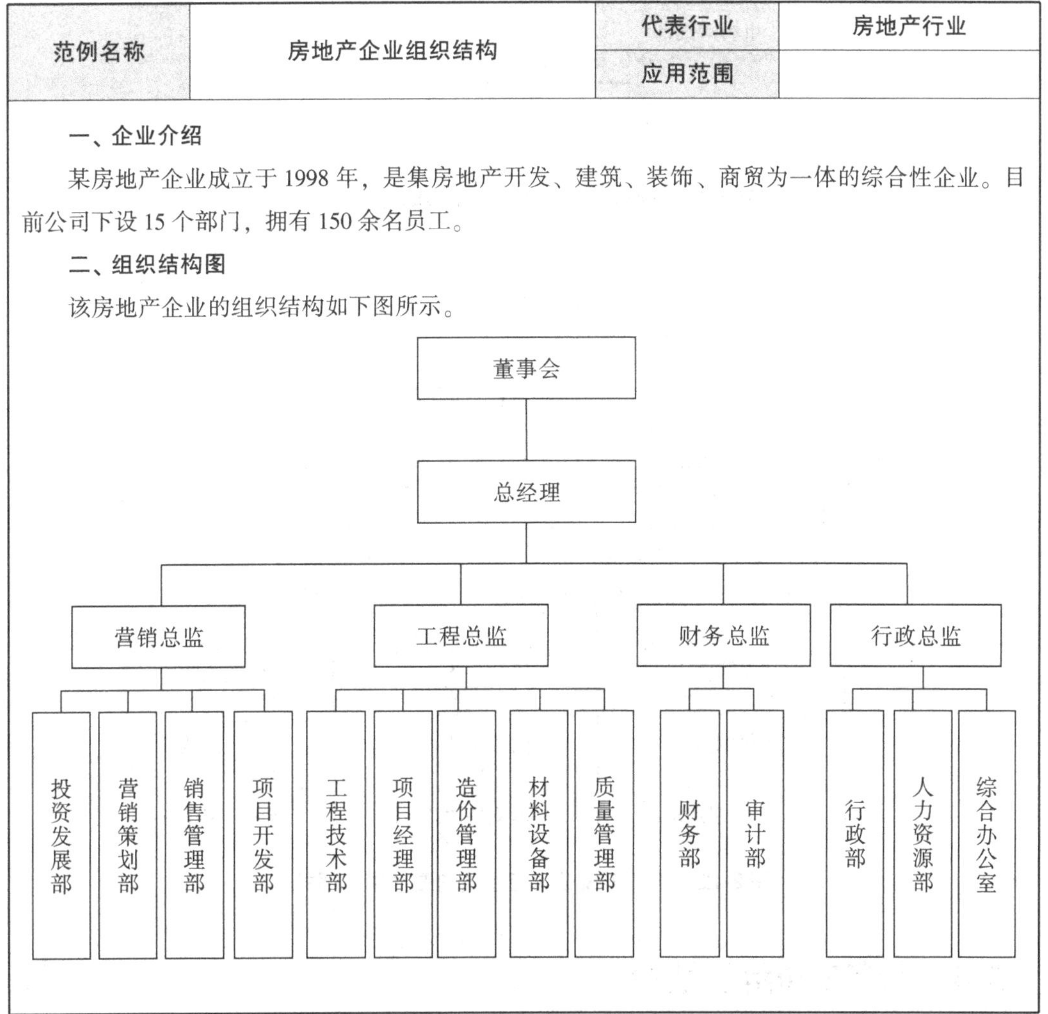

范例名称	房地产企业组织结构	代表行业	房地产行业
		应用范围	

一、企业介绍

某房地产企业成立于 1998 年，是集房地产开发、建筑、装饰、商贸为一体的综合性企业。目前公司下设 15 个部门，拥有 150 余名员工。

二、组织结构图

该房地产企业的组织结构如下图所示。

2.3.3 软件开发公司组织结构

根据软件开发公司的特点，我们提供了两种不同类型的组织结构模式，其示例如图 2-22 和图 2-23 所示。

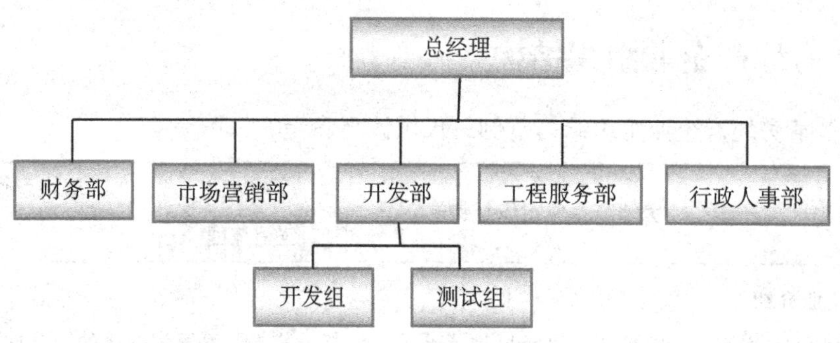

图 2-22　软件开发公司组织结构图（矩阵式）

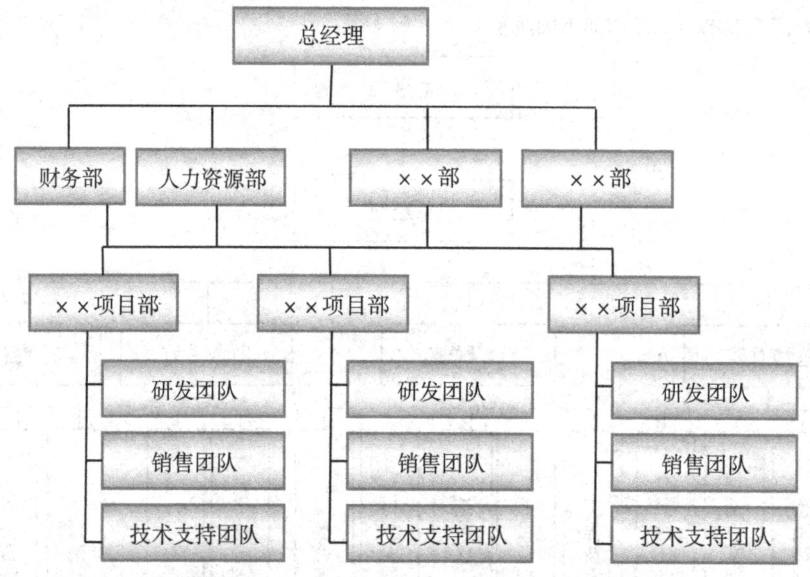

图 2-23　软件开发公司组织结构图（事业部式）

2.3.4　电商公司组织结构

以下是某电商公司的组织结构图（如图 2-24 所示），仅供读者参考。

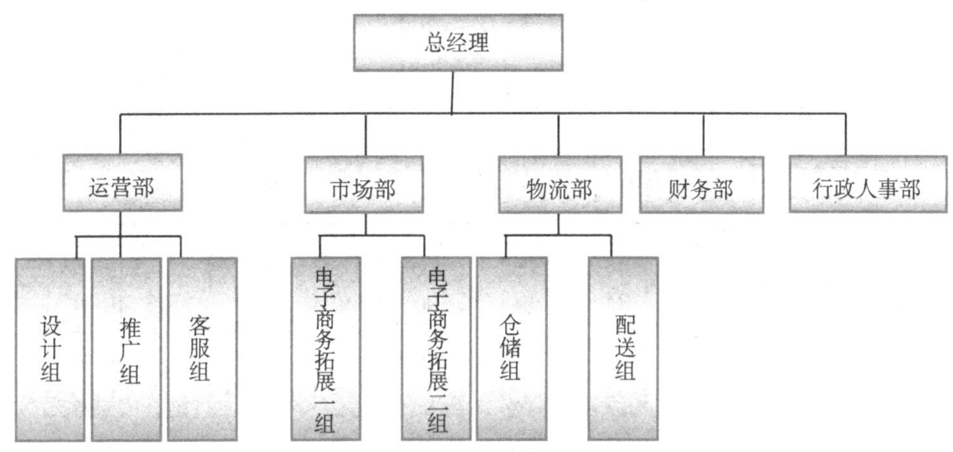

图 2-24　电商公司组织结构图

2.3.5　物流公司组织结构

以下是某物流公司的组织结构图（如图 2-25 所示），仅供读者参考。

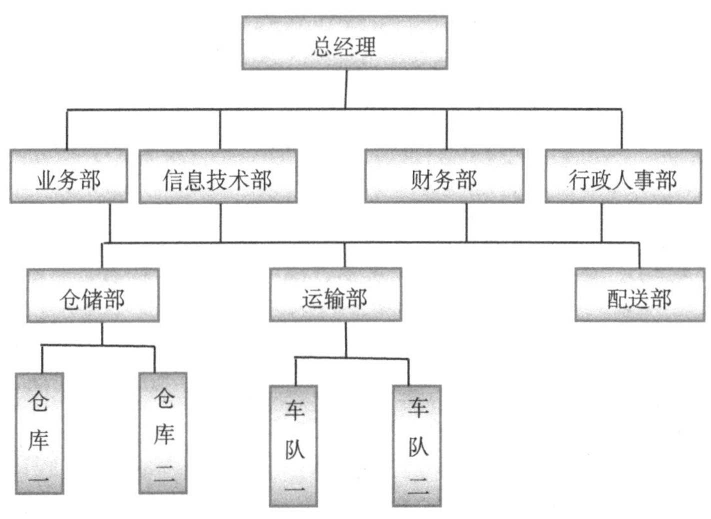

图 2-25　物流公司组织结构图

2.3.6　互联网金融公司组织结构

以下是某互联网金融公司的组织结构图（如图 2-26 所示），仅供读者参考。

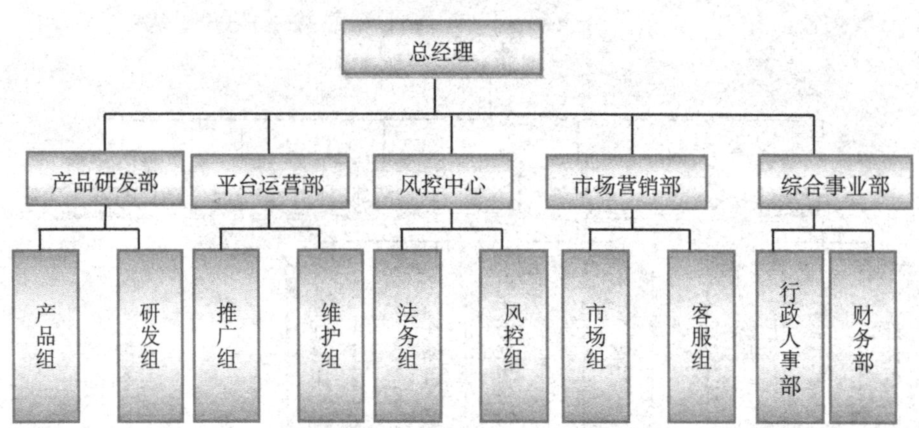

图 2-26　P2P 公司组织结构图

第3章

部门结构设计与职能分解

3.1 部门结构模式选择

部门结构是在组织基本结构的基础上设计和选择的。部门结构模式主要有直线制、职能制、直线职能制、事业部制、超事业部制、矩阵制等。这些模式都有其自身的组合原则，如以任务为中心、以成果为中心和以关系为中心等组织结构设计原则。

3.1.1 以任务为中心的部门组织结构

以任务为中心的部门组织结构包括直线制、直线职能制、矩阵制（任务小组）等模式，即广义的职能制组织结构模式。以任务为中心的部门组织结构设计规范如图3-1所示。

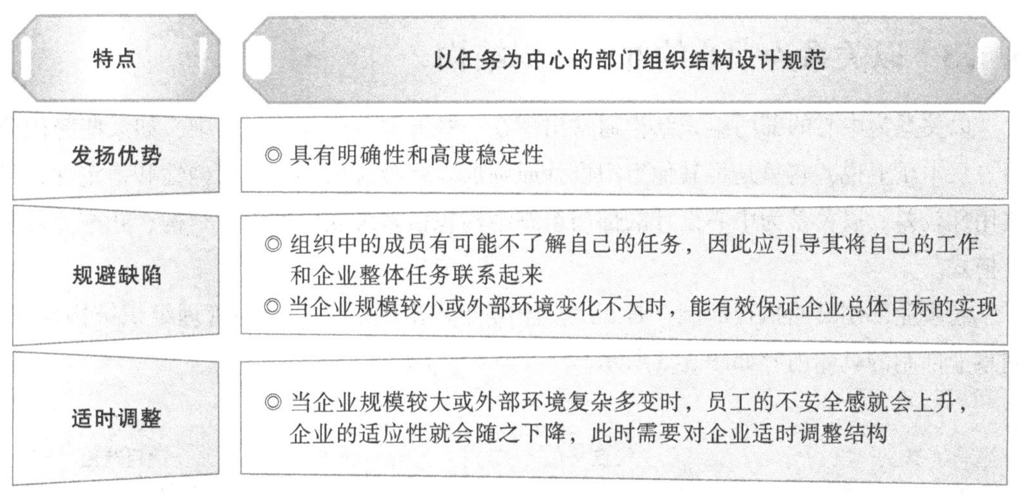

图 3-1　以任务为中心的部门组织结构设计规范

3.1.2 以成果为中心的部门组织结构

以成果为中心的部门组织结构包括事业部制和模拟分权制等模式。在这种结构模式下，一个企业由若干个自治性或模拟的自治性单位所组成，每个单位须对自己的工作成绩和成果负责，并为整个企业做出贡献。以成果为中心的部门组织结构设计规范如图 3-2所示。

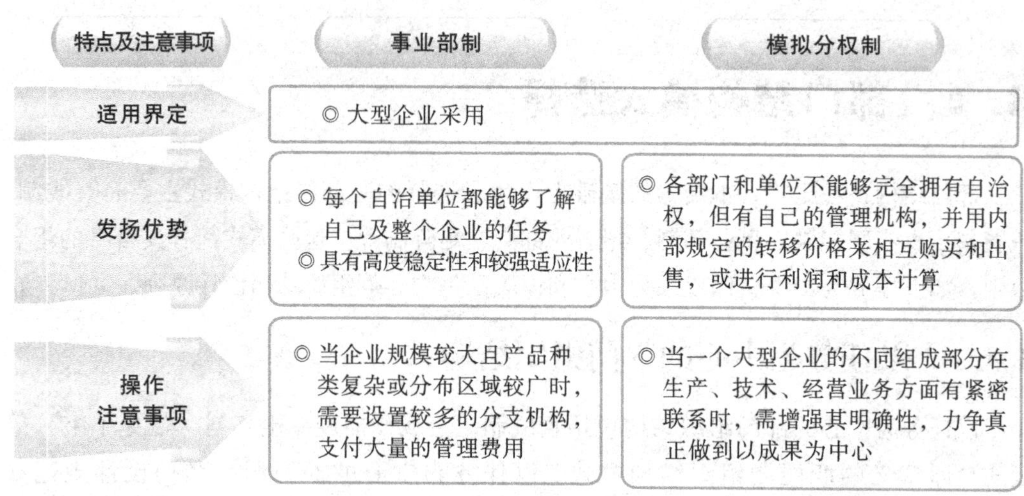

图 3-2　以成果为中心的部门组织结构设计规范

3.1.3　以关系为中心的部门组织结构

以关系为中心的部门组织结构通常出现在一些大型企业或项目之中，如某些跨国公司。从本质上说，它只是将其他组织设计原则加以综合应用，缺乏明确性和稳定性，且实用性较差。以关系为中心设计的部门组织结构包括多维立体型组织结构、超事业部制等模式。

超事业部制又叫执行部制，是 20 世纪 70 年代出现的一种新的管理组织结构形式。超事业部制的具体内容如图 3-3 所示。

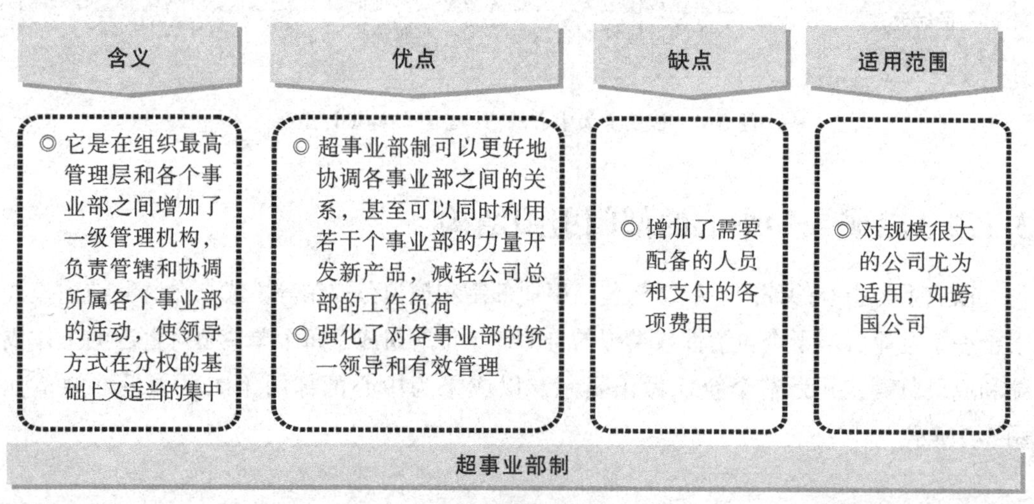

图 3-3　超事业部制的具体内容

3.2　部门设置与整合

部门设置与整合是组织结构设计的重要内容。它是指将企业活动按照一定的逻辑进行安排，设置成若干个管理单位，并进行统一整合。

3.2.1　部门设置与整合的八项原则

部门设置与整合的八项原则的具体内容如图 3-4 所示。

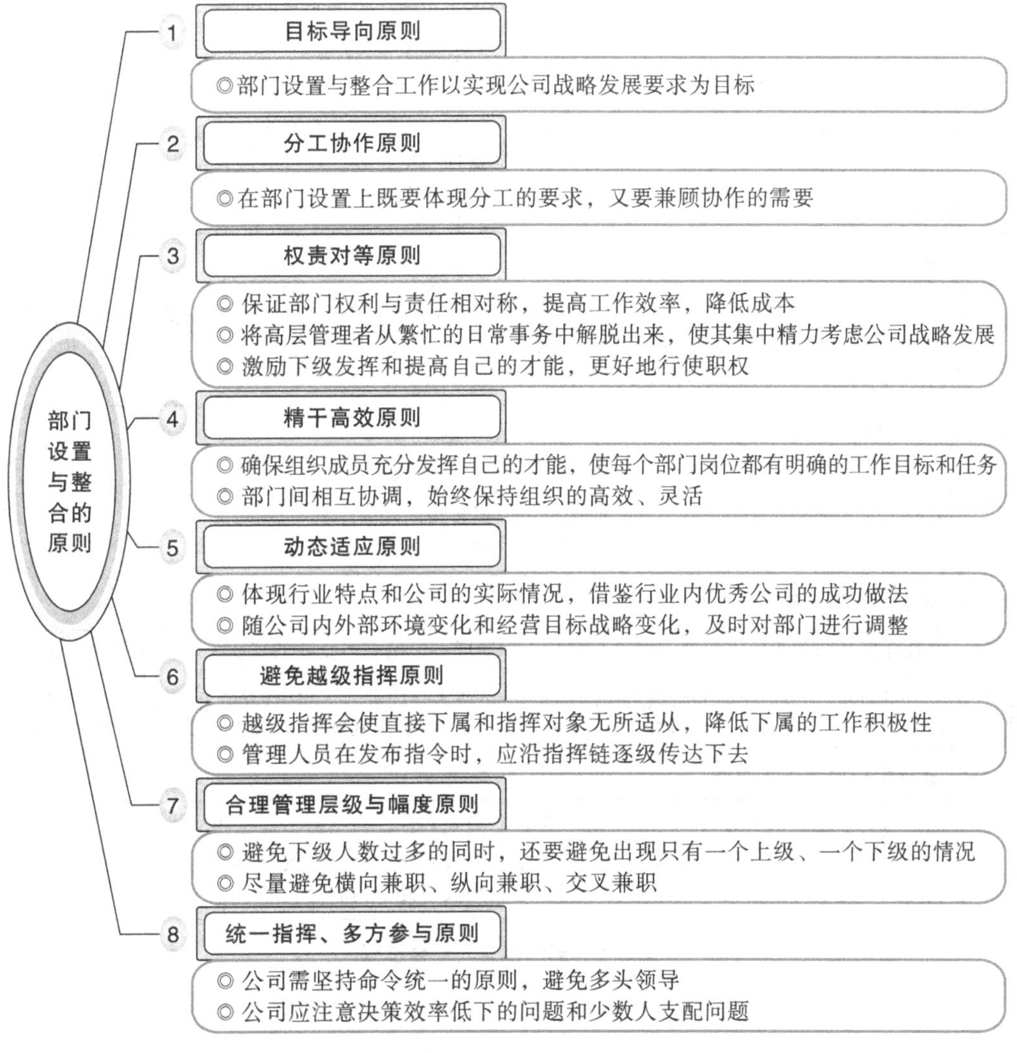

图 3-4　部门设置与整合的原则

3.2.2 部门设置与整合的七个步骤

部门设置与整合要经历如图 3-5 所示的七个步骤。

1. 明确组织的主导业务流程

◎ 主导业务流程描绘了本企业的内部价值链关系，即主导业务流程应该是一个增值流程，如果不是增值流程就说明企业盈利模式存在问题

◎ 可以说确定企业主导业务流程的过程实质上是检查企业盈利模式是否合理的过程

2. 明确管理层次与管理幅度

◎ 通常情况下，中小型企业通过三个层次就足以满足需求了，即高层、中层、基层

◎ 拥有下属企业的集团性公司可以分为四层，即高层、中层（下属企业的高层）、基层（下属企业的中层）、下属企业的一般员工或操作工人

3. 划分职能管理部门

◎ **依据主导业务流程划分**。例如，工业制造企业，主导业务流程应该是产品研发—产品设计—原材料采购—产品制造—仓储保管—销售售后服务这样一个过程。业务或经营部门应该包括产品研发部、产品设计部、原材料采购部、产品制造部、仓储保管部、销售部、售后服务部等，我们可视工作量的大小对这些部门进行合并或分拆

4. 设置部门的辅助职能

◎ 通常，我们将游离于企业价值链和主导业务流程之外的业务工作部门（如财务部、人力资源部）称为“辅助职能部门”。我们可以视工作量的大小对这些部门进行合并或分拆。对于企业规模较大的，可分别设立几个部门共同完成某项工作

5. 确定各部门间的协作关系

◎ 遵照主导业务流程确定上下级关系。对部门进行设置与整合时，我们应全面考虑主要职能部门和辅助职能部门之间的协作关系，避免在企业运营中出现各种问题

◎ 解决这个问题的最好方法是除了主导业务流程之外，再建立一些子流程

6. 制定“组织手册”

◎ 一个管理规范的企业应该在部门设置与整合工作完成后，编制本企业的组织手册并下发给企业的各部门及中高层管理人员

◎ 组织手册内容：（1）企业的组织结构图；（2）企业各部门和各下属单位的职能分解表；（3）企业各部门和各下属单位的职位设置表；（4）企业的主导业务流程图；（5）重要的组织管理原则

7. 验证部门设置的正确性

◎ 在部门设置与整合的半年或一年后，要征求企业内部和外部对企业组织结构的意见

◎ 企业可以通过高层、中层、基层干部的满意度来评价内部检查操作的顺畅性

◎ 企业可以通过对客户的访问或电话征询客户意见来获得外部检查客户的满意度

图 3-5 部门设置与整合步骤

3.2.3 部门设置与整合的五种方法

部门设置与整合的五种方法的适用范围及优缺点等详见表 3-1。

表 3-1 部门设置与整合的五种方法

方法名称	内容	优点	缺点	适用部门的特点
职能划分法	最传统、最基本的组织结构形式是指将相同或相似的活动归并在一起作为一个部门	(1) 专业职能的发展及经验的积累 (2) 避免相同职能的重复设置，降低成本 (3) 资源集中利用 (4) 同一职能采用统一的政策并实施最佳运作方法	(1) 各部门之间的协调工作量大，当产品生命周期短、开发活动频繁时，运作效率低 (2) 当产品类别、客户和渠道不同时，高层管理者会陷入大量的日常活动的协调事务中	(1) 产品类别区别不大，销售的目标市场相同 (2) 产品开发和生命周期较长 (3) 专业经验整合在一个部门内，可以形成经济规模 (4) 产品/服务为普通标准，无需为客户量身定做
产品划分法	围绕产品或服务大类的活动和要求来设置部门，对特定的产品系列或服务类型有专门的需求	(1) 专业化经营，且效率高 (2) 有利于围绕该产品发展业务 (3) 有利于经营多种产品的集团下放权力，并对不同的业务实施不同的管理模式 (4) 有利于新产品的成长，不会被成熟的业务取代	(1) 各部门负责人相互独立，即使可以分享的信息和资源也不会被泄露给其他部门 (2) 虽然产品不同，但并非所有的职能都不能共享，如人事、财务、信息设施服务等职能，在不同产品事业部下复制会造成资源的浪费	(1) 多样化经营的企业 (2) 企业为不同的客户生产不同的产品 (3) 产品开发和生命周期较短，需专人专注于该产品的开发 (4) 专业经验整合在一个部门内，不能形成经济规模 (5) 该产品的规模可用利润中心模式运作

（续表）

方法名称	内容	优点	缺点	适用部门的特点
客户划分法	以客户为对象，根据不同客户的需要或不同客户群设立部门，是一种新的组织结构形式	（1）从客户需求出发进行产品/服务的组织 （2）满足客户需求 （3）积累行业知识和客户经验 （4）建立竞争优势，发挥特定用户领域专家的专长	需要更多的“客户服务专家”，其不一定完全了解客户的真实需求，客户的需求偏好若发生变化，转移成本则较大	（1）服务型企业 （2）客户类别非常重要 （3）针对不同类别的客户制定不同的产品或服务政策 （4）客户有很强的谈判实力 （5）对客户的了解构成明显的优势，需要专人负责 （6）客户要求变化大，产品周期短
地点划分法	按照不同地点进行部门的设置与整合	（1）降低运输成本 （2）赢得更多的客户 （3）了解当地客户的习俗文化	缺点与产品划分法相似	（1）产品本身价值和运输价值相对较低 （2）必须上门完成的服务 （3）离客户近，以便运输和维护 （4）必须在当地设立机构
人数划分法	单纯地按照人数来安排业务活动	早期的部落、氏族和军队普遍采用这种方法来进行组织，是最原始、最简单的方法		适用范围小，局限于基层等，有逐渐被淘汰的趋势

3.2.4 部门设置与整合应注意的问题

进行部门设置与整合时，我们不仅要注意部门结构的动态管理和部门结构设计是否合适，还应注意集权、分权关系和正副职关系，具体应注意的问题如图 3-6 所示。

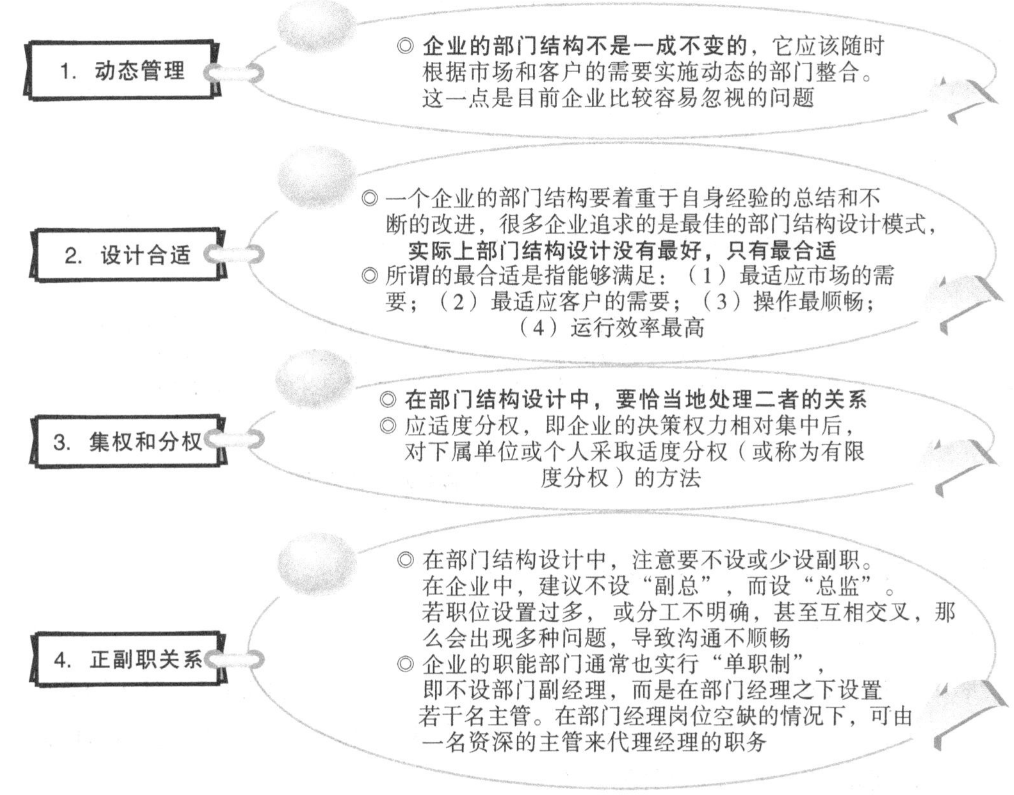

图 3-6　部门设置与整合应注意的问题

3.3　部门职能分解设计

职能分解即通过明确各部门任务的分配与责任的归属，实现组织分工合理、职责分明的目标，进而提高企业竞争实力、提升工作效率、规范员工行为、满足客户需求、降低运营成本等。

3.3.1　部门职能分解关键点

部门职能分解是在职能分析的基础上，将部门应该具备的各项职能细化为独立的、可操作的具体业务活动。其是通过量化的工具与相关手段明确部门定位与职责，避免职责重叠或者工作遗漏，实现管理中职责无重叠、无空白的职责与权限的设计目标。部门职能分解的关键点及具体规范如图 3-7 所示。

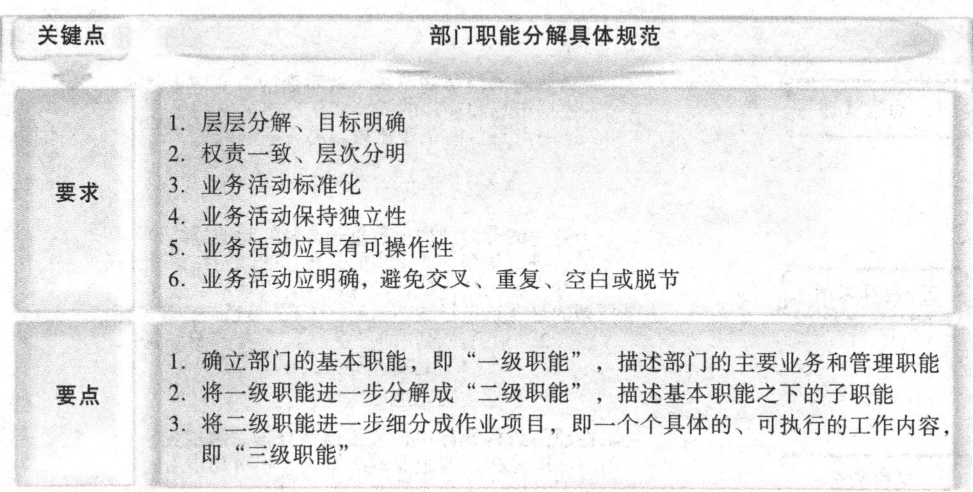

图 3-7 部门职能分解的关键点及具体规范

3.3.2 部门职能分解的步骤

1. 开展职能调查

职能调查的方法主要有主管人员分析法、实际考察法、问卷调查法，其中问卷调查法被广泛使用。问卷调查法，即通过让每一名员工填写问卷调查表，了解其日常的具体工作内容。“职能调查表”样例详见表 3-2。

表 3-2 职能调查表

<table>
<tr><td>部门名称</td><td></td><td>上级或分管上级的岗位名称</td><td></td><td>下属部门名称</td><td></td></tr>
<tr><td rowspan="2">本部门目前职能</td><td>主要职能</td><td></td><td>具体工作内容</td><td colspan="2"></td></tr>
<tr><td>一般职能</td><td></td><td>具体工作内容</td><td colspan="2"></td></tr>
<tr><td rowspan="2">与其他部门之间的关系</td><td>为本部门提供支持或服务的部门</td><td></td><td>具体支持或服务的内容、方式</td><td colspan="2"></td></tr>
<tr><td>需本部门提供支持或服务的部门</td><td></td><td>具体支持或服务的内容、方式</td><td colspan="2"></td></tr>
<tr><td rowspan="2">履行本职工作应具备的条件</td><td>工作条件</td><td colspan="4"></td></tr>
<tr><td>权限</td><td colspan="4"></td></tr>
<tr><td rowspan="2">对本部门职能调整建议</td><td>应增加职能</td><td></td><td>理由</td><td colspan="2"></td></tr>
<tr><td>应调整职能</td><td></td><td>理由</td><td colspan="2"></td></tr>
<tr><td>其他需要说明的事项</td><td colspan="5"></td></tr>
</table>

2. 进行职能识别

进行职能识别及优化可以采用 ESC 法，具体操作办法详见表 3-3。

表 3-3　ESC 职能识别法

ESC 法	具体操作办法
职能的取消（Eliminate）	将企业业务中冗余的职能取消，优化作业环节，节约管理成本
职能的简化（Simplify）	将不能适应公司现实需要的组织职能进行优化和改进
职能的合并（Combine）	（1）将某些业务活动非常简单或业务量极少的职能并入到与其紧密相关的其他职能部门中去 （2）将那些在组织发展中密切相关、不可分割的职能项目合并为同一职能

3. 职能汇总组合

在职能识别的基础上进一步归纳，将属于同一职位和属于同一部门的工作汇总到一起，形成职能汇总表。

职能汇总表将组织结构中各个部门的各项职位和各职位的工作内容对应罗列，为职能分解表的编制奠定基础。

4. 部门各级职能

部门各级职能的特点详见表 3-4。

表 3-4　部门各级职能的特点

职能	内容说明	特点	以“人力资源部”为例
一级职能	用一句话描述本部门的主要业务和管理职能	该职能是基本职能。其只是宏观描述，不具备直接操作性	人力资源开发与管理
二级职能	主要描述的是在“一级职能”基础上分解的若干项子职能	严格来讲，“二级职能”是较宏观的，不是具体的工作事项，不具备直接操作性	人力资源规划编制、员工日常管理、薪酬福利管理、员工培训管理、员工考核管理等
三级职能	是“二级职能”的进一步细化，是一些具体的作业项目	具备直接操作性	“员工日常管理”被分解的三级职能为员工招聘、员工录用、员工调转、员工晋升、员工考勤等多项作业项目

5. 编制职能分解表

职能分解的最后一个环节是编制职能分解表，即将各个部门的职能划分为三个层级，并通过表格将各层级的具体内容表述清楚，具体内容详见表3-5。

表3-5 职能分解表

一级职能	二级职能	三级职能
部门的基本职能	1. 规章制度建设	（1）组织制定、修改和完善在部门职能范围内的管理制度 （2）按程序逐级报领导审批 （3）对经领导批准的制度，组织相关部门贯彻执行 （4）对执行情况不定期地进行检查、监督，对不按规定执行的部门、个人进行处理
	2. 目标管理与绩效考核	（1）将公司的战略目标和年度经营目标，以及下达的季度（分月度）经营管理目标，分解到基层执行单位 （2）认真分析本部门的各项目标，提出完成目标的具体措施 （3）按本部门的职责范围，督导、跟踪、检查相关部门目标的完成情况 （4）对执行单位目标的完成情况进行考核
	3. 计划管理	（1）依据年度经营计划制订本部门月度工作计划 （2）计划经分管总监批准后认真组织实施 （3）按期分析、总结经营管理计划的完成情况
	4. 员工管理与培训	（1）关心本部门员工，不断提高员工的凝聚力和向心力 （2）按计划对员工进行培训，提高员工的业务水平、管理技能等 （3）用企业文化和企业核心价值观体系培育员工的职业道德、经营理念、创新意识，并按职位和职责合理为其安排学习和培训 （4）部门负责人要关心员工的身心健康和生活

3.3.3 部门职能分解应注意的问题

对部门职能进行分解时，我们不仅要坚持标准化原则、以流程为中心的原则、流程的搭接原则和权利委让而责任不委让的原则，还应注意如图 3-8 所示的三个问题。

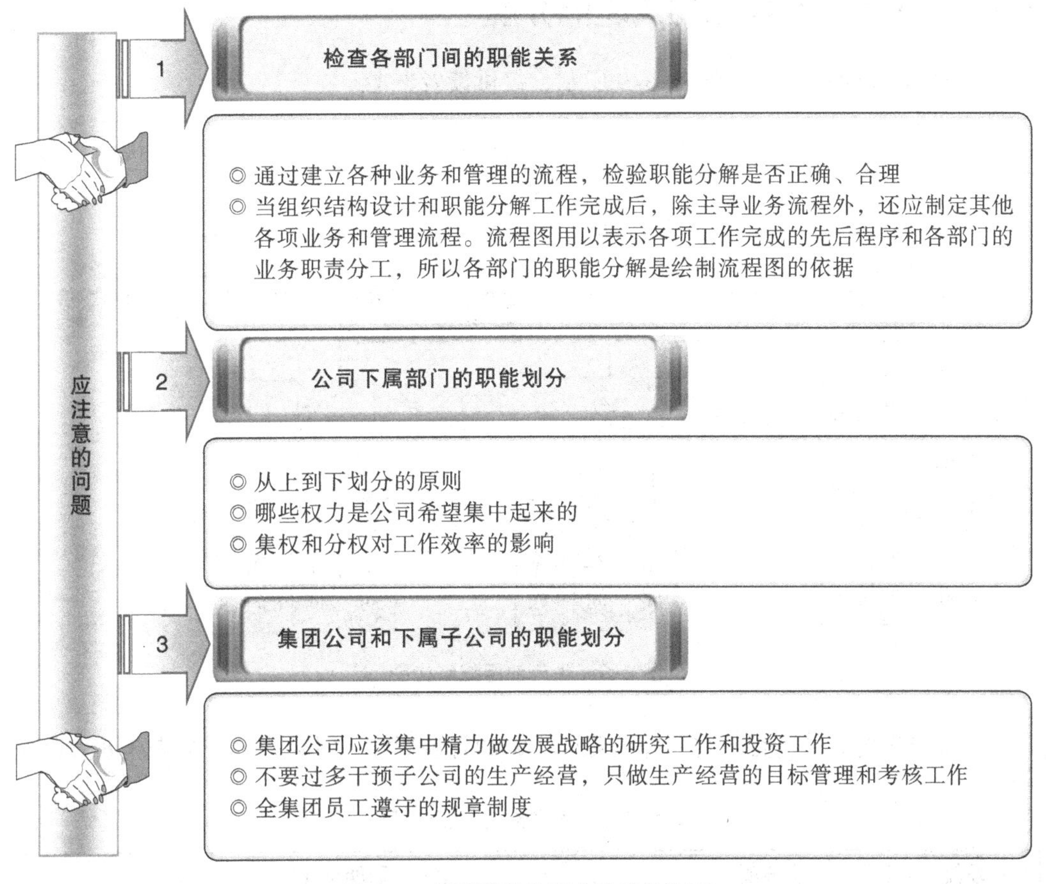

图 3-8 部门职能分解应注意的问题

另外，编制职能分解表时要有清晰的工作流程和业务流程构思，不要将二级、三级职能混淆，职能的描述和将来岗位说明书的职责描述也要保持一致。

3.4 部门结构和职能分解示范

3.4.1 生产部组织结构及职能分解

某企业生产部组织结构如图3-9所示，仅供读者参考。

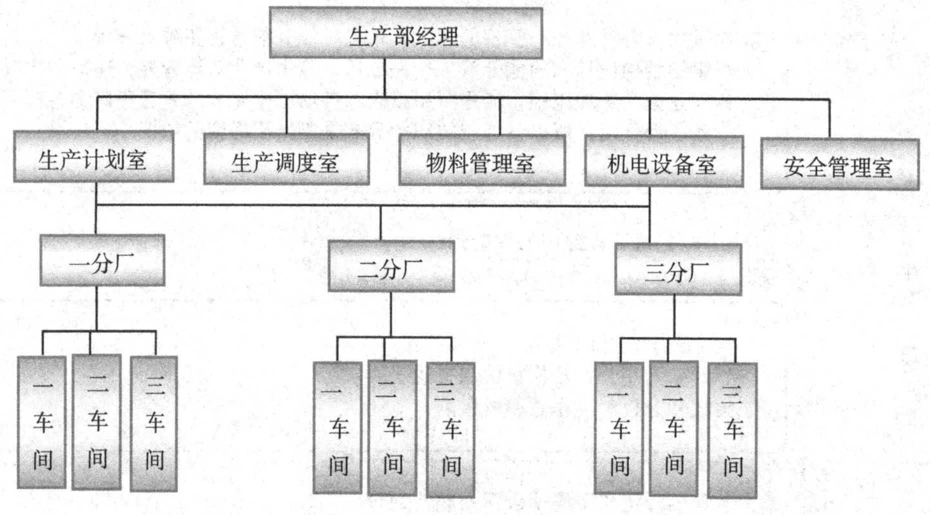

图3-9 生产部组织结构图

对生产部的职能进行分解，即细化生产部的各项职能，具体内容详见表3-6。

表3-6 生产部的职能分解

职能	职能分项	职能细化
生产计划和调度管理	1. 制订生产计划	（1）进行企业产能、设备负荷及生产人员的配置，编制年度生产计划 （2）分解年度、季度、月度生产计划，明确各生产单位、车间的生产任务，以及各种型号产品的投入产出期和投入产出量 （3）制定各产品的生产周期、在制品定额和生产批量等标准

（续表）

职能	职能分项	职能细化
生产计划和调度管理	2. 执行生产计划	（1）执行生产计划，进行生产物料、设备、人员、信息、工艺的有机配合，确保按时、保质、保量完成生产任务 （2）进行车间生产材料、半成品、成品的管理，对生产作业现场进行监督 （3）编排生产作业流水线，配备相应的人员，安排所需的设备、材料 （4）处理生产异常情况，根据实际情况灵活地调整生产计划
	3. 做好生产调度	（1）以生产调度为核心，建立与各部门、车间主任和生产班组长相关联的生产调度指挥系统，按程序、分层次地组织、协调、指挥生产 （2）做好生产调度工作，科学利用资源，合理组织调配，有效地进行生产过程控制
工艺技术管理	1. 工艺技术开发	（1）重视技术交流和研究，开展新技术开发工作 （2）组织相关技术人员对产品工艺流程、生产工艺及工艺装备进行设计，做好生产工艺技术开发工作 （3）通过技术研究，对现有工艺技术进行改进，以不断提升工艺技术水平
	2. 工艺文件管理	（1）编制生产工艺流程和工艺技术文件、制定各类工艺技术标准 （2）下发工艺文件及相关规范，对部门人员进行工艺培训 （3）收集生产过程中的工艺文件资料，为工艺技术改进提供重要依据
生产物料管理	1. 物料需求计划制订	（1）根据物料消耗明细，做好物料需求分析工作 （2）根据主生产计划及物料需求情况，编制物料需求计划
	2. 物料库存控制	（1）根据物料消耗情况，制订物料库存计划，以降低库存成本 （2）监督物料库存水平，并及时提出安全库存预警
	3. 物料使用管理	（1）记录物料消耗明细，制定物料消耗定额标准，严控物料使用 （2）对物料使用超出定额的情况及时分析和处理

（续表）

职能	职能分项	职能细化
生产质量管理	1. 制定产品质量标准	（1）制定进料、制程、产品等各项质量标准，并以此作为质量管理的依据 （2）编制各项质量文件及指导书，协助质量管理部建立质量管理体系
	2. 进行生产质量控制	（1）在生产过程中对各工序质量进行控制 （2）对供应商样品、原材料、外协品等生产来料的质量进行检验 （3）监督不合格品进行返工
生产信息管理	1. 生产信息收集	（1）生产部应当统计和分析各生产单位与车间的生产进度数据、各个产品的物料消耗数据和各产品所用工时数据，为生产决策提供依据 （2）生产部需检查、复核并监督各生产单位、车间的统计报表 （3）追踪生产进度、产品数量及成品数量的生产成果信息
	2. 生产信息应用	（1）根据历史生产信息，制订生产计划 （2）及时统计各生产单位存在的问题及需求，以及时解决存在的问题和改进生产决策
生产设备管理	1. 生产设备采购	（1）进行设备选型工作，确定需求的设备类型和型号 （2）编制设备请购计划，协助采购部完成设备采购工作
	2. 生产设备日常管理	（1）在生产过程中，按照设备说明使用生产设备 （2）建立各类设备使用记录
	3. 生产设备保养	（1）定期检验设备运行状况，及时排查设备问题 （2）做好设备的日常保养工作，延长设备的使用寿命
生产成本管理	1. 生产成本分析核算	（1）做好生产成本核算工作，科学、真实地反应生产成本 （2）做好生产成本分析工作，为成本控制提供依据
	2. 生产成本控制	（1）根据成本分析结果，制定生产成本控制的改进措施，并予以实施 （2）对生产过程各环节的成本和费用进行控制，实现成本控制目标

（续表）

职能	职能分项	职能细化
生产安全管理	1. 生产安全防范	（1）做好员工生产安全管理教育和培训工作 （2）制定各类生产管理安全规章制度和安全操作规范，并严格落实 （3）监督、检查安全管理各项规范的执行情况，发现并消除安全隐患
	2. 安全事故处理	（1）及时发现并处理生产过程中发生的各项安全事故 （2）落实各项安全措施，防止安全事故再发

3.4.2 技术部组织结构及职能分解

某软件研发企业技术部组织结构如图 3-10 所示，仅供读者参考。

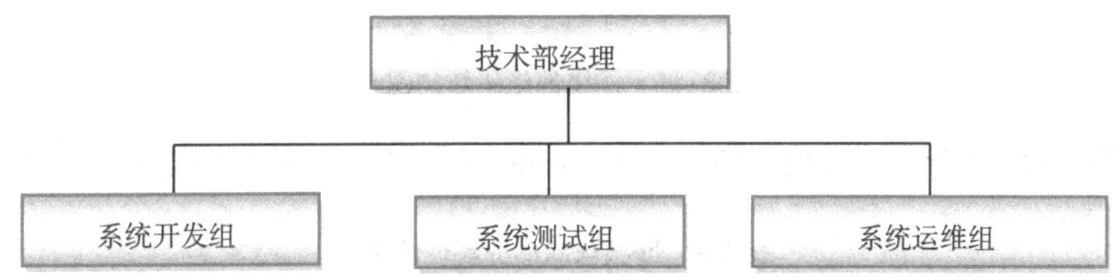

图 3-10 软件研发企业技术部组织结构图

对技术部的职能进行分解，即细化技术部各项职能，具体内容详见表 3-7。

表 3-7 技术部职能分解说明表

职能	职能分项	职能细化
产品研发	研发项目管理	（1）根据公司产品发展方向进行产品研发 （2）负责对产品质量问题进行调查、分析和处理
	技术成果评估	（1）对研究成果的产业化进行可行性研究 （2）组织技术成果及技术经济效益的评价工作
技术服务	对外服务	对外承接和签订技术服务合同，完成相关的技术服务
	对内服务	根据企业其他职能部门业务的要求，为其提供相应的技术服务
技术文档资料管理	文档编写和归档管理	（1）合理编制技术文件 （2）认真做好技术图纸、技术资料的归档工作
	技术保密管理	负责制定严格的技术资料交接、保管工作制度

3.4.3 网销部组织结构及职能分解

以下是某企业的网销部组织结构图（如图3-11所示），仅供读者参考。

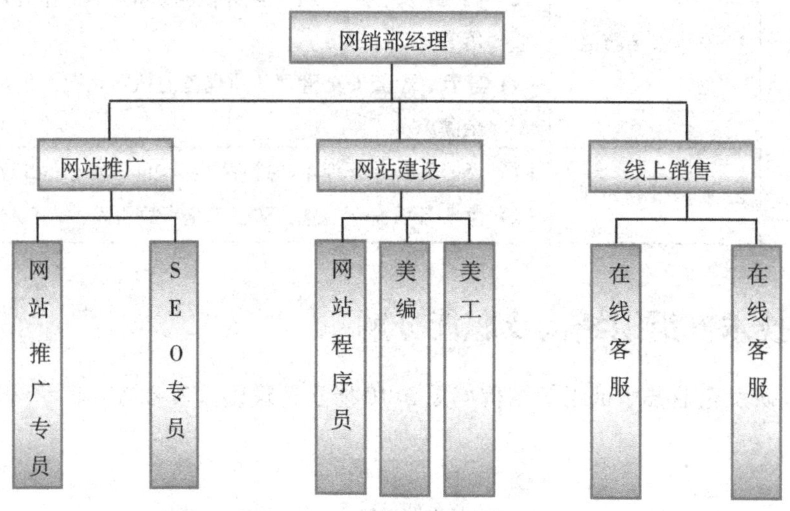

图3-11 网销部组织结构图

对网销部的职能进行分解，即细化网销部的各项职能，具体内容详见表3-8。

表3-8 网销部职能分解说明表

职能	职能分项	职能细化
网络平台搭建	1. 网站设计	（1）负责公司网站平台建设的布局和结构等方面整体规划的设计、改版、更新 （2）负责公司产品描述页面的设计、编辑、美化等工作
	2. 平台维护与优化	（1）负责公司网站的优化 （2）负责公司网站的维护及更新
网站推广	1. 市场拓展	（1）负责公司网站品牌和产品的网络推广 （2）负责与相关单位或部门进行网络营销业务合作的洽谈工作
	2. 电子商务推广	（1）评估、分析网站的关键词等，提高网站排名 （2）合理应用各种技术，以提升网站人气
网络销售	1. 销售促进	（1）受理客户在线咨询 （2）与客户进行良好的沟通并促成交易
	2. 售后服务管理	（1）受理并解决客户投诉纠纷 （2）维护良好的客户关系

3.4.4 仓储部组织结构及职能分解

某公司仓储部组织结构如图 3-12 所示，仅供读者参考。

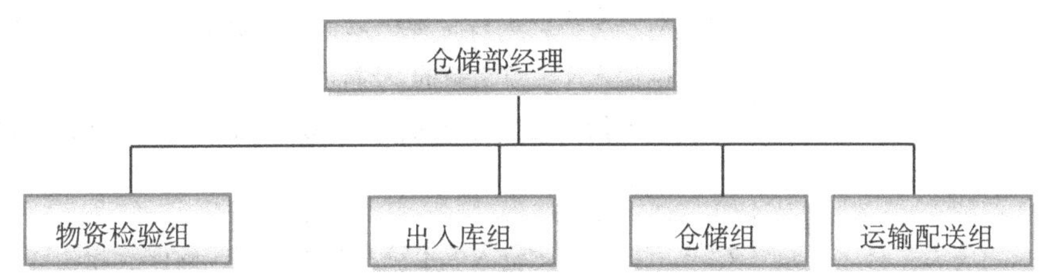

图 3-12 仓储部组织结构图

对仓储部的职能进行分解，即细化仓储部的各项职能，具体内容详见表 3-9。

表 3-9 仓储部职能分解说明表

职能	职能分项	职能细化
仓储规划管理	1. 仓储战略规划	(1) 合理制定仓储发展战略规划，确保仓储业务量及成果的提升 (2) 确定仓库的经营方针和运作模式，制定各项仓储业务目标
	2. 仓库系统规划	(1) 对企业各项仓储活动进行分析，明确现有系统中存在的问题 (2) 根据业务发展的需要，设计仓储物流系统，并确保系统模块的完整 (3) 对仓储各个子系统进行分析和优化，提升仓储服务水平 (4) 合理设计仓储存放区域和存储规则，提升仓库空间利用率 (5) 对仓库设备布局进行规划，保证货物流动遵循一定的规律
	3. 仓储作业规划	(1) 运用搬运分析、动作分析等方法，优化物流人员的作业方法，提升作业效率 (2) 优化仓储区域、作业现场的作业顺序，提升作业效率
物资验收管理	1. 验收工作规划	(1) 制定物资的入库验收作业流程及规范，并监督实施 (2) 对验收人员开展验收方法和制度、规范的培训
	2. 验收工作实施	(1) 组织物资的入库验收工作，安排验收人员、场地及工具等 (2) 认真开展物资验收工作，做好验收记录并编制报告
	3. 验收结果处理	(1) 妥善处理不合格物资。根据其质量状况对偏差特采、退货、返修等情况进行及时处理 (2) 对物资数量短缺等各类异常情况做出妥善的处理

（续表）

职能	职能分项	职能细化
物资入库管理	1. 接运	（1）合理安排物资的接运工作，确保物资妥善到达仓库 （2）在接货过程中，将物资损坏的数量降到最低
	2. 储位安排	（1）对入库物资进行合理编码，并将物资编码录入仓储系统中，确保入库信息更新的及时性 （2）根据物资特性及编码，对其安排储位，及时将物资存储在合理区域
	3. 入库手续办理	（1）审核各项物资入库手续及验收凭证，确保入库物资凭证的完整率 （2）对入库物资进行记录并妥善保存，为仓储管理工作提供重要依据
物资存储保管	1. 仓库日常管理	（1）做好仓库物资的巡检工作，检查物资数量是否正确、包装是否完整，查看物资是否受损或变质 （2）保管好仓储作业设备和相关器具，要求各作业人员掌握设备和器具的使用方法，确保妥善使用
	2. 仓储环境控制	（1）做好仓库温湿度的调节工作，充分利用通风、降温、吸湿等措施，将仓库温湿度控制在适宜物资存储的范围内 （2）定期对仓库周边的垃圾进行清理，确保仓库整洁，以有利于物资存储
	3. 物资保养	（1）定期对仓库物资进行保养，确保物资的完好率 （2）对仓储物资进行防霉腐处理，防止其出现霉变 （3）定期对仓库进行除尘处理，防止对物资造成损害 （4）及时对仓库环境进行清理，杜绝病虫害出现的源头
盘点管理	1. 制定盘点工作规范	（1）根据实际情况合理制定仓库盘点工作规范 （2）学习盘点规范，并将其落实到盘点工作过程中
	2. 实施盘点工作	（1）做好盘点工作的组织，认真落实盘点工作 （2）记录盘点过程的数据，确保盘点结果与实际相符
	3. 盘点结果处理	（1）将盘点结果与系统数据进行核对，并计算误差 （2）及时对盘点的盈亏状况进行处理 （3）分析盘点结果，准确掌握库存信息，了解库存状况

（续表）

职能	职能分项	职能细化
库存控制管理	1. 库存数据分析	（1）对现有库存数据进行详细分析，掌握库存资金占用率、库存周转率等库存水平指标，为库存决策提供重要依据 （2）对现有的库存数据进行分析，确定各类物资的订货点和订货批量，然后编制科学的库存计划，并及时提交
	2. 库存控制	（1）根据生产计划和历史库存信息等，制定库存消耗定额，并对库存水平进行控制 （2）及时汇总、分析各项库存成本和费用，对库存成本进行核算，根据成本现状制订成本节约计划，并积极落实 （3）根据仓库及物资消耗的实际情况，选择合适的库存成本控制方法，降低库存总成本
物资出库管理	1. 物资出库规范的制定	（1）仓储部负责制定各项出库作业规范，并积极落实 （2）对仓储部工作人员开展出库规范的培训工作，使其掌握出库作业流程及各项工作规范
	2. 做好物资出库工作	（1）对出库物资及领取凭证进行严格的审核 （2）规划拣货路线，快速完成出库物资的分拣工作，并对出库物资进行质量检验，确保出库物资符合出库质量要求 （3）对出库物资进行捆绑和包装，减少在运输过程中造成的质量损害 （4）安排人员仔细核对出库物资的品名、数量等，确保出库物资与出库单据相符
物资装卸搬运	1. 装卸搬运工作规划	（1）制定装卸搬运工作各项规范，并积极落实 （2）根据作业需求制订装卸搬运的计划，并组织装卸搬运人员实施
	2. 实施装卸搬运工作	（1）做好物资入库、出库及库内的装卸搬运工作，提高作业及时完成率 （2）合理使用和维护叉车、起重机、堆高机等装卸搬运设备，并定期对其进行维护，确保器具完好
	3. 设备维护	（1）合理使用与维护叉车、起重机、堆高机等装卸搬运设备 （2）根据装卸搬运设备的需要提出相应的采购需求

（续表）

职能	职能分项	职能细化
仓储安全管理	1. 制定安全管理规范	（1）制定仓库各项作业的安全管理规范并积极落实，杜绝安全责任事故的发生 （2）开展仓库安全教育培训工作，要求员工具有安全意识，并掌握安全基础知识
	2. 仓库防盗管理	（1）做好出入仓库人员的登记工作，严控仓储出入库人员 （2）做好仓库各个区域的监控工作，杜绝仓库物资的失窃 （3）做好贵重物品出入库的检查工作，防止工作人员盗窃的发生
	3. 仓库消防安全管理	（1）定期检查仓库的电源、插座、电线等情况，做好仓库防火工作 （2）妥善管理仓库中的危险品，以防安全事故的发生 （3）杜绝仓库出现各类火种、明火等，防止发生火灾

3.4.5 项目部组织结构及职能分解

某公司工程项目部组织结构如图3-13所示，仅供读者参考。

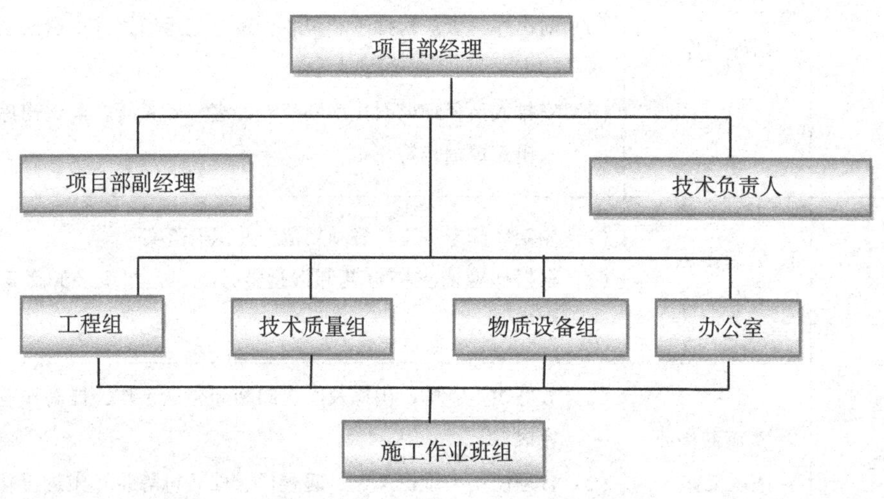

图3-13 工程项目部组织结构图

对项目部的职能进行分解，即细化项目部的各项职能，具体内容详见表3-10。

表 3-10 项目部职能分解说明表

职能	职能分项	职能细化
项目选择管理	1. 项目调研管理	(1) 负责组织人员进行市场调研，收集项目资料，评估项目风险 (2) 组织开展市场调研工作，把握市场形势，结合企业实际情况分析项目需求 (3) 参与项目决策，根据调研结果制定项目备选方案并上交
	2. 项目选择管理	(1) 编制企业项目选择标准，并贯彻执行 (2) 根据企业营运战略及目标确立企业项目管理目标，为项目选择提供决策依据 (3) 根据公司发展战略，搜集有关项目信息资料并进行项目可行性分析研究，然后评定项目的优先级，确定项目
项目启动管理	1. 项目立项管理	(1) 根据所收集的市场信息与资料，进行项目设计，提交立项申请，办理立项报批手续 (2) 参与项目可行性分析，进行项目风险管理，做好项目应急措施 (3) 组织进行项目可行性分析，论证项目各方面是否满足项目启动要求
	2. 项目启动	(1) 编制项目章程，明确项目的目的及利益相关方 (2) 推荐合适的项目经理人选，并将候选人员的相关材料上报总经理审核，经总经理确认后，向项目经理发放任命书
项目规划管理	1. 项目计划管理	(1) 负责拟订项目工作计划和目标，制定项目发展规划方案 (2) 组织实施项目规划方案，进行项目设计、开发，并监督其进度
	2. 项目资源管理	(1) 对企业项目管理组合计划进行分析，并划分优先级，编制项目资源计划 (2) 根据企业项目的开展与运作情况，结合项目资源计划，进行项目资源的配置与平衡工作

（续表）

职能	职能分项	职能细化
项目范围管理	1. 项目范围管理计划制订	（1）根据项目章程、定义，制订项目范围管理计划，对项目最终提供的产品、服务范围等进行定义 （2）明确项目过程中相关因素的控制办法，利用项目管理方法论、项目管理信息系统、专家判断等方法编制项目范围说明书
	2. 项目范围控制	（1）负责分析项目现有风险、假设条件和制约因素的完整性，在必要时补充其他的风险、假设条件和制约因素 （2）负责对项目范围的变更进行管理控制及核实
项目投融资管理	1. 投融资计划和方案制定	（1）负责分析、制定公司投融资需求、投融资策略和计划并组织实施 （2）在投融资风险分析的基础上，选择合适的投融资方式、对象，编制投融资方案 （3）负责监督公司投融资计划和方案的执行情况，并根据公司发展战略和财务状况的变化适时进行调整
	2. 投资管理	（1）根据投资工作计划及方案，组织对投资项目的调查和可行性分析研究等前期准备工作 （2）根据投资方案，与相关单位进行谈判协商，签订投资合同，然后据此进行投资 （3）组织汇总与投资有关的账目，核算投资收益情况，对比预计投资收益以及过去同期投资收益情况，进行投资效果评估
	3. 融资管理	（1）负责执行融资决策，与融资的相关单位进行谈判，向银行等金融机构提出融资申请 （2）签订融资合同，根据融资计划和公司资金需求状况对筹集到的资金进行合理分配和运用 （3）对整个融资过程进行监督和指导，收集相关信息，编制融资分析报告，提出融资管理建议

（续表）

职能	职能分项	职能细化
项目时间管理	1. 项目进度计划管理	（1）分析项目的合同要求、所需资源、约束条件等，估算完成项目的整体时间，初步编制项目进度计划 （2）分析影响项目进度的因素，对项目各个阶段的时间进行估算 （3）细化项目各阶段的时间管理，包括项目期望的起止日期、影响因素、进度管理计划及资源供给情况
	2. 项目进度控制	（1）跟踪项目的实际进度，并对项目进度的准确性进行多方面的核查，及时与利益相关者进行沟通 （2）将项目的实际进度同项目进度计划进行比对，找出偏差，并分析出现偏差的原因 （3）制定纠正预防措施，确保项目的进度
项目成本管理	1. 项目成本预算管理	（1）明确完成项目各项活动所需资源的种类及每种资源的需求量，编制项目预算和各项工作事项的预算指标 （2）协助编制项目的可行性研究报告，提供可行性分析的相关经济指标 （3）根据预算指标制定项目的执行方案及相应的控制措施，建立预算的预警机制与预算执行责任制度，确保项目预算的达成
	2. 项目成本控制	（1）制订成本控制计划，并编制成本控制作业指导书，确定成本控制的要点 （2）科学地选择预警指标，确定合理的预警范围，以在收到预警信号时，能及时采取有效措施进行处理解决 （3）根据预算执行责任制度确定的责任指标，定期或不定期对相关部门及人员的指标完成情况进行检查与反馈 （4）根据检查与反馈结果对预算的差异进行分析，编制预算调整方案并监督落实
	3. 项目成本核算	（1）负责做好企业项目成本结算的编制、核对与确定工作 （2）负责做好项目清算的决算工作，及时收回项目的相关款项

（续表）

职能	职能分项	职能细化
项目质量管理	1. 项目质量控制	（1）负责确定质量标准及实现方式，并根据质量标准制定项目质量管理方案与目标 （2）建立质量管理体系，包括质量管理的组织结构、程序、过程和资源等方面 （3）组织做好项目质量问题的整改工作，并组织相关人员对质量问题进行及时解决
	2. 项目质量保证	（1）对项目的最终结果负责，以保证符合相关质量标准 （2）对整个项目过程负责，确保项目遵循相关质量标准 （3）保证质量体系有效运行与不断完善，以提高质量管理水平
	3. 质量审查	（1）定期组织进行项目质量审核，保证质量活动及其有关结果符合质量计划安排 （2）查看审核对象的现状与规定要求的符合度，并及时提出整改方案
项目人力资源管理	1. 部门人力规划	（1）根据企业战略规划及部门发展目标，对部门人事做出整体规划 （2）说明岗位职责，协助项目部员工制定职业生涯规划
	2. 项目人员招聘	（1）根据项目规划及实施情况，预测人员需求，做出岗位设置调整 （2）说明部门、岗位职责及岗位任职资格，编制、修改和完善部门、岗位职责说明书 （3）根据岗位需求状况和人力资源规划，制订招聘计划，做好人员选聘及录用等工作
	3. 项目人员培训	（1）根据企业规划和项目发展需要，建立和完善项目部员工培训体系 （2）对项目部员工进行分类、分层次的培训，努力提高员工素质 （3）加强项目部员工的安全教育，提升员工的安全意识，减少事故的发生 （4）开展对项目部员工的考察、选拔、聘任、解聘等岗位变动事宜

（续表）

职能	职能分项	职能细化
项目人力资源管理	4. 考核、福利及关系管理	（1）处理好项目部人员的考勤、考核、晋升、奖惩、辞退等工作 （2）对员工投诉和企业劳动争议事宜负责，组织展开调查，进行解决
项目沟通管理	1. 项目沟通计划管理	（1）根据项目的实际需要，制订沟通计划，明确沟通原则、内容、对象、方式、途径、手段和所要达到的目标等内容 （2）负责对沟通过程进行监督管理，及时解决沟通过程中产生的问题
	2. 项目冲突管理	（1）负责了解项目冲突的原因和发展情况，并制定项目冲突解决方案 （2）实施项目冲突解决方案，并进行效果评估
项目采购管理	1. 项目采购计划管理	（1）负责市场调研和数据分析，制定项目物资采购、招标实施方案及采购计划 （2）负责采购物资的比价、议价和采购谈判，以及协议的洽谈和签订 （3）负责根据项目采购计划以及项目进程，做好项目采购资金使用计划及采购成本控制 （4）负责采购及招投标相关数据、资料、信息的收集和汇总统计，并做好保密工作
	2. 招标管理与控制	（1）负责编制招标文件，对投标企业进行资格初审，确定参加投标单位 （2）负责向审查合格的投标单位发出招标邀请书及招标信息 （3）负责解答和协调处理投标方关于投标方面的各种问题，并组织开标、评标
	3. 供应商管理	（1）负责供应商选择、评估的管理 （2）建立供应商管理体系，制定供应商的管理制度与评价标准、供应商选择及退出标准，保证供应商管理工作的顺利开展

（续表）

职能	职能分项	职能细化
项目风险管理	1. 项目风险规划目标	（1）制定项目风险管理工作规划、年度工作计划，设置风险警告级别与应对策略，减少项目风险造成的损失 （2）组织制定项目风险管理的基本程序和控制标准，确保相关程序和标准合理、完善、可执行 （3）根据企业整体项目的财务预算计划，制定项目风险管理预算
	2. 项目风险识别与评估	（1）确定项目风险的来源渠道，组织制订连续的风险识别计划，保证项目从启动到验收的风险识别 （2）确定项目风险评价目标，对项目风险进行定量和定性分析、评估，为制定风险对冲和选择风险控制方案提供依据
	3. 项目风险应对与控制	（1）组织制定风险应对计划及措施，并协调相关部门执行 （2）负责全面风险监测管理，包括风险预警、风险计量等
项目法务管理	1. 项目合同法务管理	（1）对项目合同进行评审，确保合同的规范性、合理性与合法性 （2）选择合适的合同纠纷解决方案，确保将合同纠纷产生的负面影响降至最低 （3）按照法律程序依法解决各种合同纠纷
	2. 项目法律纠纷处理	按照程序处理项目实施过程中涉及的法律纠纷事件
	3. 项目知识产权申办	（1）对项目知识产权进行评估，分析专利申请的必要性 （2）按照要求准备相关的知识产权申请文件，并按程序进行申请 （3）对项目中产生的知识产权进行管理

第4章

定责

4.1 关于定责

定责应先从企业战略目标分解开始，进行企业决策分类，再从组织架构设置到部门、岗位配置入手，进行职责细分和流程梳理，只有这样才能弄清楚该部门、岗位承接的事项和承担的工作。定责的依据如图 4-1 所示。定责包括部门的定责和岗位的定责。

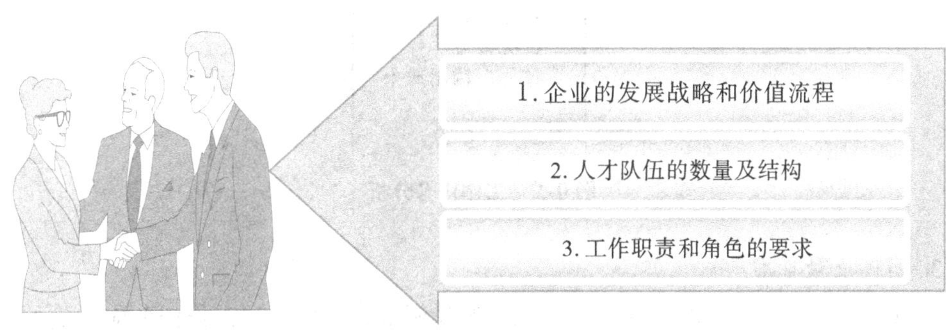

1. 企业的发展战略和价值流程
2. 人才队伍的数量及结构
3. 工作职责和角色的要求

图 4-1 定责的依据

4.1.1 定责的内容

1. 确定承担的职责

根据部门、岗位的种类确定职责范围；根据种类性质确定使用的设备、工具、工作质量和效率，以及各个部门、岗位之间的相互关系；根据部门、岗位的性质明确实现目标的职责。部门及岗位职责描述了部门及岗位的主要工作内容，对于指导任职者的工作和进行接下来的工作任务分析有着非常重要的意义。确定职责时要注意三个关系，即上级关系、同级关系和下级关系。

2. 分析工作任务

根据工作任务的需要确定工作部门、岗位名称及其数量定责。工作任务分析包括任务要素分析、任务活动分析和任务流程分析三项内容，具体如图 4-2 所示。

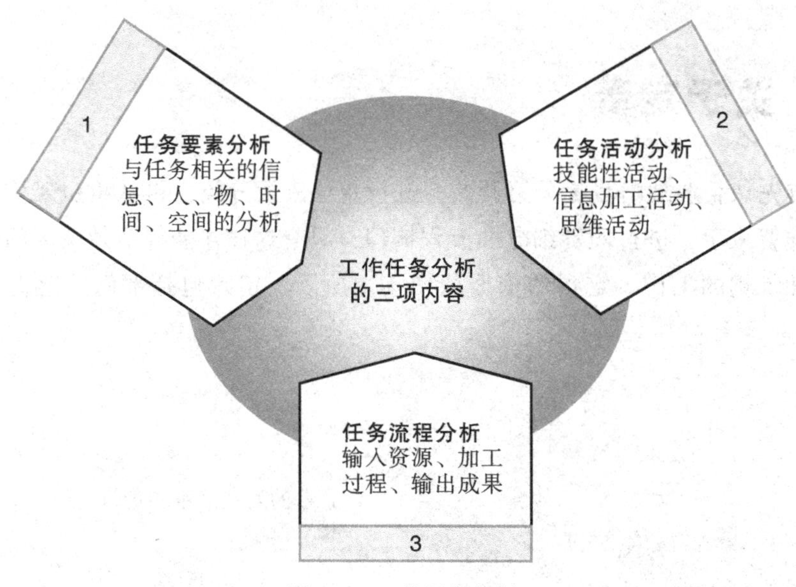

图4-2 工作任务分析

3. 明确衡量标准

衡量标准即某项工作职责履行的依据。衡量标准是对每一项工作任务应达到的程度的要求，主要从时间、数量、质量等方面进行阐述。从理论上来讲，每一项工作任务都有相应的衡量标准，但在实际编制过程中，对于某些非常明确的标准，或者相对复杂，需要在绩效考核等文件中详细描述的标准可以省略。

以绩效衡量指标为例，其指标和具体考核标准详见表4-1。

表4-1 绩效考核标准

绩效衡量指标	绩效考核标准
财务指标	部门预算、净利润、毛利率、资金利用率
成长指标	客户需求增长率、产品服务提供增长率
客户满意度	客户满意度、投诉率、员工满意度、部门满意度
生产效率	单位资源的产出数量
信誉与质量	商誉维护、遵守合同、承诺、可靠性、质量
时间效率	完成工作、事务、流程的时间长度及等待时间
资源浪费	返工成本、纠错耗时、审核成本、超时成本、错误率、废品率
灵活性	决策时间、危机事件处理及时性、市场反应速度
管理指标	员工队伍建设、干部培养、素质提高、员工士气

4.1.2 定责的作用

定责为定岗、定编、定员、定额、定薪工作奠定了基础，同时也是开展人力资源管理工作的依据。清晰的职责描述非常有利于部门和岗位目标的制定，通过描述岗位的主要工作内容，对于指导任职者的工作有着非常重要的意义。定责的作用如图 4-3 所示。

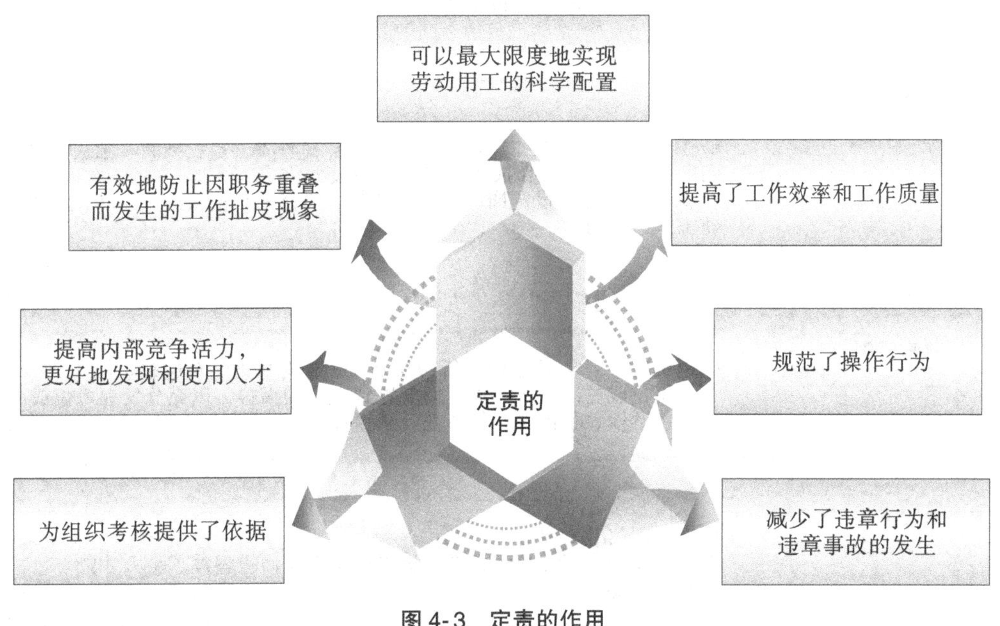

图 4-3 定责的作用

4.1.3 定责的原则

根据组织目标与岗位设计要求，制定适用于部门和岗位的职责。在定责的过程中，企业应坚持六大原则（如图 4-4所示），从而达到科学合理定责、任务到人的目标。

全面原则
1
◎ 全面、准确、明了的定责
不仅便于专业技术人员履行职责和对专业技术人员进行考核，也有利于其他人员履行职责和对其进行考核
规范原则
2
◎ 定责工作对专业性、技术性的要求较高
定责涉及业务技术和经营管理等多个方面，因此从事该项工作的人员应具备较丰富的理论和经验
激励原则
3
◎ 通过开展定责工作，可以培养员工自我解决、自我判断、独立解决问题的能力，使工作成果的绩效实现最大化
◎ 激励员工参与设定岗位目标，使其自愿将来自他人的压力转化为主动工作的动力
科学原则
4
◎定责时，要将部门/岗位所需与个人之长有机地结合起来
了解每位成员的特长，将他们安置到合适的岗位，以充分发挥每位成员的主动性、积极性和创造性，从而提高工作效率
丰富原则
5
◎丰富部门/岗位职责的内容
有利于发挥员工（由于长期从事单一型工作而被埋没了个人才能）的其他才能
灵活原则
6
◎ 必须结合本单位的工作性质和特点制定
真正落实专业技术人员的工作任务、权限、责任和义务
◎ 必须按不同专业、不同档次、不同的部门/岗位制定
灵活地进行区别制定，使职与责结合起来

图4-4　定责的原则

此外，在组织人力资源许可的情况下，企业可针对某些岗位职责，设定在固定时间能出色完成既定任务，员工就可以获得转换到其他岗位工作的权利。这不仅丰富了企业员工的知识和操作技能，而且也营造了和谐、融洽的企业文化氛围。

4.1.4　定责的方法与步骤

部门与岗位职责的界定并非是简单地对岗位任职者的现行工作活动进行归纳和概括，而是对组织、部门岗位目标的界定。根据工作职责梳理的实践经验，我们可以将定责的工作方法归结为两种，即下行法和上行法。

1. 下行法

下行法是一种基于组织目标，以流程为依托进行工作职责分解的系统的方法。具体来说，就是通过目标分解得到职责的具体内容，然后通过流程分析来界定该部门/岗位应该扮演怎样的角色、拥有怎样的权限。利用下行法构建工作职责，需要先确定部门/岗位目的、分解关键成果领域、确定职责目标和工作职责，然后进行工作描述。

（1）确定部门/岗位目的

根据组织目标，进行部门职责定位，明确岗位目的。设置岗位（设置）目的时需要说明设立该部门/岗位的总体目标，即要精确地说明本部门、岗位存在的意义，以及它对组织的特殊（或独一无二）的贡献是什么。部门/岗位目的的编写格式如图 4-5 所示。

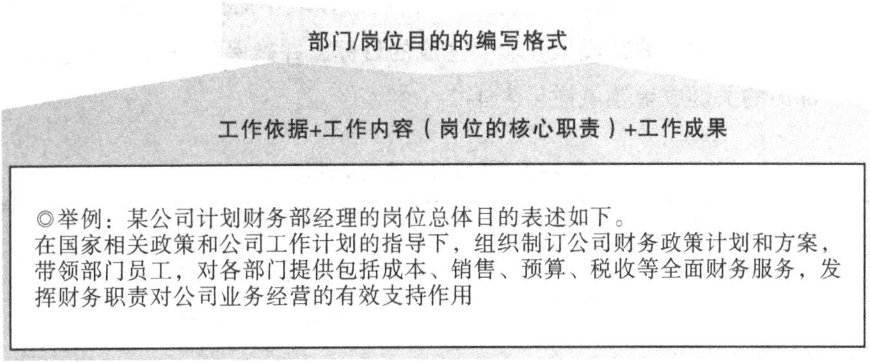

部门/岗位目的的编写格式

工作依据+工作内容（岗位的核心职责）+工作成果

◎举例：某公司计划财务部经理的岗位总体目的表述如下。
在国家相关政策和公司工作计划的指导下，组织制订公司财务政策计划和方案，带领部门员工，对各部门提供包括成本、销售、预算、税收等全面财务服务，发挥财务职责对公司业务经营的有效支持作用

图 4-5　部门/岗位目的的编写格式

（2）分解关键成果领域

通过对部门职能的分解和岗位分析，得到该部门/岗位的关键成果领域。关键成果领域（Key Result Areas，KRA）是为实现企业整体目标、不可或缺且必须取得满意结果的领域，是企业关键成功要素的聚集地，如利润、创新、生产率、市场地位等。关键成果领域对组织使命、愿景与战略目标的实现起着至关重要的影响，是关键要素的集中体现。

关键成果领域还可定义为一个部门/岗位需要在哪几个方面取得成果来实现部门/岗位的目的，其具体内容如图 4-6 所示。

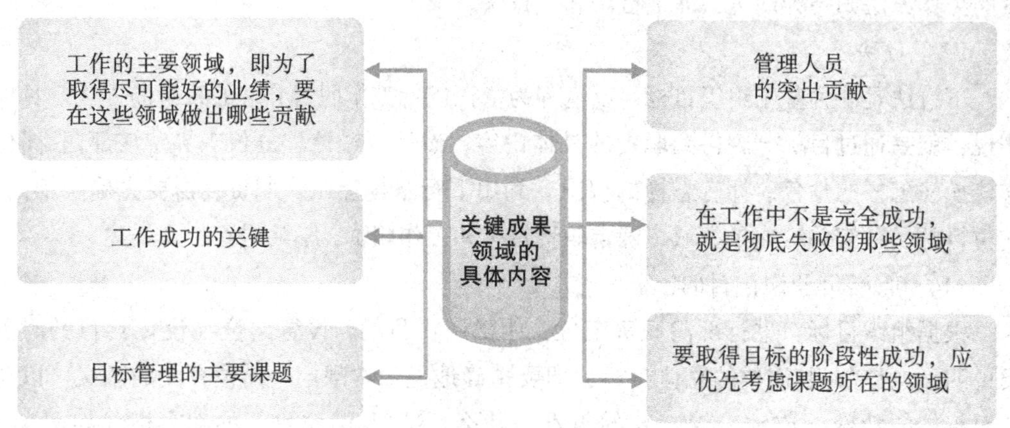

图 4-6　关键成果领域的具体内容

（3）确定职责目标

确定职责目标，即确定该部门/岗位在关键成果领域中必须取得的成果。因此，从成果导向出发，应该明确关键成果领域要达成的目标，并确保每项目标不能偏离职位的整体目标。部门的关键成果领域详见表 4-2。

表 4-2　部门的关键成果领域

部门（或岗位）	关键成果领域
市场营销部门	一定目标的销售金额或销售产品数量
研发部门、设计部门	提高创新人员的创新能力
生产部门	提供技术进步、劳动技能改善或是资本深化的环境
融资部门（或企业高层）	采取多种融资方式，破解资金难题
销售部门、人力资源管理部门、采购部门、生产部门	提高销售业绩，降低成本
人力资源管理部门	从管理者的知识、素质、能力三个方面进行培养
销售部门、人力资源管理部门	提高业绩，提升能力，培养员工高度的从业感
企业文化部门	承担起自己应尽的社会责任，并且尽可能地顾及和服从于社会公众的利益

（4）确定工作职责

确定工作职责这一步骤体现了“基于流程，确定责任”的原理，具体内容如图 4-7 所示。

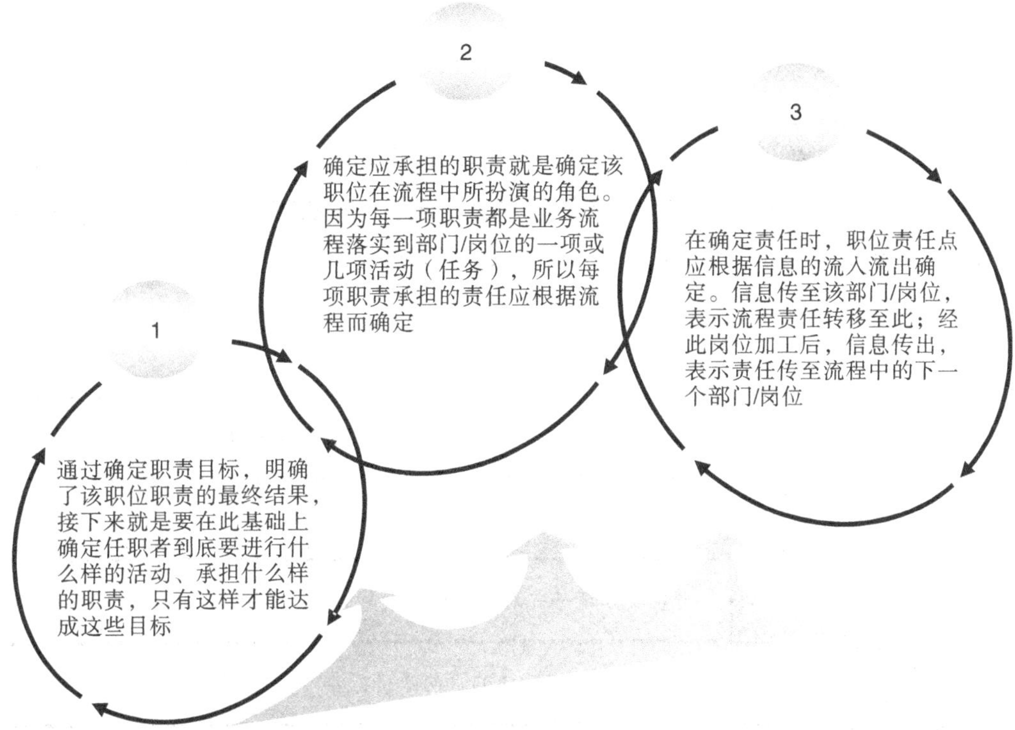

图 4-7 确定工作职责的内容

基于流程的职责分析，明确界定了每项职责中部门/岗位应该扮演怎样的角色，以及拥有怎样的权限。表 4-3 以某公司的招聘工作为例，具体说明了工作职责的确定。

表 4-3 某公司员工招聘工作的流程及工作职责

员工招聘流程	具体工作职责
招聘计划的制订、审核与审批	人力资源部招聘专员负责制订招聘计划，然后上报人力资源部经理审核，再报人力资源总监批准
招聘费用的预算、审核与审批	招聘经理制定费用预算，报财务部经理审核
招聘工作的实施	一般人员的招聘由人力资源部与主管部门负责人参加；关键员工的招聘由高层管理人员、人力资源部与主管部门负责人参加
招聘工作的反馈与检查	招聘专员的反馈与检查

（5）进行职责描述

职责描述是要说明相关人员所承担的职责以及所要实现的最终结果。因此，通过以上步骤明确了职责目标和主要职责后，就可以对职责进行描述了，即职责描述＝做什么+工作结果。

2. 上行法

上行法与下行法在分析思路上正好相反，上行法是一种自下而上的归纳法。具体来说，就是从工作要素出发，通过对基础性的工作活动进行逻辑上的归类，形成工作任务，并进一步根据工作任务的归类得到职责描述。虽然上行法较下行法来说不是一种特别系统的分解方法，但在实际工作中更为实用、更具可操作性。

利用上行法定责的步骤如图 4-8 所示。

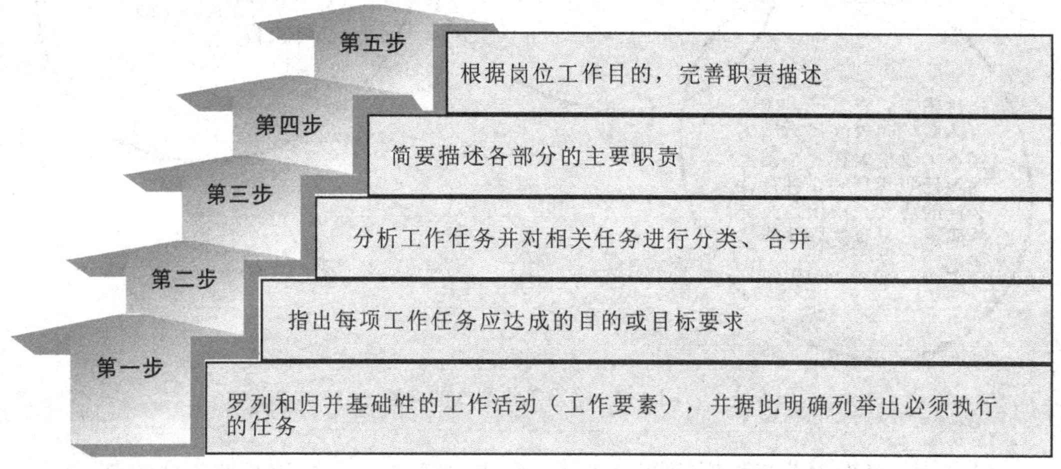

图 4-8 上行法定责的步骤

4.1.5 定责的注意事项

企业在开展定责工作时容易出现如下问题。

1. 工作遗漏，不分主次

应该主抓的工作不要有遗漏，避免对工作要达到的要求进行简单的堆砌。如果职责不分主次，那么相关人员就不了解自己的职责是什么。

2. 职责不清晰

由于每个企业或企业内各部门与岗位的工作性质、工作任务与职责不同，因而具体定责的依据和内容等也不同。因此，在定责时应注意将主要职责细化、具体化，还要确保便于履行和考核。

3. 没有意识到职责分析的重要性

职责分析的具体要求如图 4-9 所示。

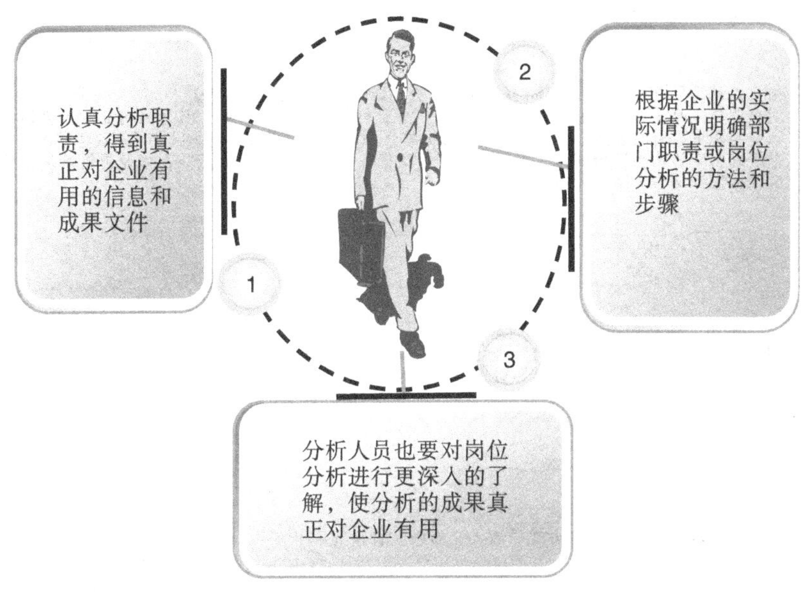

图 4-9　职责分析的具体要求

4. 修改不及时

当职责相关信息发生变化时，企业要及时进行相关的职责职位分析，对发生变化的内容进行修改，使职责能够随时适应企业的其他管理需求，并使部门、岗位责任制能够认真地贯彻下去。最好能建立一个职责审核制度，每季度或每半年对所有正在使用的职责进行一次梳理，及时发现问题并进行处理。

5. 忽视职、权、责、利统一

职、权、责、利统一，就是将工作内容与权力、责任和员工的收益统一起来。有工作就有相应的权力和责任，将工作的好坏和奖惩相挂钩。

任何岗位职责都是一个责任、权力与义务的综合体，有多大的权力就应该承担多大的责任，有多大的权力和责任就应该尽多大的义务，任何割裂开来的做法都会出现问题。忽视职、权、责的统一有可能会出现如图 4-10 所示的问题。

职

◎ 每个人都需要充分认识自己部门/岗位的职责，以便把握好自己的定位
◎ 对企业员工来说，只有明确了应该做什么、怎么做、做到什么程度，其才有可能主动去做好一些与职责有关的事情，即有了明确的目标和义务。对企业来说，企业也有了绩效考核的依据，即明确了应该为员工所做的工作、应支付的工资、福利、“五险一金”，以及提供给员工的劳动保护和培训教育条件等

◎ 大多数员工往往重视了责与利而忽视了权
◎ 对于应该参加培训、积极提出合理化建议等权力漠不关心，甚至认为与己无关，这样工作的结果是由于员工没有责任心和做事不认真导致的

◎ 特别是管理人员，往往重视了权与利而忽视了责
◎ 既不尽职又不担责的管理方式导致人心涣散、管理混乱

◎ 利就是利益,也就是得到的好处,利益有物质的也有精神的
◎ 如果责利不相称，对于责任者承担责任的积极性无疑是一种打击

图 4-10　忽视职、权、责、利的统一出现的问题

4.2　部门定责

根据确定的企业组织结构以及部门设计和具体的职能分解，对部门责任、职责进行细分描述，这就是部门定责。部门定责是岗位定责的前提和基础。

4.2.1　部门责任构成

一般来讲，部门责任应包括部门职责与任务、部门绩效评价等内容，具体详见表 4-4。

表 4-4　部门责任的内容

部门责任	具体内容
部门职责	部门职责来自于组织使命的分解，按照组织目标与结构的要求，回答本部门应该做什么的问题，进一步的部门职能分解可以使公司各职责部门的责、权、利相互匹配，形成最佳的业务组合和协作模式

（续表）

部门责任	具体内容
部门任务（范围）	部门任务是对上述职责的细分，是比较具体的可以直接用来指导行动的职责 职责细分有助于部门管理者提供更加明确的指导，也有助于企业对管理者的工作绩效进行更加有效的考核
部门绩效评价	绩效评价包括按标准如何评价工作绩效、绩效不达标应承担什么样的责任等

4.2.2　部门责任描述

部门责任描述是在一定的描述标准下对部门的基本信息等内容进行的描述。

1. 部门责任描述的内容

部门责任描述包括对部门基本信息、部门设置目的、部门职能的描述。

（1）基本信息

部门的基本信息包括四大部分，具体内容如图 4-11 所示。

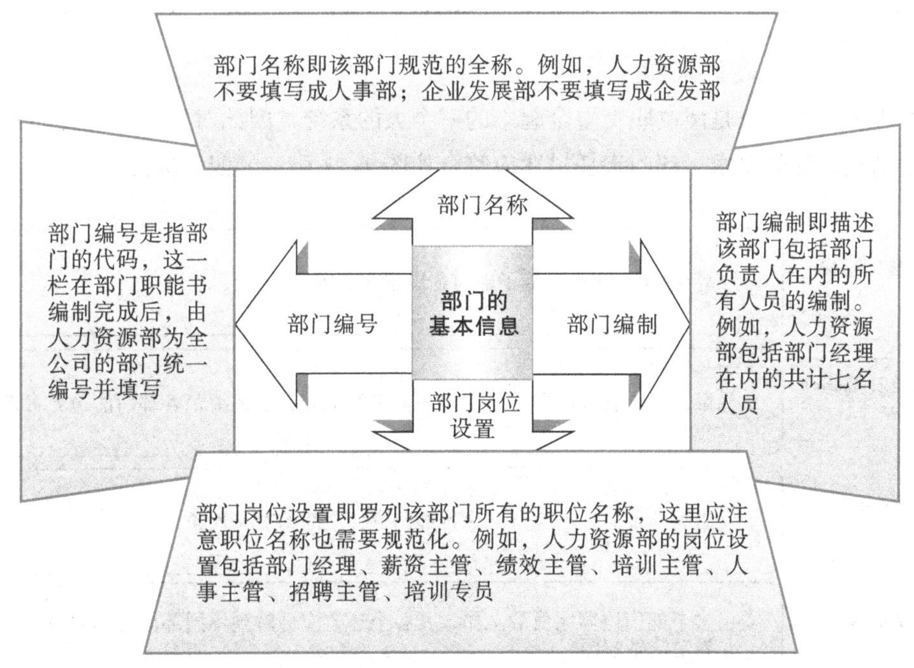

图 4-11　部门的基本信息

（2）部门设置目的

部门设置的目的就是用一句话概括该部门对组织的贡献和设立的意义，以表示该部门存在的目的和价值。设置目的描述的可套用句式有：为了……目标；在……限制下；做……事；或在……范围内；根据……做……达到……目的等。

（3）部门职能

前面章节讲到，部门职能又可以划分为三个级别，即一级职能、二级职能、三级职能，通过分解职能进一步明确各部门的具体职责任务。

以信息管理部的职能为例，具体职能分解内容详见表4-5。

表4-5 信息管理部门的职能分解

一级职能	二级职能	三级职能
信息管理	信息管理规范	制定信息化规范方案
		实施信息化项目过程管理
		对外开拓信息化业务
	信息制度管理	执行集团公司的相关规定
		制定、完善公司系统运行控制管理制度
		监督、控制运行管理制度

2. 部门责任描述的标准

由于部门的责任是岗位职责整合起来的一个大的系统，因此对于一个部门的责任描述必须满足系统的要求。部门责任描述应符合如图4-12所示的四大标准。

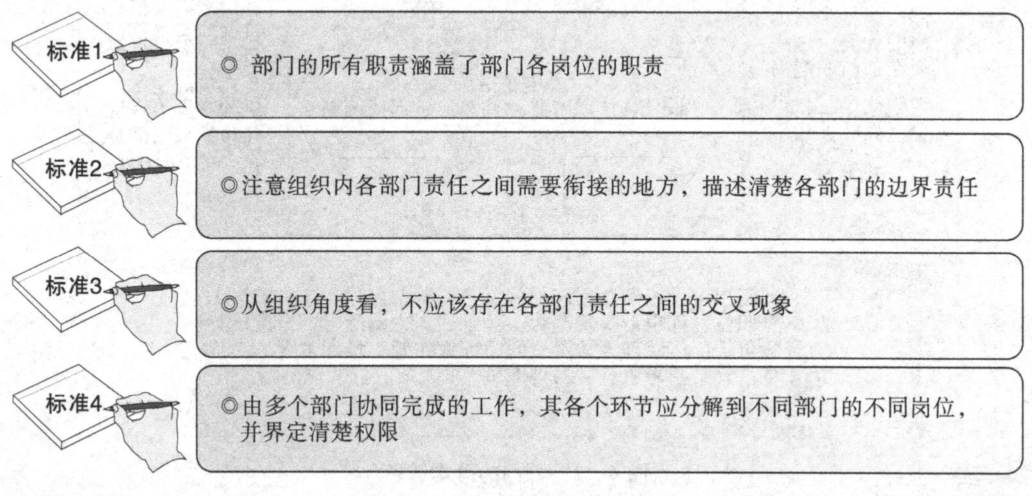

标准1
◎ 部门的所有职责涵盖了部门各岗位的职责
标准2
◎注意组织内各部门责任之间需要衔接的地方，描述清楚各部门的边界责任
标准3
◎从组织角度看，不应该存在各部门责任之间的交叉现象
标准4
◎由多个部门协同完成的工作，其各个环节应分解到不同部门的不同岗位，并界定清楚权限

图4-12 部门责任描述的标准

4.2.3 部门职责模板

以下是企业部门职责的模板，仅供读者参考。

<table>
<tr><th colspan="6">基本情况</th></tr>
<tr><td>部门名称</td><td></td><td>部门岗位编制</td><td></td><td>直接上级</td><td></td></tr>
<tr><td>平行部门</td><td colspan="2"></td><td colspan="2">下属部门</td><td></td></tr>
<tr><td>部门设置目的</td><td colspan="5"></td></tr>
<tr><th colspan="6">主要职责描述</th></tr>
<tr><td>职责分类</td><td colspan="5">主要内容</td></tr>
<tr><td>核心职责之一</td><td colspan="5"></td></tr>
<tr><td>核心职责之二</td><td colspan="5"></td></tr>
<tr><td>核心职责之三</td><td colspan="5"></td></tr>
<tr><td>核心职责之四</td><td colspan="5"></td></tr>
<tr><td>其他</td><td colspan="5"></td></tr>
<tr><th colspan="6">部门组织编制</th></tr>
<tr><td colspan="6"></td></tr>
</table>

4.2.4 部门定责的注意事项

企业在进行部门定责时应注意以下四项内容，具体如图 4-13 所示。

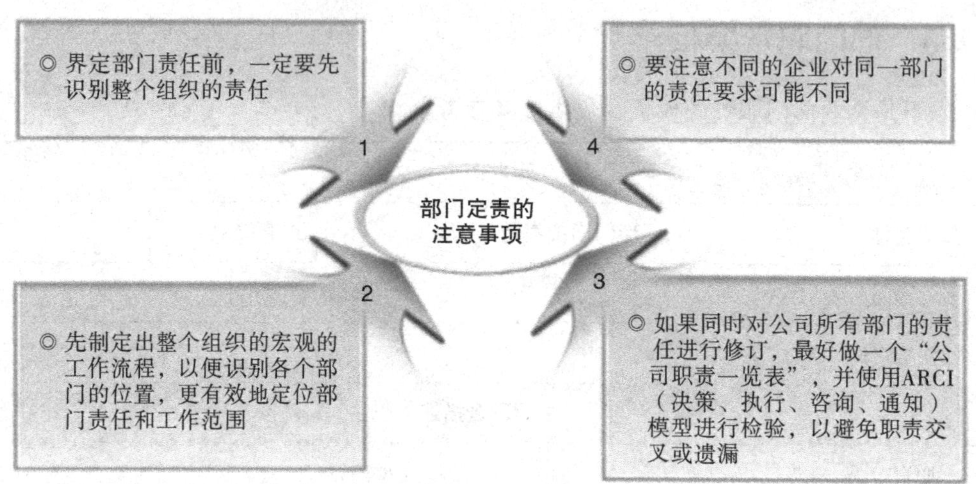

图 4-13　部门定责的注意事项

综上所述，我们应注意先明确组织责任和部门责任，然后再对部门责任进行描述。只有进行职能细分和流程梳理，才能弄清楚部门应承接的事项和工作。

4.2.5　部门职责范例

以下是某企业人力资源部门职责范例，仅供读者参考。

一、基本情况					
部门名称	人力资源部	部门岗位编制	3人	直接上级	人事副总
平行部门	总经办、行政部、财务部、运营管理部、培训部、市场营销中心		下属部门	无	
部门设置目的	人力资源部是公司人力资源管理的归口部门，负责制定人力资源管理制度与政策，建立招聘、薪酬、绩效管理体系并督导实施，进行职位管理、员工关系管理，以及员工考勤、工资、福利、奖金的发放，同时还为员工办理保险等相关事宜				
二、主要职责描述					
职责分类	主要内容				
制度建设	制定人力资源管理规章制度，并督促、检查制度的贯彻执行				
组织与岗位管理	（1）参与设计、优化公司组织机构，绘制组织机构图				
	（2）参与拟定人员定岗定编方案，经审批后执行				
	（3）组织各部门优化核心职责、梳理部门职责、编制部门职责说明书				
	（4）组织各部门梳理岗位职责、明确岗位权限、编制岗位说明书				

（续表）

职责分类	主要内容
招聘管理	（1）制定招聘策略，拟订招聘计划并组织实施
	（2）建立、优化招聘渠道，拓宽人员招聘来源渠道
	（3）开展员工招聘工作，满足各部门人员需求
	（4）为员工办理录用、转正手续
绩效管理	（1）制定绩效管理评价政策，完善绩效管理体系
	（2）组织实施绩效管理，开展月度绩效考核
	（3）组织开展绩效反馈与绩效沟通，受理、协调解决绩效申诉
薪酬福利管理	（1）制定薪酬福利政策，完善薪酬福利管理体系
	（2）负责核算与发放月度工资及日常福利
	（3）负责员工社会保险及住房公积金管理
	（4）开展行业薪酬调查，撰写薪酬调查报告，为薪酬调整提供参考
员工关系管理	（1）负责员工考勤管理，包括排班管理、请假管理、加班管理及考勤统计管理
	（2）为员工办理调动、晋升、降级、解聘、退休等异动手续
	（3）按照国家规定为员工办理劳动合同的签订、续签及解除手续，规避用人风险
	（4）负责员工内部人事档案的收集、整理、建档及存档管理
	（5）负责受理并协调处理员工关系，解决劳资纠纷
	（6）对员工进行奖惩管理，严肃工作纪律
其他	（1）编制企业内部各类人事报表，对外报送各类人事统计报表
	（2）负责维护人力资源信息系统，确保系统与实际工作相符
	（3）负责员工文化活动的策划、组织及开展，丰富员工文化生活
	（4）参与员工技能竞赛活动的策划、组织及开展，提高员工素质
	（5）完成上级领导交办的其他工作任务

三、部门组织编制

人力资源部组织架构如下图所示。

人力资源主管（1人）

薪酬绩效专员（1人）

人事专员（1人）

人力资源部组织架构

4.3 岗位定责

企业应根据部门职责描述进行岗位责任的构建。岗位责任的确定包括两方面的内容，即职责范围、职责负责程度的确定。

4.3.1 岗位责任构成

岗位责任由岗位职责、工作任务和岗位衡量标准三方面构成，具体内容详见表4-6。

表4-6 岗位责任的构成

岗位责任	具体内容
岗位职责	每个岗位的工作并不是单一的，而是复合性的，总结众多工作中的某一类具有共同特点的工作，即构成职责 根据岗位工种确定岗位职务范围，根据工种性质确定岗位使用的设备、工具、工作质量和效率，明确岗位环境和岗位任职资格，以及各岗位之间的相互关系，然后根据岗位的性质明确实现岗位的目标责任
工作任务	工作任务是对上述职责的细分，是比较具体的可以直接用来指导行动的职责，即为了完成职责而进行的具体工作。一项职责的履行需要完成一系列的任务，职责是对一系列任务的概括
岗位衡量标准	对每一项工作任务规定应该达到的要求，即衡量工作是否实现了一定的组织职能或完成工作使命

4.3.2 岗位责任描述

岗位责任描述是指在一定的描述条件和标准下，对岗位基本信息、岗位设置目的、岗位职责等内容的描述。

1. 岗位责任描述的内容

岗位责任描述的内容包括岗位基本信息、岗位设置目的和岗位职责。

（1）岗位基本信息

岗位基本信息包括岗位名称、岗位定员、所属部门、主要工作关系四项内容，具体如图4-14所示。

岗位基本信息

岗位名称

◎对照部门职能说明书中的岗位设置，规范设置岗位名称，并做到一个岗位一个名称，且对应一份岗位说明书

岗位定员

◎ 填写岗位编制，即本岗位编制为多少人

所属部门

◎按照最新的组织结构图和岗位结构图来填写所属部门名称，确保与组织结构重新设计后相一致

主要工作关系

◎直接上级填写本岗位的直接上级岗位名称，直接下级填写本岗位的直接下级岗位名称，其他相关岗位应填写本岗位所在的部门内部和外部与本岗位发生工作关系的相关岗位名称

图 4-14 岗位基本信息的内容

（2）岗位设置目的

设置岗位时要体现岗位存在的意义、本岗位对部门目标及对公司目标的实现所做出的贡献。一个完整的岗位设置目的描述一般包含限制条件、行动和岗位目标三大部分，具体如图 4-15 所示。

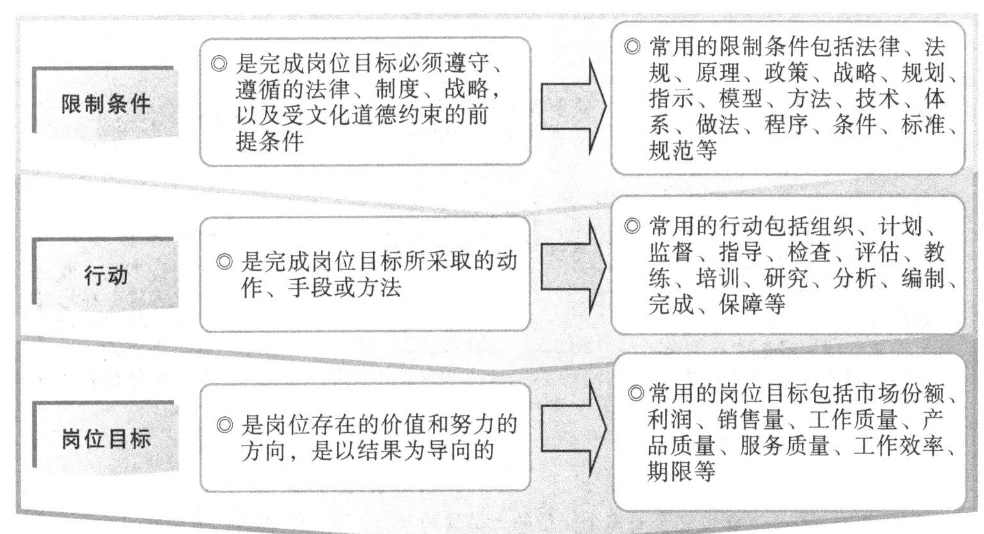

限制条件
◎ 是完成岗位目标必须遵守、遵循的法律、制度、战略，以及受文化道德约束的前提条件
◎ 常用的限制条件包括法律、法规、原理、政策、战略、规划、指示、模型、方法、技术、体系、做法、程序、条件、标准、规范等
行动
◎ 是完成岗位目标所采取的动作、手段或方法
◎ 常用的行动包括组织、计划、监督、指导、检查、评估、教练、培训、研究、分析、编制、完成、保障等
岗位目标
◎ 是岗位存在的价值和努力的方向，是以结果为导向的
◎常用的岗位目标包括市场份额、利润、销售量、工作质量、产品质量、服务质量、工作效率、期限等

图 4-15 岗位设置目的描述

（3）岗位职责

一个完整的岗位职责包括对责任、范围和成果三大部分的描述，具体内容如图4-16所示。

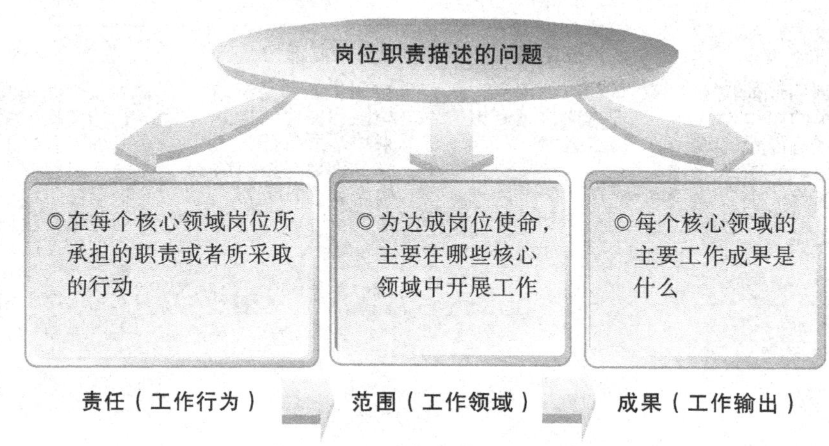

图4-16 岗位职责主要描述三个方面的问题

（4）职责描述的通用模式

职责描述的通用模式及内容如图4-17所示。

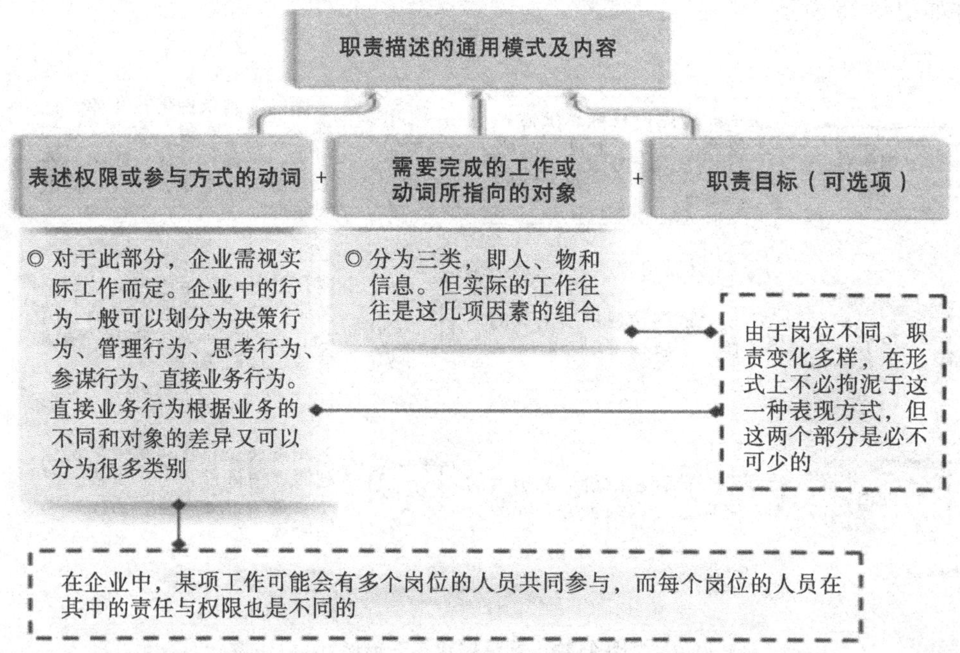

图4-17 职责描述的通用模式及内容

2. 岗位责任描述应达到的基本标准

岗位责任描述应准确、全面，且达到无重复的基本标准。

（1）描述要准确，不能模棱两可、似是而非。组织对各岗位职责的分配要清晰，编制和审核岗位说明书的人员对岗位要有深入的了解。岗位责任准确性描述的具体要求如图 4-18 所示。

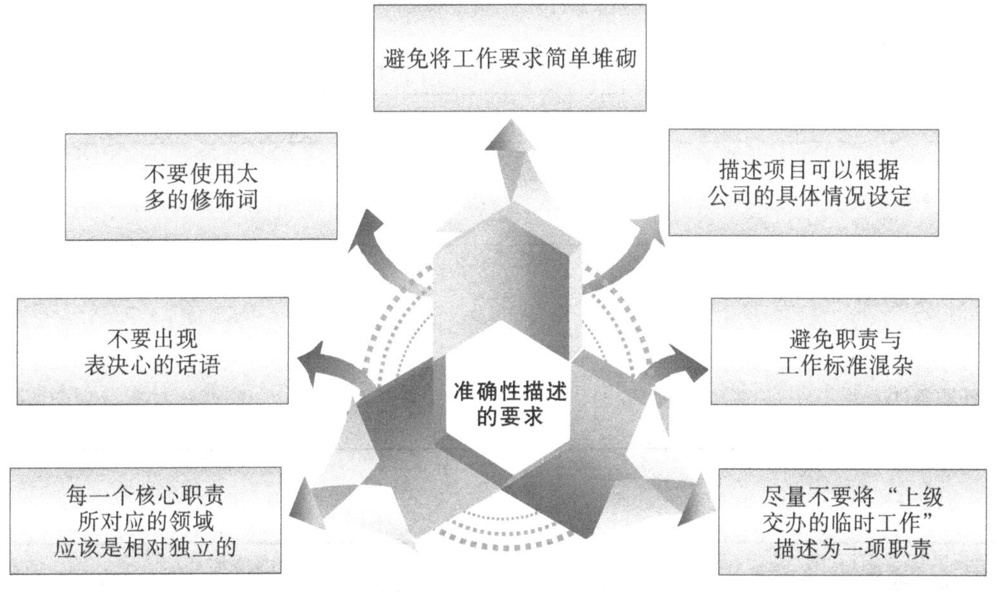

图 4-18　岗位责任准确性描述的要求

（2）描述全面，即所描述的岗位职责应该涵盖本岗位的所有工作，不能有遗漏。不要只注意业务类职责而忽略了管理类职责；岗位发生变化时要及时更新。此外，临时性、一次性、工作量大的工作最好也要将职责界定清楚。

（3）无重复，即岗位职责描述有条理且不重复。这一点需要部门经理在审核过程中把好关，实际中容易出现同一部门内各岗位工作重复的情况，这是因为将“任职者”与“岗位”相混淆。此外，岗位的核心职责一般不超过五项，因为过多的核心职责不仅使员工难以胜任，而且还导致员工很难将注意力集中在重点工作上。

4.3.3 岗位职责模板

以下是某企业岗位职责的模板，仅供读者参考。

模板一：

<table>
<tr><td rowspan="2">岗位信息</td><td>岗位名称</td><td colspan="2"></td><td>所属部门</td><td></td></tr>
<tr><td>岗位编号</td><td colspan="2"></td><td>岗位序列</td><td></td></tr>
<tr><td>职责概述</td><td colspan="5"></td></tr>
<tr><td rowspan="2">工作职责及考核权重</td><td colspan="2">工作职责</td><td colspan="2">负责程度</td><td>考核标准</td></tr>
<tr><td colspan="2"></td><td colspan="2"></td><td></td></tr>
<tr><td>职业发展</td><td colspan="5"></td></tr>
<tr><td>岗位关系</td><td colspan="5"></td></tr>
<tr><td>任职条件</td><td colspan="5"></td></tr>
</table>

模板二：

<table>
<tr><td rowspan="2">识别信息</td><td colspan="3">岗位名称</td><td></td><td>岗位编号</td><td></td></tr>
<tr><td colspan="3">所属部门及科室</td><td></td><td>工作地点</td><td></td></tr>
<tr><td rowspan="4">工作关系</td><td colspan="3">直接汇报对象</td><td colspan="3"></td></tr>
<tr><td colspan="3">直接督导对象</td><td colspan="3"></td></tr>
<tr><td colspan="3">日常协调部门</td><td colspan="3"></td></tr>
<tr><td colspan="3">外部协调单位</td><td colspan="3"></td></tr>
<tr><td rowspan="8">主要工作职责</td><td colspan="6">工作目的</td></tr>
<tr><td>类别</td><td>编号</td><td colspan="2">概述</td><td colspan="2">描述</td></tr>
<tr><td rowspan="3"></td><td></td><td colspan="2"></td><td colspan="2"></td></tr>
<tr><td></td><td colspan="2"></td><td colspan="2"></td></tr>
<tr><td></td><td colspan="2"></td><td colspan="2"></td></tr>
<tr><td rowspan="3"></td><td></td><td colspan="2"></td><td colspan="2"></td></tr>
<tr><td></td><td colspan="2"></td><td colspan="2"></td></tr>
<tr><td></td><td colspan="2"></td><td colspan="2"></td></tr>
</table>

（续表）

<table>
<tr><td rowspan="3">主要职权</td><td colspan="2">业务类</td><td colspan="4"></td></tr>
<tr><td colspan="2">费用审批类</td><td colspan="4"></td></tr>
<tr><td colspan="2">人事类</td><td colspan="4"></td></tr>
<tr><td>关键职责绩效衡量标准</td><td colspan="6"></td></tr>
<tr><td rowspan="6">职业发展</td><td colspan="3">可晋升岗位</td><td colspan="3"></td></tr>
<tr><td colspan="3">可轮岗岗位</td><td colspan="3"></td></tr>
<tr><td colspan="3">入职培训</td><td colspan="3"></td></tr>
<tr><td colspan="3">在职培训</td><td colspan="3"></td></tr>
<tr><td colspan="3">是否有强制休假要求</td><td colspan="3"></td></tr>
<tr><td colspan="3">是否有定期或不定期强制轮岗要求</td><td colspan="3"></td></tr>
<tr><td>绩优素质能力</td><td colspan="6"></td></tr>
<tr><td rowspan="2">修订履历</td><td>版本号</td><td>修订时间</td><td>修订内容</td><td>修订者</td><td>审核者</td><td>审批者</td></tr>
<tr><td></td><td></td><td></td><td></td><td></td><td></td></tr>
</table>

4.3.4 岗位定责注意事项

岗位定责应注意的事项如图 4-19 所示。

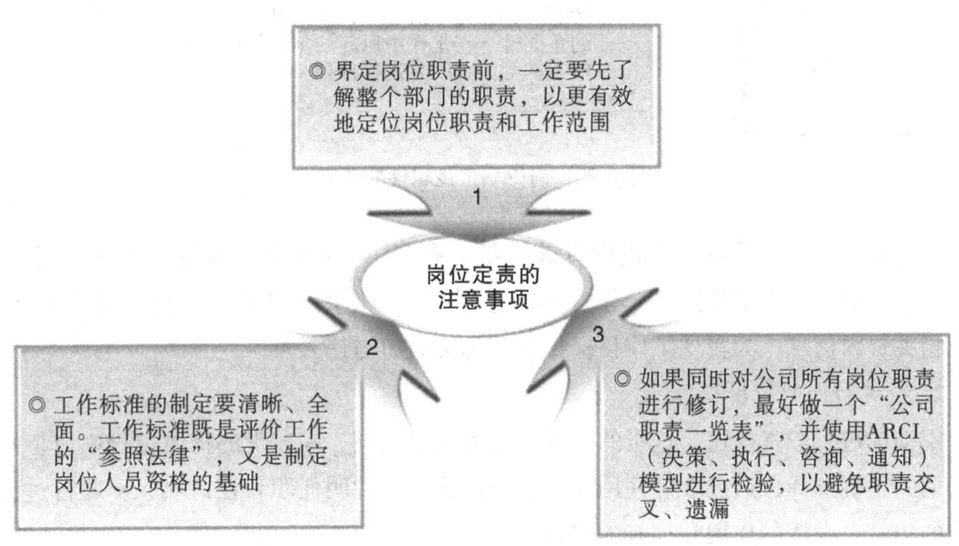

图 4-19　岗位定责应注意的事项

除了上述三个注意事项以外，对于岗位职责的描述，我们还应注意职责间的逻辑关系及关键动词的使用。

1. 岗位职责的逻辑性

描述岗位职责不仅是为了让任职者知道自己应该做哪些工作，更重要的是让任职者清楚为什么要做这些工作，并得到一定的关于如何做好这些工作的启示。要做到这一点，就必须清晰地描述各职责之间的逻辑关系。岗位职责的逻辑性即在进行职责描述时，以一定的逻辑关系将职责进行排列，从而使任职者更加清楚地知道岗位的需要。

岗位职责的逻辑性的具体内容如图 4-20 所示。

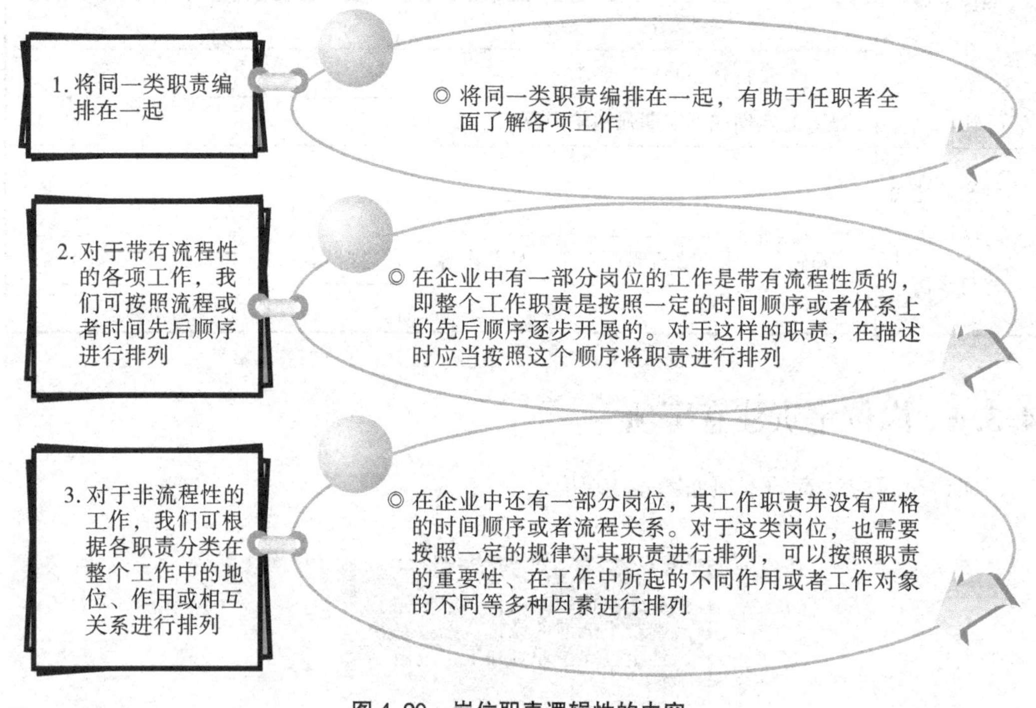

图 4-20　岗位职责逻辑性的内容

通过某种逻辑关系将职责进行有效组织，有利于任职者明确哪些工作是重点、难点，以及不同工作在实现岗位工作目标中起到的不同作用，从而更好地安排工作计划，调配相关资料信息，为实现工作目标找到好的突破口与切入点。

2. 关键动词的应用

用动词进行职责描述，这里的动词又称为关键动词。在职责的描述过程中应特别注意动词的正确选择，通过准确使用动词，可以清晰地说明任职者在该项职责履行过程中扮演的角色、发挥的作用和拥有的权限。

为规范、统一企业的管理用语，在编写岗位职责时，我们可参考表 4-7 所示的关键动词，以避免出现歧义。常用工作描述指南详见表 4-8。

表 4-7 常用关键动词表

业务活动类型	关键动词列表
信息类	收集、分类、统计、整理、汇总、归纳、分析、提交、预测、发布等
文件类	登记、签收、传递、签发、下发、接受、分发、归档等
计划、报告、方案类	草拟、修改、审核、审批、审定等
专业活动类	设计、选择、评估、购置、缴纳、修理、订购、计算、建立、准备、更改、开发、调整、宣传、筛选、编制、办理、优化等
管理活动类	组织、安排、跟踪、检查、监督、实施、控制、指导、考核、协助、参与、主持、协调、联络、拓展等

表 4-8 常用工作描述指南

业务活动列表	动词类型
针对制度、方案、计划等文件	编制、制订、拟定、起草、审定、审核、审查、转呈、转交、提交、呈报、下达、备案、存档、提出意见
针对信息、资料	调查、研究、收集、整理、分析、归纳、总结、提供、汇报、反馈、转达、通知、发布、维护管理
关于某项工作（上级）	主持、组织、指导、安排、协调、指示、监督、管理、分配、控制、牵头负责、审批、审定、签发、批准、评估
关于某项工作（下级）	检查、核对、收集、获得、提交、制作
其他	研究、分析、评估、发展、建议、倡议、参与、推荐、计划、组织、实行、执行、指导、带领、控制、监管、采用、生产、参加、阐明、解释、提供、协助、达到、协调、确保、鉴定、保持、监督

4.4 职责示例

4.4.1 招聘主管岗位职责

招聘主管岗位职责

1. 根据企业发展情况，制订人员招聘计划

2. 依据制订的招聘计划，实施人员招聘，确保招聘任务的达成

3. 总结招聘工作中存在的问题，提出优化招聘制度和流程的合理化建议，缩短招聘周期

4. 撰写招聘分析报告

5. 为员工办理入职、离职手续

4.4.2 App开发工程师岗位职责

App开发工程师岗位职责

1. 负责Android、IOS系统平台上的客户端软件的产品开发与维护

2. 根据产品需求完成架构和模块设计、编码、测试工作

3. 按照项目计划，在保证质量的前提下按时完成开发任务

4. 维护和升级现有产品，快速定位并修复软件缺陷

5. 学习和研究新的移动互联网技术，并应用到产品中进行技术创新

4.4.3 数据分析师岗位职责

数据分析师岗位职责

1. 负责业务运营数据监控，挖掘业务分析主题，开展数据分析工作，周期性地对数据进行处理，提取与分析数据，进行商业价值挖掘，定期形成整体数据分析结果

2. 基于数据分析结果，及时提供业务数据报告，多维度分析数据指标，形成运营指导性建议

3. 实时响应各业务部门的数据需求，为各职能部门的工作推进提供信息支持

4. 参与业务部门营销策略、营销方式和内容的策划制定，并准确跟踪、评估及持续改进营销效果

5. 针对项目发展，参与相关的定性和定量的市场调研工作，提供调研报告

4.4.4 业务拓展经理岗位职责

业务拓展经理岗位职责

1. 根据公司的战略和业务需求，制订有效的业务拓展计划并负责实施

2. 主动拓展业务渠道，推动和调动公司资源进行客户目标市场拓展

3. 主动挖掘市场需求，为公司的产品和服务寻找新的业务增长点

4. 拓展公司合作伙伴并维护重点合作伙伴关系，建立有效的市场推广渠道

5. 协助做好拓展项目的商务洽谈和合同拟定

6. 与业务合作方建立并保持良好的关系，保证业务的顺利开展

4.4.5 网店客服岗位职责

网店客服岗位职责

1. 运用在线工具回答网上买家所咨询的问题
2. 挖掘客户需求，推荐适合客户的产品
3. 引导客户购买下单，促成交易达成
4. 及时掌握客户需求，处理客户在购买过程中遇到的各种问题
5. 为客户提供售后服务，并解决售后问题
6. 及时反馈工作中发现的问题，积极与主管沟通，提出合理化建议

4.4.6 网络工程师岗位职责

网络工程师岗位职责

1. 负责公司整体网络架构的建设、维护与优化
2. 与合作伙伴对接，协助完成网络环境的安装、调试和维护
3. 负责公司产品的功能和技术培训，为合作伙伴提供全方位支持
4. 负责网络安全加固、信号优化及日常故障处理
5. 负责产品硬件与软件的调试
6. 负责各类技术项目文档的撰写
7. 其他相关工作

第5章

定岗

5.1 关于定岗

岗位是组织结构中最基本的功能单位。定岗，即确定岗位，它是按照一定的方法和原则划分岗位的类别、确定岗位的名称。定岗所要解决的主要问题是确定岗位的工作任务和职责。定岗与岗位的具体关系如图 5-1 所示。

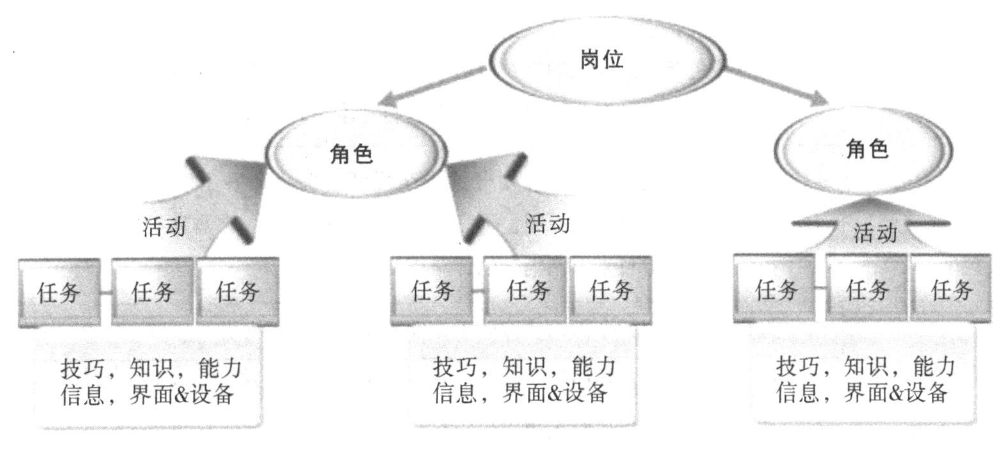

图 5-1　定岗与岗位的关系

5.1.1　岗位的分类

开展岗位分类要依据一定的方法进行岗位调查，确定基本分类因素（岗位横向和纵向分类），进行岗位评价，具体内容如图 5-2 所示。

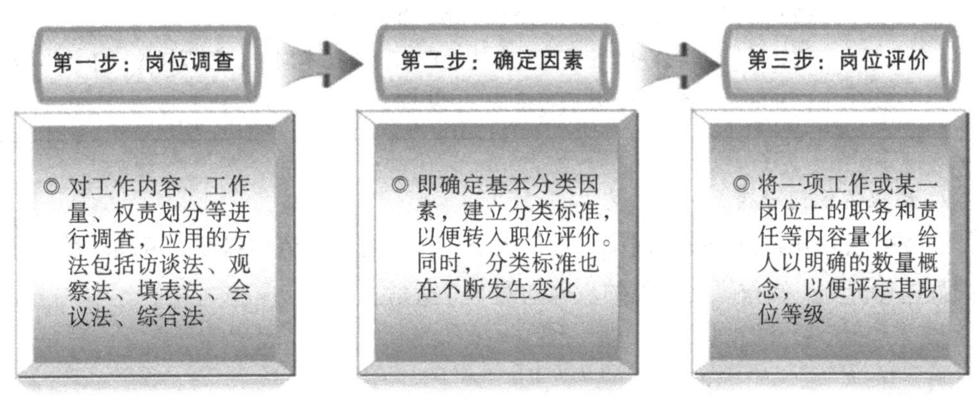

图 5-2　岗位分类的步骤

1. 岗位的横向分类

岗位的横向分类是指按照岗位的工作性质及特点，将它们划分为若干类别。岗位横向分类的原则、步骤和方法详见表5-1。

表5-1 岗位横向分类的原则、步骤和方法

岗位横向分类	内容
原则	(1) 岗位分类的层次宜少不宜多，一般应控制在两个层次以下，最多不宜超过三个层次
	(2) 对直接生产人员岗位的分类应根据企业的劳动分工与协作的性质及特点来确定；对管理人员岗位的分类则应以它们具体的职能来划分
	(3) 大类、小类的数目多少与划分的详略程度有关，企事业单位在分类详略方面，应以实用为第一原则，不宜将类别划分得过细。在具体操作中，可通过控制类别的数目来限制划分的详略程度
步骤	(1) 将企业单位内的全部岗位按照工作性质划分为若干大类
	(2) 根据工作性质的异同对各部门内的岗位进行细分，将大类细分为中类，将业务相同的工作岗位归入相同的职组
	(3) 将同一职组内的岗位再一次按照工作的性质进行划分，即将大类下的中类再细分为若干小类，将业务性质相同的岗位组成一个职系
方法	(1) 按照岗位承担者的性质和特点划分 例如，某公司将本公司的全部岗位分为直接生产人员岗位和管理人员岗位两大类，再按照劳动分工的特点，将这两大类划分为若干中类或小类
	(2) 按照岗位在企业生产过程中的地位和作用划分 例如，某电器公司将全部岗位分为生产岗位、技术岗位、管理岗位、市场营销岗位和供应服务岗位，然后再将每一大类细分为若干小类

2. 岗位的纵向分类

岗位的纵向分类是指按照岗位的责任大小、技能要求、劳动强度、劳动环境等指标对岗位进行分类。岗位纵向分类的步骤如图5-3所示。

1 岗位排序，划分岗级

（1）分别将每一个职系中的岗位，按照业务工作的难易程度、责任大小以及所需人员资格条件等因素，对其进行分析和评价

（2）将岗位按照一定的顺序进行排序，将工作性质相似的岗位划分为同一岗级，直至将全部岗位划分完为止

由于各个职系的工作性质和特点不同，岗位数目也不相同，所以各职系中划分岗级的多少也是不等的

2 分析比较，统一岗级

（1）必须在岗级划分的基础上，根据岗位工作的难易程度、责任大小和所需人员资格条件等因素，对各职系的岗级进行横向分析比较

（2）将它们归入统一的岗等内，从而使不同职系、不同岗级的岗位纳入一个由岗等、岗级与职系组成的三维岗位体系之中

图 5-3　岗位纵向分类的步骤

3. 岗位分类的要素

岗位分类的六大要素包括职位、职系、职组、职门、职级和职等，具体内容如图 5-4所示。职组和职系是按照岗位的工作性质和特点对岗位所进行的横向分类，这也是企业定岗工作中经常遇到的。职级和职等是按照岗位的责任大小、技能要求、劳动强度、劳动环境等指标对岗位所进行的纵向分类。

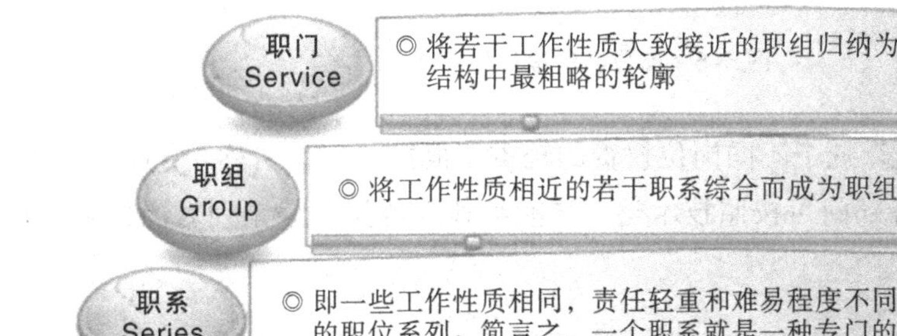

职门
Service
◎ 将若干工作性质大致接近的职组归纳为职门。它是职位分类结构中最粗略的轮廓
职组
Group
◎ 将工作性质相近的若干职系综合而成为职组，也叫职群
职系
Series
◎ 即一些工作性质相同，责任轻重和难易程度不同，职级、职等不同的职位系列。简言之，一个职系就是一种专门的职业
职位
Position
◎ 包含有职务与责任的工作。职位是职位分类结构的基础，由它构成不同的职系和高低不等的职级
职级
Class
◎ 即将工作内容、难易程度、责任大小、所需资格条件等都相似的职位划分为同一职级，并对其实行同样的管理、支付相同的报酬
职等
Grade
◎ 工作性质不同或主要职务不同，但其难易程度、职责大小、工作所需资格条件等相同的职级都可归纳为职等

图 5-4　岗位分类的六大要素

5.1.2 确定岗位名称

确定岗位名称时要注意岗位名称与岗位职责的要求有关，与任职者个人的能力无关。对于已有市场规范称谓的岗位，应该采用最普遍适用、最能反映业务特征的标准岗位称谓，如会计、翻译等。岗位名称设计的原则如图 5-5 所示。

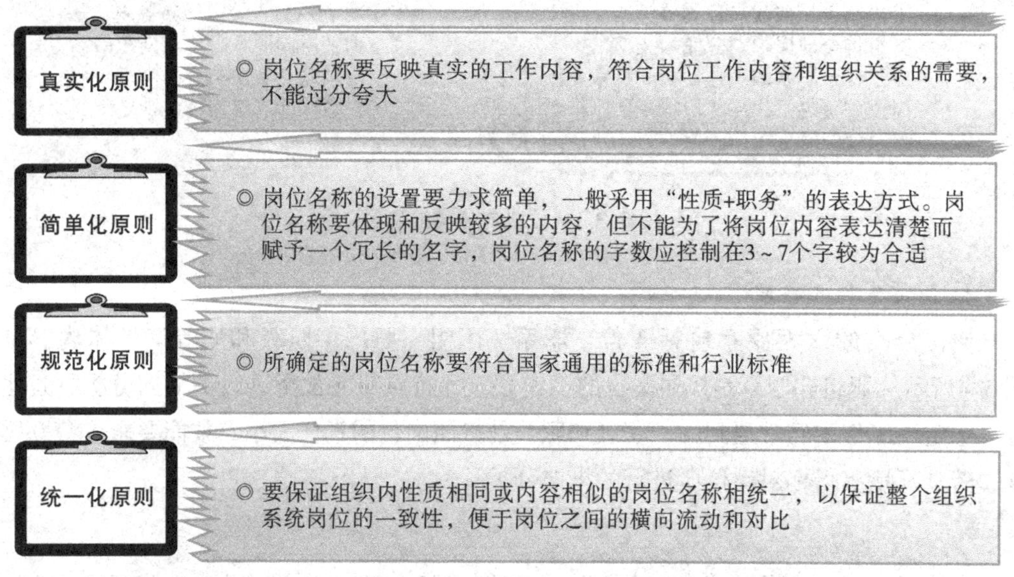

图 5-5　岗位名称设计的原则

为了区分同一专业序列下不同岗位权责的轻重，根据“岗位名称＝专业领域名称＋岗位类别”的模式，各部门可按照技术类、技能类和其他类三个系列对岗位名称进行确定。

1. 技术类系列

对从事技术类工作的岗位，我们根据岗位所从事工作的责任范围大小、复杂程度及岗位对专业能力要求的高低，将技术类岗位划分为主管工程师、高级工程师、工程师、助理工程师四个类别，具体内容详见表 5-2。

表 5-2　技术类岗位类别的特征

岗位类别	岗位特征
主管工程师	（1）在公司某个技术领域起带头作用 （2）负责公司在该领域的前沿拓展性工作 （3）指导公司在该领域整体技术工作的开展

（续表）

岗位类别	岗位特征
高级工程师	（1）负责技术团队的专业指导工作 （2）处理和解决主要的技术难题 （3）负责技术规划、设计工作
工程师	（1）独立承担某方面的技术类业务 （2）面对较为复杂的技术问题，需独立进行调研、测算、评估、分析、设计与研发，并提供技术解决方案
助理工程师	在他人的指导下，协助处理技术类工作中较为简单、常规性的技术问题。所从事的技术工作基本上有先例可循

在技术、研发部门从事与电气、机械、光学相关的综合性研发、产品改进等技术类工作的岗位，可统称为“技术工程师”类岗位。专门从事其中某一技术领域业务的工作，可明确定义为“电气工程师”“机械工程师”“光学工程师”岗位。因此，技术系列岗位名称=专业领域名称+岗位类别，如电气主管工程师。

2. 技能类系列

对于从事技能类工作的岗位，我们根据岗位所从事工作的责任范围大小、复杂程度及岗位对专业能力要求的高低，将技能类岗位划分为主管技师、高级技师、技师、技工四个类别，具体内容详见表 5-3。

表 5-3　技能类岗位类别的特征

岗位类别	岗位特征
主管技师	（1）在公司某个技能领域起带头作用 （2）处理公司在该领域中遇到的技能难题 （3）负责公司在该领域整体技能水平提升的工作
高级技师	（1）对某个技师群体负责的范围承担技能指导责任 （2）处理和解决主要的技能难题 （3）承担技能的基础工艺设计、参数设计层面的工作任务，或在设置规范的流程内工作，对工艺流程和程序提出改进意见
技师	（1）面对较为复杂和不确定的作业对象，独立进行制造、加工、维修、保养、设备操作、判断评价等作业 （2）需找出非常见的技术问题，并（对非标准性任务）找出解决的办法
技工	在设置规范、明确界定的流程内，面对简单的、相对明确的作业对象进行技能作业，或在他人的指导下进行较为复杂的技能作业

对于同属一个技能作业领域但加工形式有所不同而需区分岗位的，可加注括号说明，如模具技师。因此，岗位名称=专业领域名称+岗位类别，如设备维护主管技师。

3. 其他类岗位名称

对于从事非技术、技能类工作的岗位，我们根据岗位所从事工作的责任范围大小、复杂程度及岗位对专业能力要求的高低，将其他类岗位划分为助理/文员、专员、主管三个类别，具体内容详见表5-4。

表5-4 其他类岗位类别的特征

岗位类别	岗位特征
主管	（1）独立承担公司某专业领域的主导工作 （2）指导该领域专业人员开展业务 （3）在该领域主要承担设计、规划和前沿推进层面的业务 （4）负责公司在该专业领域整体专业水平提升的工作
专员	（1）独立承担某专业领域较为复杂的工作任务 （2）岗位行为特征主要以分析、判断、评估、测算、制定规范、提供方案和指导、解释政策、协调组织等为主
助理/文员	（1）在他人的指导下或根据相对明确的业务流程和标准开展工作 （2）辅助处理该专业领域最基础性的工作任务 （3）工作内容以重复性、常规性为主 （4）岗位行为特征主要以记录、核算、核查、统计、保存、保管、发放、传达等为主

有些岗位，当职责加大时，其有可能走业务发展路线，也有可能走技术发展路线，我们需根据实际业务特征进行判断和定义。例如，比采购文员岗位权责更大的岗位可能是采购专员，也可能是采购工程师。因此，岗位名称=专业领域名称+岗位类别，如培训助理。

5.1.3 明确岗位类别

从以上内容我们可以了解到，有的岗位名称是依据岗位类别确定的。岗位类别主要是从任职者所需要的知识、技能和应负责任的相似性与差异性的角度进行确定的。

根据企业生产经营过程中各类岗位的作用和特征，首先将全部岗位划分为若干个大类；然后在划分大类的基础上，再进一步将岗位划分为若干中类；最后根据每一中类反映岗位性质的显著特征，将岗位划分为若干小类。

例如，按照工作性质的不同（即岗位的横向分类），一般可以将岗位分为如图5-6所示的七种常见类别。

(1) 生产岗位

◎直接从事制造、安装、维护，以及为制造提供辅助工作的岗位

(2) 执行岗位

◎行政或服务性工作岗位。执行岗位的工作是依据领导安排执行任务

(3) 专业技术岗位

◎负责各类专有技术并具有一定技术职称的岗位，如工程师、设计师等

(4) 监督岗位

◎各督查部门、审计部门等岗位主要执行监督工作

(5) 管理岗位

◎从事行政管理、业务协调的部门。管理岗位的主管或部门经理或负责人的职责是管理一个小的单位，负责协调各种关系

(6) 决策岗位

◎公司的高级管理层，如企业的总裁、总经理、副总经理或分管各个业务的总监等

(7) 工勤岗位

◎从事后勤保障服务工作的岗位

图 5-6　岗位的类别

某生产制造业的岗位设置情况详见表 5-5。

表 5-5　某生产制造业岗位设置一览表

岗位类别		工作内容简介	职位示例
管理类	决策管理	决定企业发展战略方针/规划	总裁、总经理
	经营管理	执行企业战略	各部门经理
	行政管理	负责企业人事、行政工作	人力资源部经理、行政部经理
	生产管理	生产计划的安排、产品的质量管理	生产部经理、质量管理部经理
	供销管理	企业销售、采购工作	采购经理
	财务管理	成本费用核算、财务报表的编制、税费缴纳、资产的管理	财务经理、会计

（续表）

岗位类别		工作内容简介	职位示例
专业技术类	技术开发	提高企业生产技术水平	技术员
	产品设计	产品外观设计、模型制作及产品包装设计	设计人员
	质量检测	建立企业质量体系，提升企业产品质量	质检工程师
	设备检修	生产设备的维护与检修	高级技工
工勤类	餐饮部	负责企业员工的饮食工作	厨师
	保安部	负责企业的治安保卫和消防安全工作	保安

5.1.4 定岗的原则

定岗工作包括任务分析、流程分析和工作设计。定岗的产品有作业指导书、任务标准及规范、工作说明书、指令下达线路和汇报线路。我们可以岗位说明书的形式将每个岗位的工作、任务、活动和责任进行一一描述。在定岗工作中我们要坚持七大原则，具体如图5-7所示。

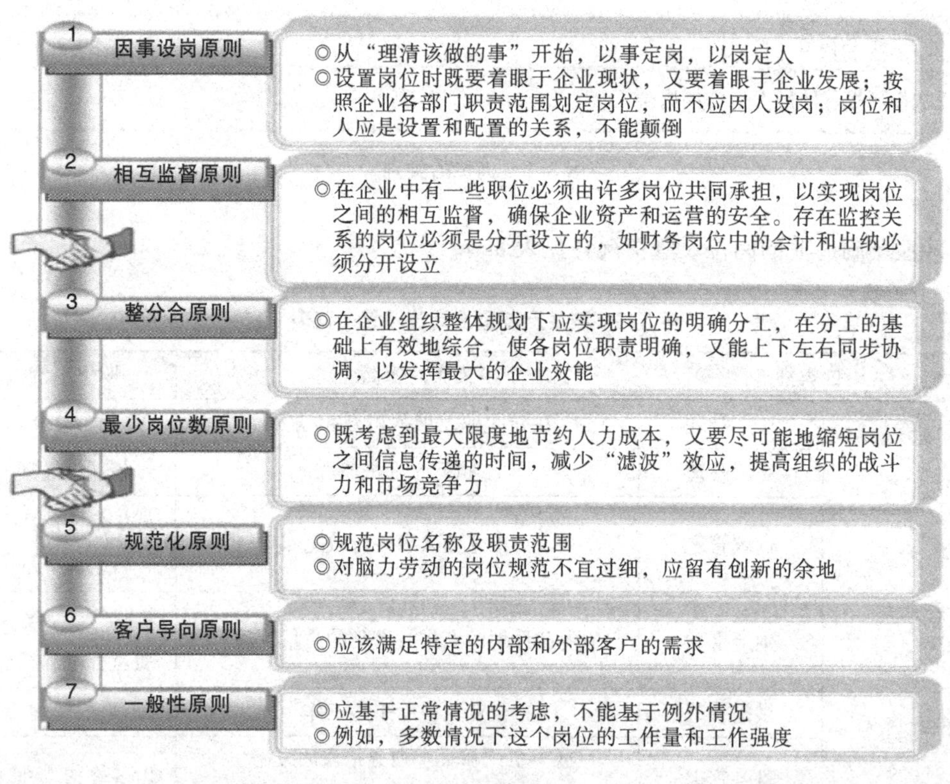

1
因事设岗原则
◎从“理清该做的事”开始，以事定岗，以岗定人
◎设置岗位时既要着眼于企业现状，又要着眼于企业发展；按照企业各部门职责范围划定岗位，而不应因人设岗；岗位和人应是设置和配置的关系，不能颠倒
2
相互监督原则
◎在企业中有一些职位必须由许多岗位共同承担，以实现岗位之间的相互监督，确保企业资产和运营的安全。存在监控关系的岗位必须是分开设立的，如财务岗位中的会计和出纳必须分开设立
3
整分合原则
◎在企业组织整体规划下应实现岗位的明确分工，在分工的基础上有效地综合，使各岗位职责明确，又能上下左右同步协调，以发挥最大的企业效能
4
最少岗位数原则
◎既考虑到最大限度地节约人力成本，又要尽可能地缩短岗位之间信息传递的时间，减少“滤波”效应，提高组织的战斗力和市场竞争力
5
规范化原则
◎规范岗位名称及职责范围
◎对脑力劳动的岗位规范不宜过细，应留有创新的余地
6
客户导向原则
◎应该满足特定的内部和外部客户的需求
7
一般性原则
◎应基于正常情况的考虑，不能基于例外情况
◎例如，多数情况下这个岗位的工作量和工作强度

图5-7 定岗的原则

5.1.5 定岗的依据

企业开展定岗工作时应根据企业的实际情况进行安排，同时还应考虑企业的业务流程、员工能力、客户需要和竞争对手的情况。定岗的依据如图 5-8 所示。

◎ 业务流程是企业实现价值的过程，某一部门职责相同（即“事”相同），但由于流程的差异（即“做事”的方式），可能导致岗位设置不同

◎ 岗位设置应考虑怎样达到效率最优，同时考虑员工的能力水平

◎ 客户需求对岗位设置产生影响，尤其是对于第三产业而言，快速响应客户需求越来越成为企业岗位设置的一个重要因素

◎ 所谓标杆法，即竞争对手的岗位设置情况

图 5-8 定岗的依据

5.2 定岗的方法

本节介绍四种定岗的方法，当然对这些方法的运用并不是绝对的，企业应根据不同部门、岗位的实际情况选择运用不同的方法。

5.2.1 组织分析法

组织分析法是一种广泛的定岗方法。该方法的思路是从整个组织的远景和使命出发，设计一个基本的组织模型，然后根据具体的业务流程需要，设置不同的岗位。组织分析法的优缺点及适用范围详见表5-6。

表5-6 组织分析法的优缺点及适用范围

组织分析法	内容
优点	◎ 能深入解决许多细节问题 ◎ 能够提交一个与公司长远战略一致的解决方案
缺点	◎ 岗位设计往往会过于复杂和具体 ◎ 需要企业高层的大力支持
适用范围	◎ 通常适用于大型企业的大范围重组项目

运用组织分析法一般需遵循以下三个操作步骤。

（1）在总部和分支机构之间选择合理的管理模式，理顺其中的集分权关系。表5-7展示了三种不同的管理模式。

表5-7 三种不同的管理模式

管理模式	财务管理型	战略管理型	操作管理型
	分权——	——	——集权
总部与下属分公司的关系	以财务指标进行管理和考核，总部无业务管理部门	以战略规划进行管理和考核，总部一般无具体业务管理部门	通过总部业务管理部门对下属企业的日常经营运作进行管理
管理目标	（1）投资回报 （2）通过投资业务组合的结构优化来追求公司价值最大化	（1）公司业务组合的协调发展 （2）投资业务的战略优化与协调 （3）战略协同效应的培育	（1）各子公司经营行为的统一与优化 （2）公司整体协调与成长 （3）对行业成功因素的集中控制与管理
总部的核心职能	（1）财务控制 （2）法律 （3）企业并购	（1）财务控制 （2）战略规划与控制 （3）人力资源	（1）财务控制/战略 （2）营销/销售 （3）网络/技术 （4）新业务开发 （5）人力资源

以上管理模式中，除了授权方式之外，还应考虑总部服务实现的不同方式，具体如图5-9所示。

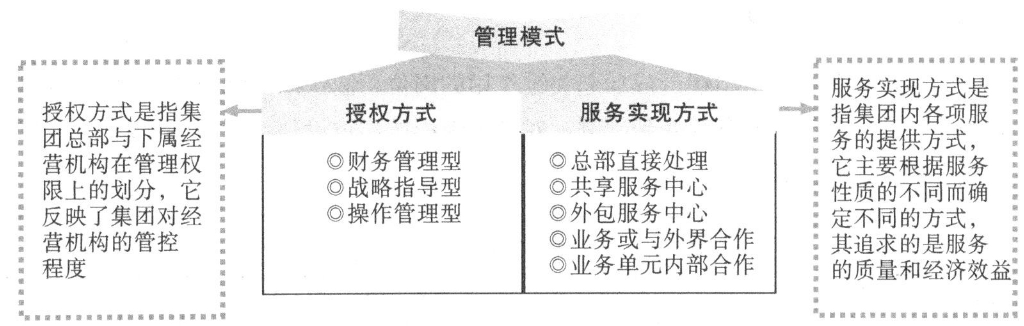

图 5-9　管理模式的两种方式

（2）对各主要职能进行分析，明确各部门的使命和关键职责。此外，还需要明确各职能、各层级之间在主要职责上的决策流程和汇报关系。

（3）在部门内部对职责、任务进行细化分类，并分解到各个岗位。

例如，公司市场部的工作可再划分为市场策划、市场调研、促销管理、品牌管理等，相应的设置由不同的岗位来具体实施。市场部的岗位设置如图 5-10 所示。

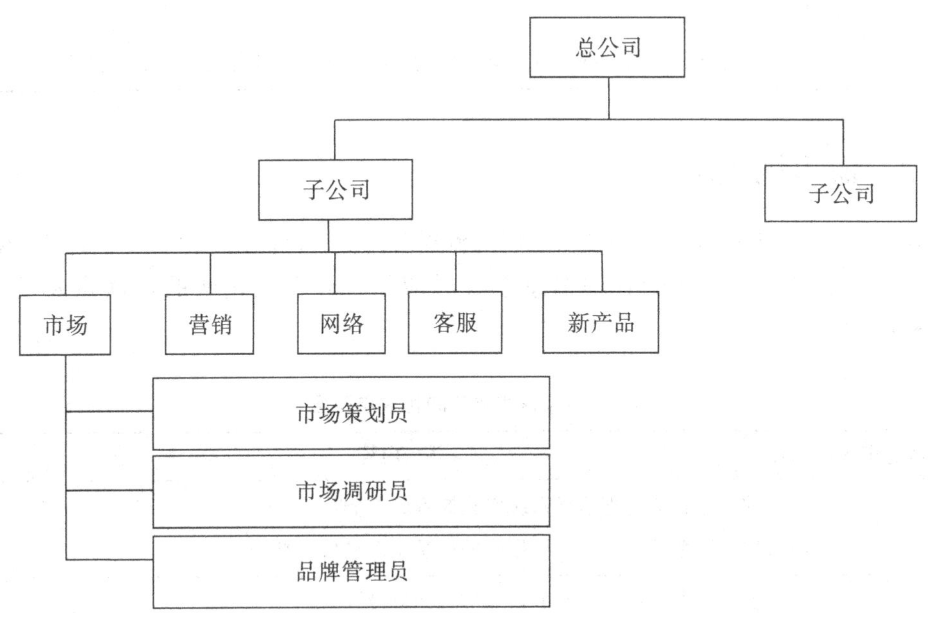

图 5-10　市场部的岗位设置

5.2.2 关键使命法

关键使命法是指针对组织的成功起关键作用的岗位所制定的一种定岗方法。关键使命法通常适用于当时间和预算受到限制、对整个组织的岗位设计不可行的情况。关键使命法的优缺点及步骤详见表5-8。

表5-8 关键使命法的优缺点及步骤

关键使命法	内容
优点	◎ 注意力集中于关键岗位，可以用较少的投入得到较多的回报 ◎ 注意力集中于关键业务领域，可以确保得到业务利益 ◎ 可将该方法灵活地用于不同的组织中
缺点	◎ 它不是一种综合的方法，有可能对岗位与岗位之间的衔接处理相对较差 ◎ 可能因为将整个组织的业务分成关键与非关键部分，而造成组织内部间的摩擦 ◎ 需要较深的专业知识，对组织的需求有较高、较深入的了解
步骤	◎ 根据已经梳理的组织结构，分析各部门的关键业务和关键职责，明确需要设定的关键岗位 ◎ 通过岗位分析，确定各关键岗位的核心角色，由此界定其主要职责

5.2.3 流程优化法

流程优化法是根据新的信息系统或新的流程对岗位进行优化。这种方法适用的范围较小，主要在实施一个新的管理信息系统时应用。流程优化法的优缺点及要求详见表5-9。

表5-9 流程优化法的优缺点及要求

流程优化法	内容
优点	◎ 注重于新的管理信息系统对在岗者的影响 ◎ 服从于系统的要求，根据新的信息系统进行调整
缺点	◎ 并没有真正投入大量的资源进行岗位设计 ◎ 可能会导致较差的结果
要求	◎ 参与人员必须十分熟悉工作流程，否则很难提出改进意见 ◎ 参与人员必须改变原有的、已经十分熟悉的流程化思维，否则很难提出改进意见

这里先介绍“流程重整”的概念。流程重整是指将“现有流程”重新整合成为适应企业未来发展的“未来流程”，这两个流程的具体含义和作用如图 5-11 所示。

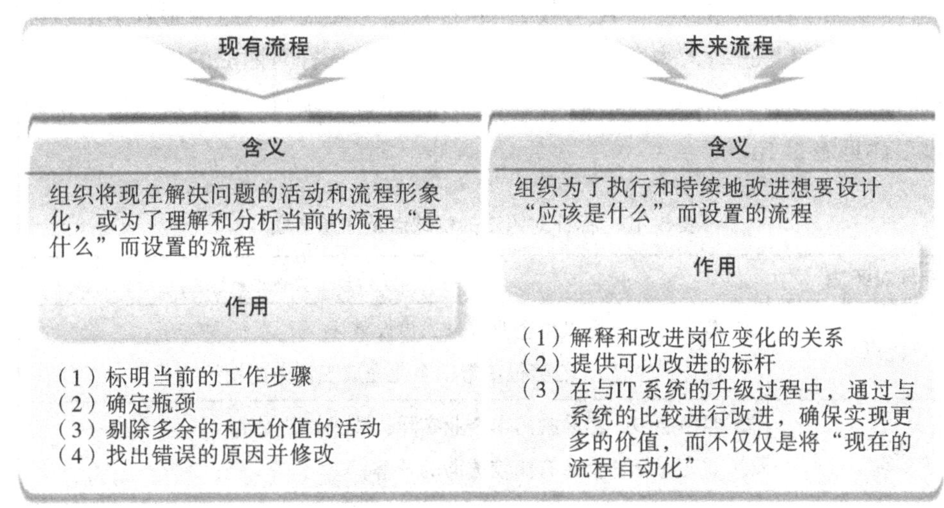

图 5-11　“现有流程”和“未来流程”的具体含义和作用

流程重整的实施步骤如图 5-12 所示，企业要注意确定各主要业务流程的关键控制要点。此外，为了使流程合理、高效并达到目的，除了对其结果进行控制之外，还需要对所历经的时间（T）、花费的成本（C）和可能产生的风险（R）进行控制，只有这样才能最终促成企业关键成功因素的实现。因此，在对各主要业务流程进行分析时，应从时间、成本、风险和结果四个方面，考虑是否需要对这些因素进行控制。

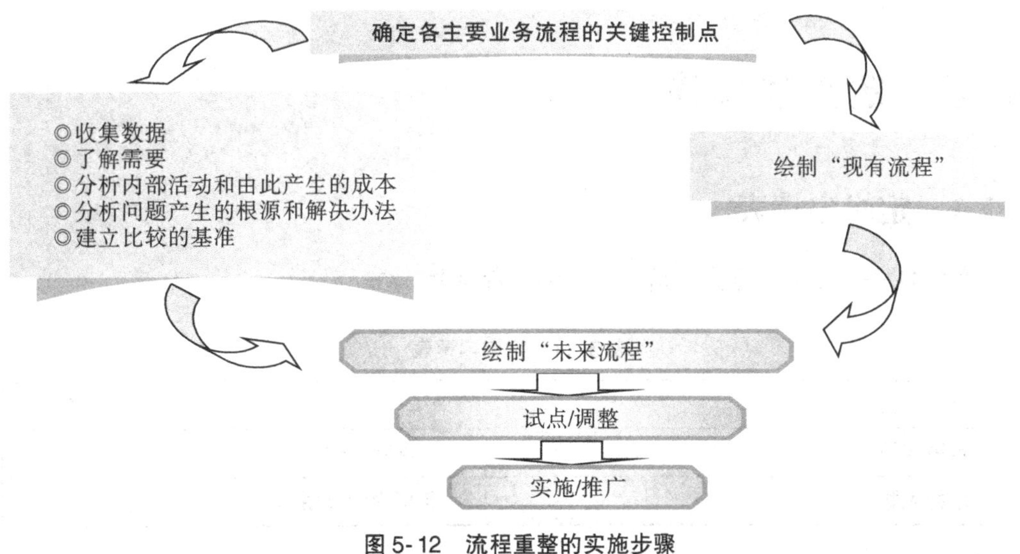

图 5-12　流程重整的实施步骤

5.2.4 标杆对照法

标杆对照法是指根据行业中有关服务或产品相近的企业的人员编制数据进行标杆分析，并根据分析结果进行人力资源预测的方法。因此，标杆对照法的依据是本行业典型企业现时的岗位设置。标杆对照法适用于范围不太精确的项目。标杆对照法的优缺点及注意事项详见表5-10。

表5-10 标杆对照法的优缺点及注意事项

标杆对照法	内容
优点	◎ 简单易行，可以由企业自身人员设计 ◎ 设计成本低，能够很快帮助企业完成工作岗位设计
缺点	◎ 照搬照抄，容易脱离本企业实际，造成新的混乱 ◎ 需要对标杆企业有比较透彻的了解
注意事项	◎ 需要对标杆企业或参考数据有比较透彻的了解，否则参考意义不大 ◎ 这种方法比较直观、简单，但由于各企业的战略、自身条件等总会有差异，所以也不能简单地照搬照抄，而应该在实践中根据自身情况不断进行调整 ◎ 有些国家的政府部门（如美国劳工部）每年对本国主要行业的岗位、人数、营业额及本岗位的平均工资等情况进行统计并公开发布，这些数据也可成为企业进行岗位设计的参考

5.3 定岗的操作

5.3.1 定岗申请表

表5-11是某企业的定岗申请表，仅供读者参考。

表5-11 定岗申请表

申请日期			
申请部门		增补岗位	
增补人数		希望报到日期	

（续表）

<table>
<tr><td rowspan="2">申请原因</td><td colspan="3">□扩编　　□缺编　　□其他</td></tr>
<tr><td colspan="3">说明</td></tr>
<tr><td>增补职位
职责要求</td><td colspan="3"></td></tr>
<tr><td>申请部门意见</td><td colspan="3"></td></tr>
<tr><td>行政人事部意见</td><td colspan="3"></td></tr>
<tr><td>总经理意见</td><td colspan="3"></td></tr>
<tr><td>董事长意见</td><td colspan="3"></td></tr>
<tr><td>填表人</td><td></td><td>审核人</td><td></td></tr>
</table>

5.3.2　定岗的流程

开展定岗工作首先要明确战略目标，然后理顺主要的工作流程，最后设计组织架构。

企业定岗的流程分为八步，具体内容如图 5-13 所示。

1
◎明确企业的长期战略、盈利模式和年度业务目标
2
◎明确主要的工作流程，包括主要流程、主流程和辅助流程
3
◎依据企业战略和上述流程设计组织架构
4
◎明确企业的管控模式，界定上下级部门的权利
5
◎界定各部门的关键职责，明确各部门的主要职责内容和汇报关系
6
◎依据关键职责设计关键岗位，根据关键岗位设计辅助岗位和支持岗位
7
◎在部门内部对职责任务进行细分，即分解成各个部门各个岗位详细的职责
8
◎ 依据工作环境、流程的变化对岗位设置进行再调整

图 5-13　定岗的流程

5.3.3　定岗的方案

下面是某公司的定岗方案，仅供读者参考。

方案名称	某公司定岗方案	编制部门	
		执行部门	
一、目的 为了进一步优化人力资源结构，提高工作效能，规范公司的人员编制管理，优化人力资源配置，结合公司以前的岗位设置和实际工作需要，特制定本方案。			

（续）

二、指导思想

紧密配合机构改革方案的实施，优化人员结构，发挥个人专长，保留工作骨干，提高行政效率。该公司可按照“工作需要，竞争上岗，综合考评”的原则和德才兼备的标准，建设一支精干、高效、廉洁、务实的工作队伍，以适应和加快公司生产进度与工作发展的需要。

三、定岗的原则

1. 因事设岗原则

根据部门的工作职能、业务以及管理流程进行岗位设定；根据工作内容、业务量配置相应人员，以达到因事设岗、人事相宜的目的。定岗能够促进公司不断加强规范化管理。

2. 精简高效、满负荷原则

岗位人员的配备应坚持“精简高效、满负荷”的原则，以提高工作效率。

3. 竞争上岗、择优选用的原则

按照“公平、公正、公开”的原则，参照行业定员定额标准进行岗位设定，以符合企业工作实际。

四、定岗的依据

在现有管理架构的基础上，根据各部门职责、工作内容、业务量、管理层级和幅度，对编制、岗位、人员进行适度优化调整，其目的就是要通过定编、定岗、定责、定薪，合理配置人力资源，构建科学的岗位管理体系，为设定薪酬等级、绩效考核、人员培训、晋升提供基础依据，从而提高公司整体的运行效率，以及人才的工作能力与工作主动性，减少不必要的浪费。

五、公司组织结构

公司组织结构如下所示。

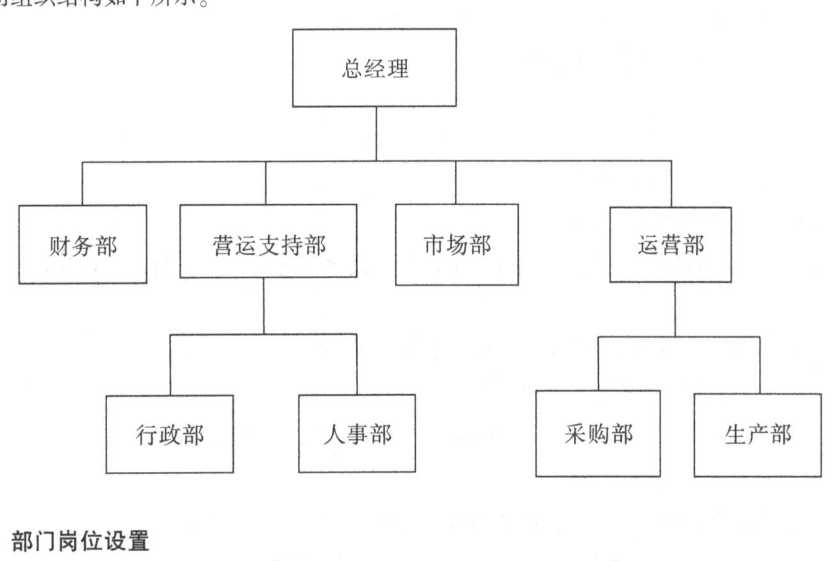

六、部门岗位设置

部门岗位设置如下所示。

（续）

部门	岗位
总经理办公室	总经理、总经理助理
行政部	行政经理、文秘、行政助理
人事部	人事经理、人事助理
市场部	市场经理、市场专员
财务部	会计、出纳
采购部	采购经理、采购助理
生产部	生产经理、班组长、操作工

七、各岗位职责

企业各岗位职责的具体内容如下。

部门	岗位	岗位职责
总经理办公室	总经理	1. 参与公司重大决策 2. 主抓行政部工作，包括人才储备、新员工转正、员工培训、员工日常工作考核、绩效考核标准的解释工作，以及对员工升职、降职、解聘的决定 3. 进行公司业务流程、管理条例、岗位职责再造 4. 提出对公司的改革意见，制定具体实施方案 5. 负责公司法律事务的处理工作
	总经理助理	1. 负责总经理办公服务工作 2. 负责总经理日程安排 3. 负责会议筹备、通知、记录、整理并存档会议纪要，以及会议资料的发放和收集工作 4. 负责来往信件的处理工作，做好来访接待工作 5. 负责每周工作安排的编发 6. 负责督促、检查、催办总经理批件及办公会议议定事项的办理工作 7. 负责招标文件的制作 8. 收集并反馈公司经营、产品的相关信息 9. 完成领导交办的其他任务和各种应急事务的处理工作

（续）

部门	岗位	岗位职责
行政部	行政经理	1. 负责发挥总经理参谋、协调和综合管理职能，直接处理尚未分清职能的公司事务 2. 负责公司的经营管理，根据工作计划和目标责任指标，定期组织检查落实情况，整理分析后向总经理汇报 3. 及时处理重要信函的审阅、传递事宜，督促检查领导批示、审核和修改以公司名义签发的有关文件，以及公司行政、生产方面重要会议、重大活动的组织筹备工作 4. 定期组织做好办公职能检查工作，及时发现问题、解决问题，同时督促相关人员做好纠正和预防措施工作，掌握行政系统工作情况和公司行政管理工作的运作情况，适时向总经理汇报 5. 代表公司与外界有关部门和机构联络，保持良好的合作关系 6. 组织落实总经理交办的工作
	文秘	1. 熟悉并了解公司组织框架结构及管理运作程序，掌握公司各文本文档的建立结构，熟知本公司各项管理规定及营运流程 2. 负责公司各项文案的起草、归类、存档 3. 负责下发、张贴公司各项管理规章、公告、通知等文件 4. 负责公司各种会议资料的准备与分发，参加公司会议，做好会议记录，整理并归档保存 5. 负责公司各种上传下达的文件、函件及材料的收发、核稿、传递、催办工作 6. 完成领导交办的其他任务及事项
	行政助理	1. 负责公司办公用品采购计划、采购申请的审核工作 2. 负责办公设施设备的管理工作 3. 负责公司办公用品发放的全面管理 4. 负责仓库办公用品的管理 5. 负责员工的考勤，于次月第一个工作日提供考勤报表并存档
市场部	市场经理	1. 完成公司年度营销目标及其他任务，对营销思想进行定位 2. 拥有独立的销售渠道，具备良好的市场拓展能力 3. 协调企业内外部关系，对企业市场营销战略计划的执行进行监督和控制 4. 负责市场调查与新市场机会的发现 5. 制定新项目市场推广方案 6. 负责成熟项目的营销组织、协调和销售绩效管理 7. 负责销售队伍的建设与培养等

（续）

部门	岗位	岗位职责
市场部	市场专员	1. 在市场部经理的领导下，负责公司营销信息管理、市场调研方案的策划、实施与业务管理 2. 制订年度、季度市场计划，明确具体的行动方案和预算 3. 负责计划、实施和评估消费者促销、渠道促销以及其他形式的品牌促销，以提高销售量和品牌认知 4. 确立区域市场操作思路与操作模式
财务部	会计	1. 熟悉并掌握财务制度、会计制度和有关法规，遵守各项收费制度、费用开支范围和开支标准，保证专款专用 2. 编制并严格执行部门预算，针对执行中发现的问题，提出建议和措施 3. 按照会计制度、审核记账凭证，做到凭证合法、内容真实、数据准确、手续完备、账目健全，及时记账算账、按时结账、如期报账、定期对账（包括核对现金实有数），保证所提供的会计信息合法、真实、准确、及时、完整 4. 严格票据管理，保管和使用空白发票；领用票据时要按规范进行登记，收回时要销号 5. 及时清理往来款项，定期做好财产清查和核对工作，做到账实相符
	出纳	1. 办理银行存款和现金领取手续 2. 负责支票、汇票、发票和收据的管理 3. 做好银行账和现金账 4. 负责报销差旅费
人事部	人事经理	1. 制定人力资源管理相关的制度并组织实施 2. 根据招聘计划和实际工作需要，组织做好员工的招聘和录用工作 3. 根据人力资源发展规划，负责人才的开发、引进和培训，建立分层次的培训管理体系 4. 制定合理的绩效考核方案并组织实施，对各部门的绩效考核过程进行监督和指导 5. 制定薪酬管理体系，定期进行人力资源成本分析，为领导提供决策依据
	人事助理	1. 协助各部门制订招聘计划，组织开展招聘工作 2. 负责员工入职、离职手续的办理与劳动合同的管理工作 3. 受理员工投诉、咨询，解决劳动纠纷 4. 负责劳动合同及人力资源相关文件的归档和保管工作

（续）

部门	岗位	岗位职责
采购部	采购经理	1. 分析内部采购需求和外部市场信息，根据公司战略的需要，制定采购策略 2. 根据采购战略，制订采购计划，编制采购流程 3. 审核成本控制目标和成本控制计划，并监督落实情况 4. 主持采购招标工作，选择供应商，监督采购合同的执行 5. 控制整体采购进度，确保采购质量，做好采购交期管理
	采购专员	1. 负责物料市场调研工作，收集市场信息，为公司的采购提供决策依据 2. 根据采购计划，向供应商展开询价、议价工作，填写采购订单，完成采购工作 3. 与供应商确认发货日期，然后跟踪到货日期，物料到达后组织验收 4. 拟定标准的采购合同，对签订的采购合同进行分类归档管理
生产部	生产经理	1. 根据公司的实际情况制定生产管理的规章制度 2. 根据年度经营目标编制生产计划，并检查生产计划的执行情况 3. 定期组织生产调度会，讨论阶段内的生产情况和主要问题 4. 组织编制生产安全的规章制度和操作规范，并组织实施
	车间主任	1. 负责车间的日常管理工作 2. 对作业过程进行监督、指导，以提高生产效率 3. 按照公司的质量管理规定，控制各工序的生产质量，保证产品质量 4. 负责生产车间的安全管理，确保安全生产 5. 检查生产任务的完成情况，积极推行“5S”管理
	操作工	1. 积极参加车间组织的安全活动、安全常识学习，严格遵守各项安全生产规章制度 2. 认真交接班，生产前必须认真检查本岗位的设备运行是否正常 3. 精心操作，严格执行工艺规程，遵守劳动纪律 4. 定期检查设备，判断和处理生产过程中的异常情况 5. 认真维护保养设备，发现问题及时解决，并做好记录，同时应保持现场清洁 6. 正确使用和妥善保管各种劳动防护用品、器具和防护器材、消防器材 7. 不违章作业，同时制止他人违章作业。未经许可，不能操作其他工种的生产设备，同时应制止其他工种的人员操作自己的设备，并有权拒绝违反安全操作规程的生产安排

编制人员		审核人员		批准人员	
编制日期		审核日期		批准日期	

5.4 部门定岗设计范例

5.4.1 技术部岗位设置图

下面是一则软件研发企业技术部的组织结构图（如图 5-14 所示），仅供读者参考。

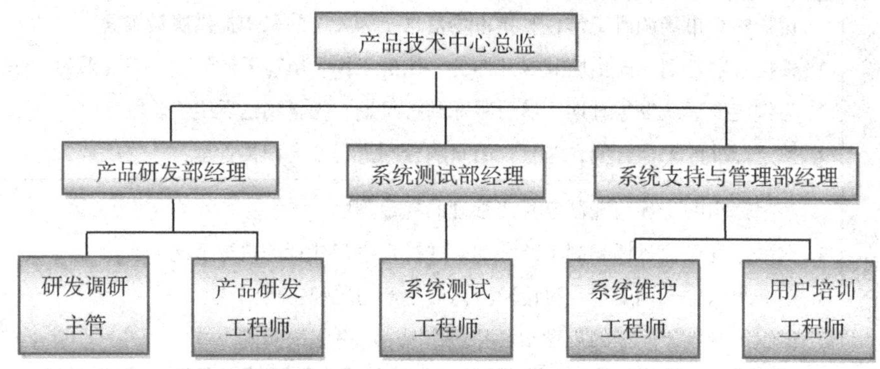

图 5-14 技术部岗位设置图

5.4.2 研发部岗位设置图

下面是某企业研发部的岗位设置图（如图 5-15 所示），仅供读者参考。

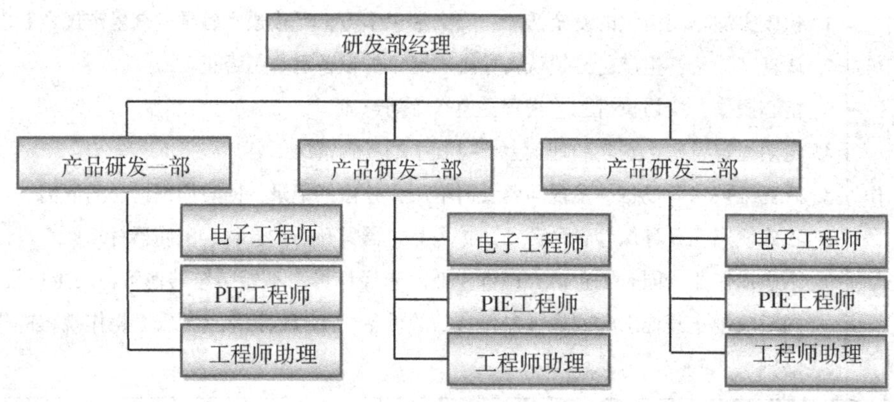

图 5-15 研发部岗位设置图

5.4.3 财务部岗位设置图

下面是某企业财务部的岗位设置图（如图 5-16 所示），仅供读者参考。

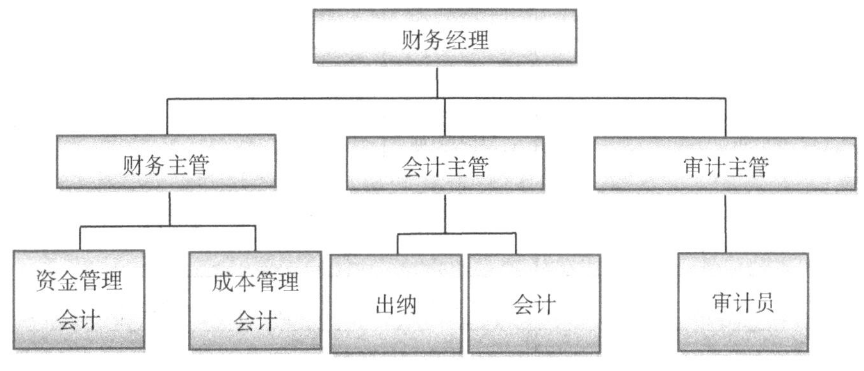

图 5-16　财务部岗位设置图

5.4.4 营销部岗位设置图

下面是某企业营销部的岗位设置图（如图 5-17 所示），仅供读者参考。

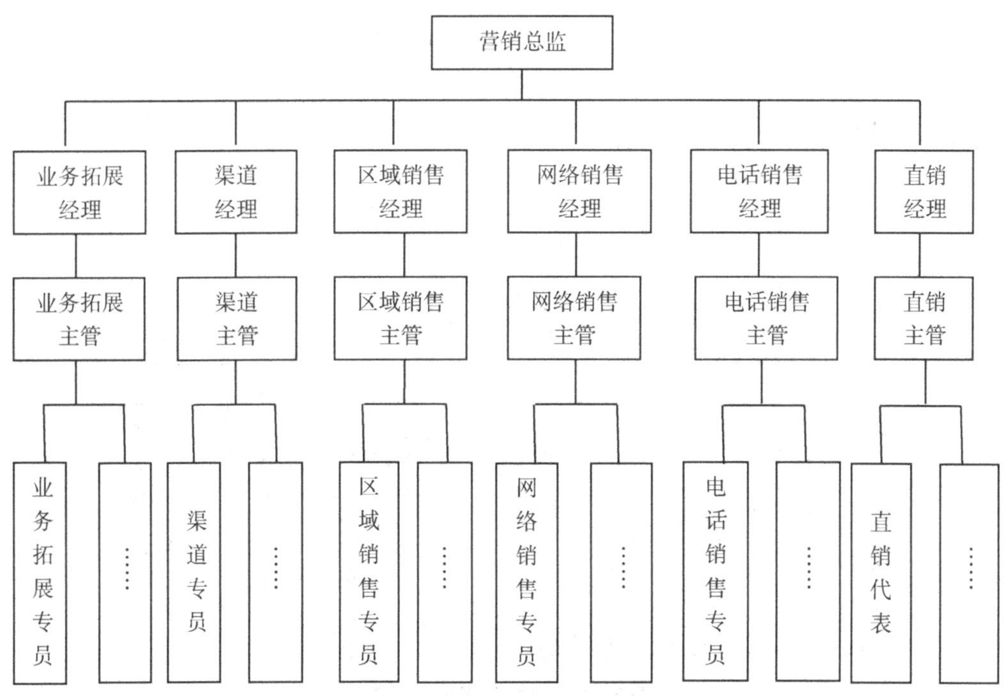

图 5-17　营销部岗位设置图

5.4.5 行政部岗位设置图

下面是某企业行政部的岗位设置图（如图 5-18 所示），仅供读者参考。

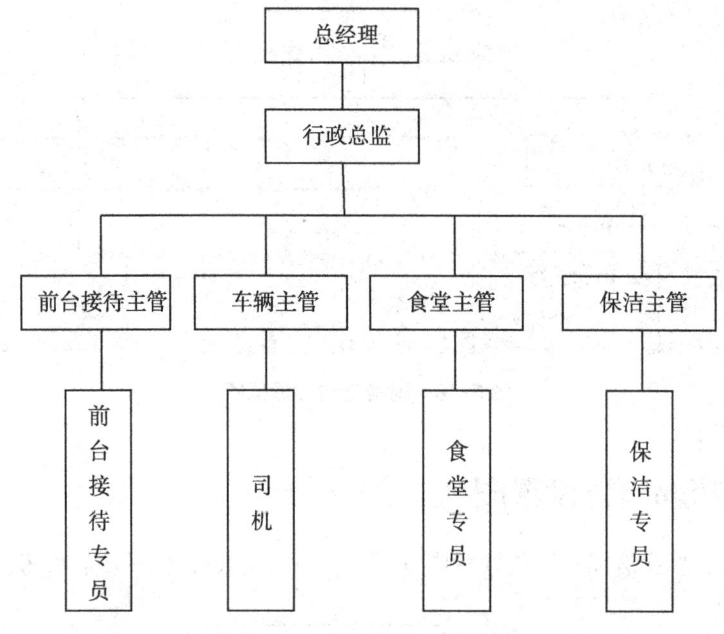

图 5-18 行政部岗位设置图

5.4.6 风控部岗位设置图

下面是某企业风控部的岗位设置图（如图 5-19 所示），仅供读者参考。

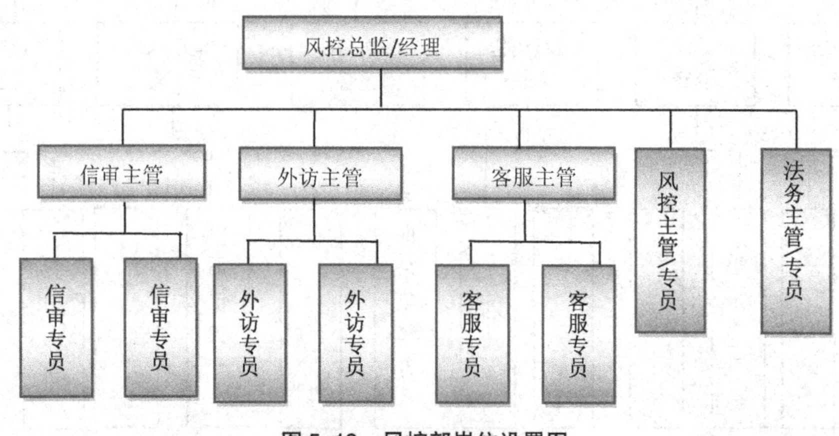

图 5-19 风控部岗位设置图

5.4.7 人力资源管理部岗位设置图

下面是某企业人力资源部的岗位设置图（如图 5-20 所示），仅供读者参考。

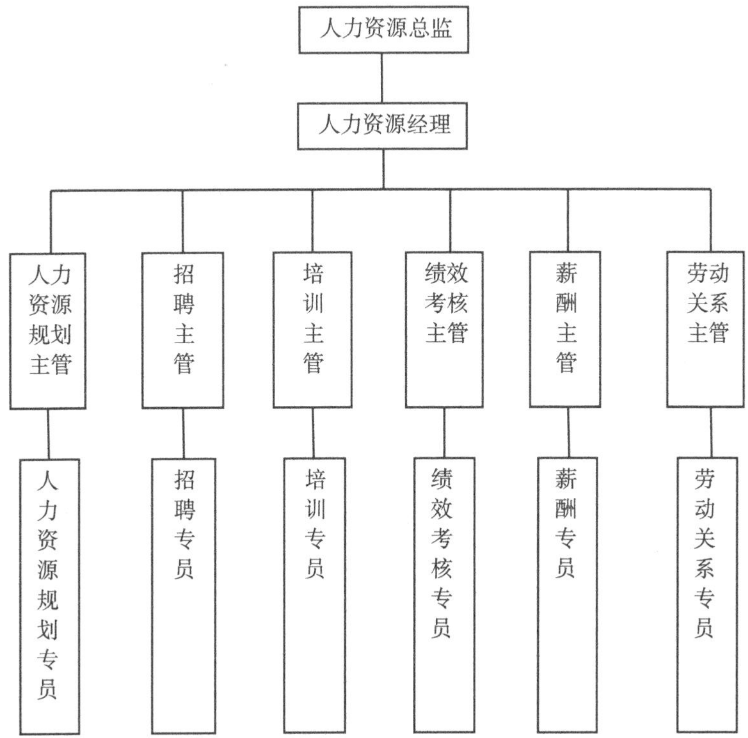

图 5-20 人力资源部岗位设置图

第6章

定编

6.1 有关定编

定编要求企业根据自己的业务方向和规模，在一定的时间内和一定的技术条件下，本着精简机构、节约用人、提高工作效率的原则，规定必须配备的各类人员的数量，以及他们之间的比例关系。定编包括宏观定编和微观定编，具体内容如图 6-1 所示。

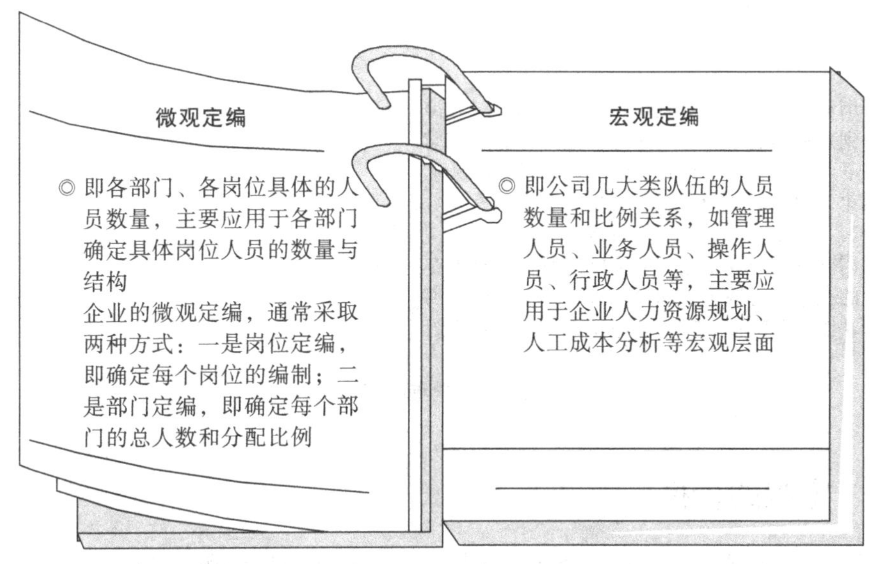

微观定编
◎ 即各部门、各岗位具体的人员数量，主要应用于各部门确定具体岗位人员的数量与结构
企业的微观定编，通常采取两种方式：一是岗位定编，即确定每个岗位的编制；二是部门定编，即确定每个部门的总人数和分配比例
宏观定编
◎ 即公司几大类队伍的人员数量和比例关系，如管理人员、业务人员、操作人员、行政人员等，主要应用于企业人力资源规划、人工成本分析等宏观层面

图 6-1　微观定编与宏观定编的含义

6.1.1 定编的原则

定编的原则包括专业化原则、比例关系协调原则和科学、合理原则，具体如图 6-2 所示。另外，在定编的分析判定中，定编的原则还包括考虑人才储备、关注各类人员的市场获取成本等方面。

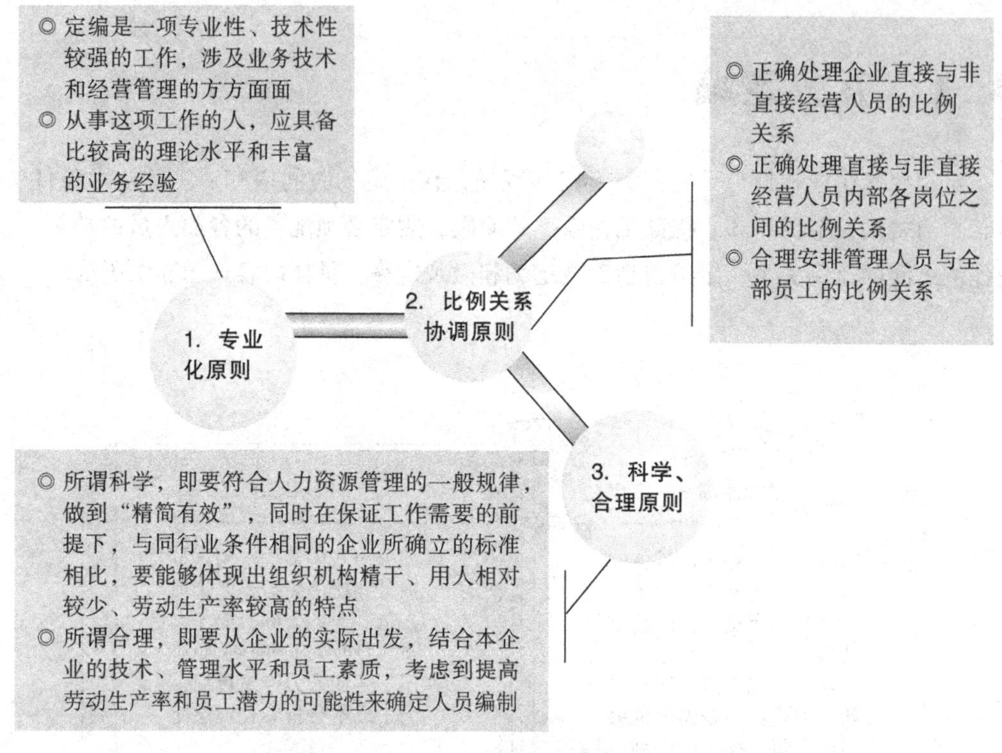

图 6-2　定编的原则

6.1.2　定编的依据

企业定编的依据和定岗的依据大致相同，也包括企业战略和业务流程。此外，定编又依赖于具体的定责、定岗、岗位设置和人员构成的情况。

1. 定编的基本依据是企业的发展战略和业务目标

定编的基本依据如图 6-3 所示。

2. 定编的具体依据是工作流程

仅仅明确了发展战略和业务目标，并不是说定编就能自动进行了，这时还需要先理顺工作流程。前面提到的“人、岗、事”三者之间的匹配，其中“事”是基础，但做同样的“事”采用的流程可以是不同的，不同的工作流程必然带来不同的岗位设置。

优化的流程可以给出最有效的岗位设置，而陈旧、没有优化的流程很容易造成岗位工作效率低下。因此，定编必然涉及的一项前提性工作就是流程优化。关于流程优化的三点理解如图 6-4 所示。如果能将优化流程中的关键环节找出来，设置成岗位，赋予其职责，并根据该环节的工作量配置相应的员工数，定编就能够做到科学、合理。

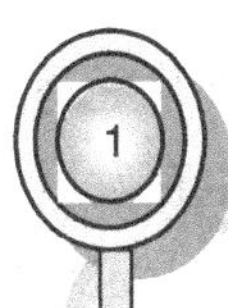

发展战略

◎ 企业在特定的时期内，要完成什么样的战略目标，构成了企业形成一切工作的中心，同样也指导着定编工作的开展

◎ 如果企业的战略目标不明确，或者根本没有目标，那么企业中的一切工作都失去了方向和依据。但在实际工作中，又会经常遇到企业业务目标不明确或者明确但不科学的情况。这时，定编是无法进行的，即使企业开展定编工作，也是没有说服力的

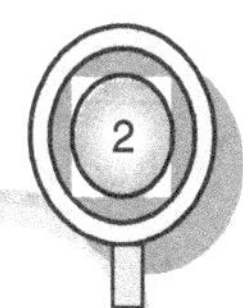

业务目标

◎ 定编的目的是实现“人、岗、事”三者之间的合理匹配，以达到人尽其才、才尽其用的目标。这里最重要的是首先应弄清楚企业要做的“事”，有了工作目标，然后才需要设置相应的岗位、配置合适的人员

◎ 企业的战略目标也就是对“事”的确定，这必然涉及企业一系列内外部因素，如经济环境、市场竞争、技术变化、客户需求等各方面的影响。因此，弄清楚企业战略目标是企业发展的前提条件

图 6-3　定编的基本依据

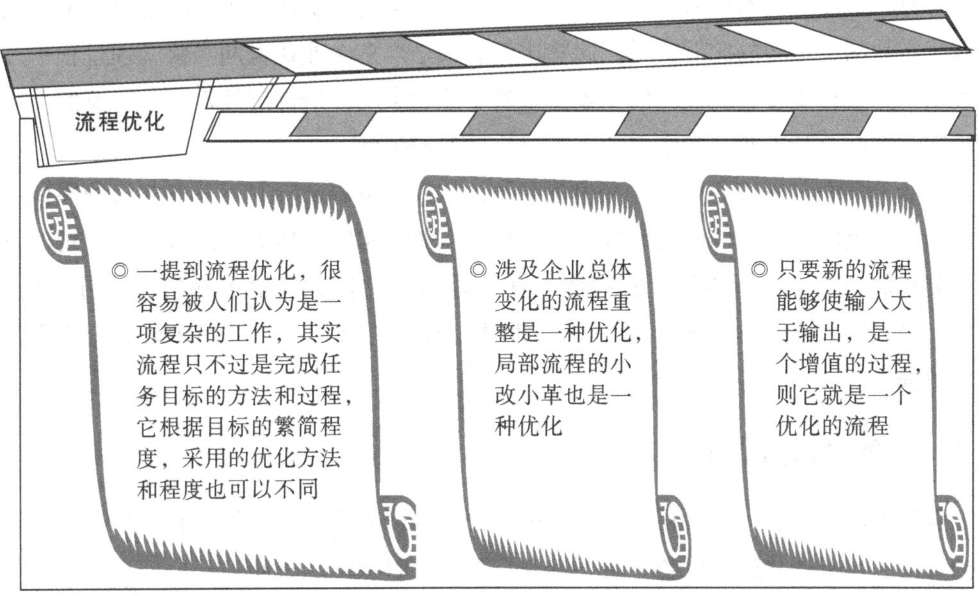

图 6-4　流程优化的三点理解

3. 定编应从业务人员着手

企业所设置的岗位数量有很多，特别是生产（或服务）流程复杂的大企业更是如此。事实上，在这些岗位中，最重要的是直接从事经营的岗位，它们是企业生存发展的核心部分，定编应该首先将这些核心岗位弄清楚。总之，企业内各岗位是具有一定比例关系的，定编应把握这些基本的比例关系，具体关系如图 6-5 所示。

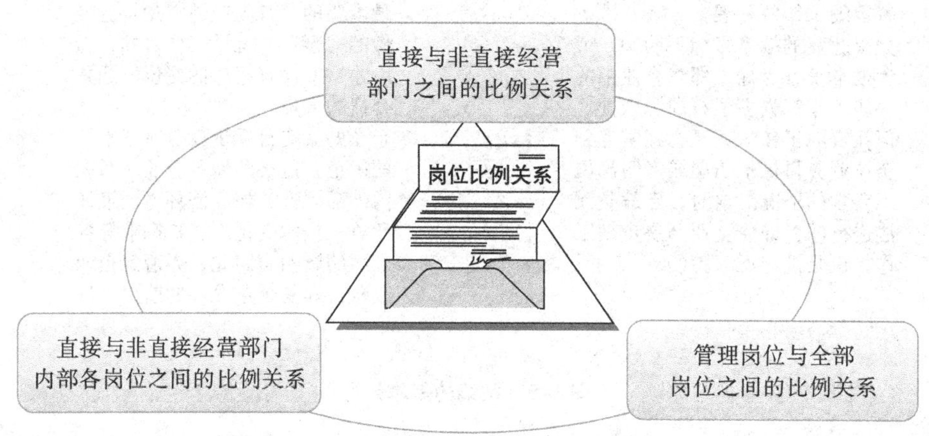

图 6-5　定编应把握的岗位比例关系

各种非直接经营岗位的确定虽然要依据其各自优化的工作流程，但也必须考虑它们与直接经营岗位之间的比例关系。这些比例关系是众多企业在长期经营管理过程中逐步形成的，是工作流程不断优化的积累。有些发达国家的政府部门经常对各行业的关键指标进行统计并公开发布，其中包括企业岗位情况的统计。

实际上，企业决策往往也存在很多问题，如人力资源部门对于其他部门的岗位申请与编制申请就缺乏客观的分析和判定的依据，双方经常需要博弈；或者，人力资源部门对编制总额与人工成本进行预算控制，这个博弈的过程就交给了部门（或分子公司）内部，虽然对实际工作情况更了解，但部门（或分子公司）内部仍然缺乏分析方法与客观依据。

6.1.3　定编的特点

定编是通过组织的发展目标及对人员情况的分析来确定人员的编制，其需要随着企业的环境和自身变化进行调整。定编具有主观性、时效性、关联性三个特点，具体内容如图 6-6 所示。

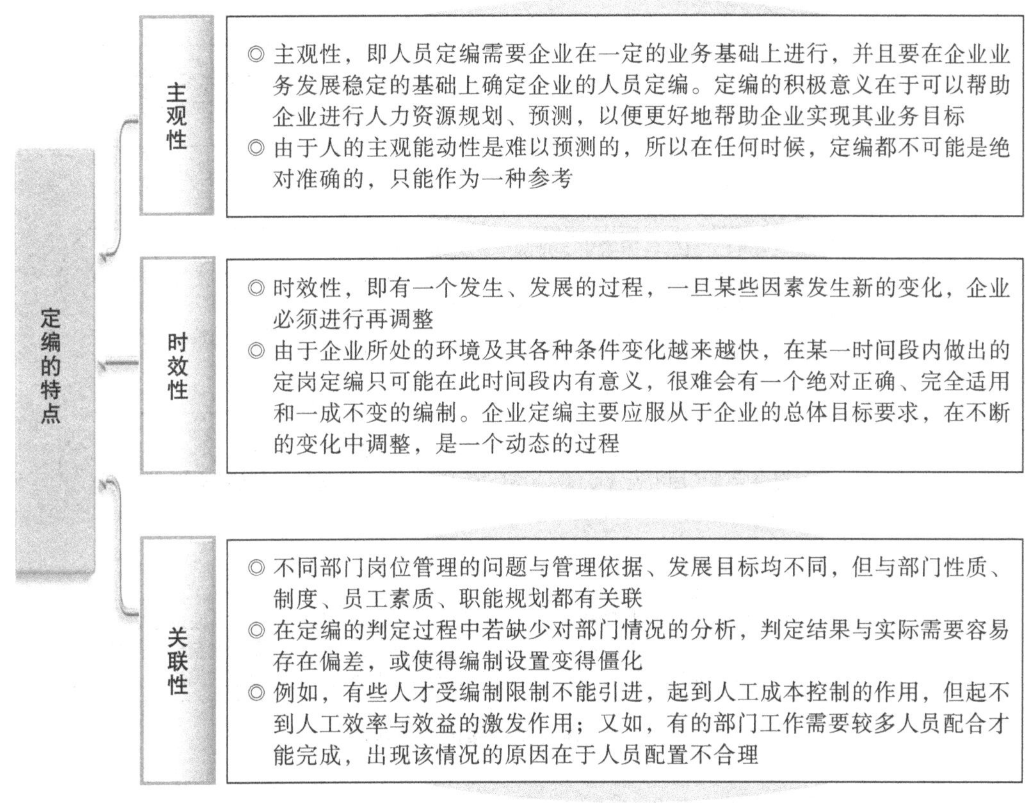

图 6-6　定编的特点

6.1.4　定编的影响因素

由于企业各自的情况不同，甚至企业内部各个部门的情况也不同，因此需要对定编的影响因素进行详细的分析。一般来说，对定编的影响因素的分析可以通过因素分析、排除非正常因素、关键动因分析、工作改进四个步骤进行，具体内容如图 6-7 所示。

定编时，对定编的影响因素的分析以及关键动因分析应该是定编工作的基础。进行具体定编因素分析是定编工作的一项重要内容，特别是对一些缺少定编方法、难以定编的岗位有很大的帮助。分析内容包括通过对影响岗位定编的因素进行分析，排除非定编驱动因素，寻找定编的关键动因，并进行定编方法的设计或编制设置，使定编工作有的放矢。

通过对定编影响因素的分析，可知企业定编工作受多种影响因素的制约。一般来说，企业总体定编的影响因素如图 6-8 所示。

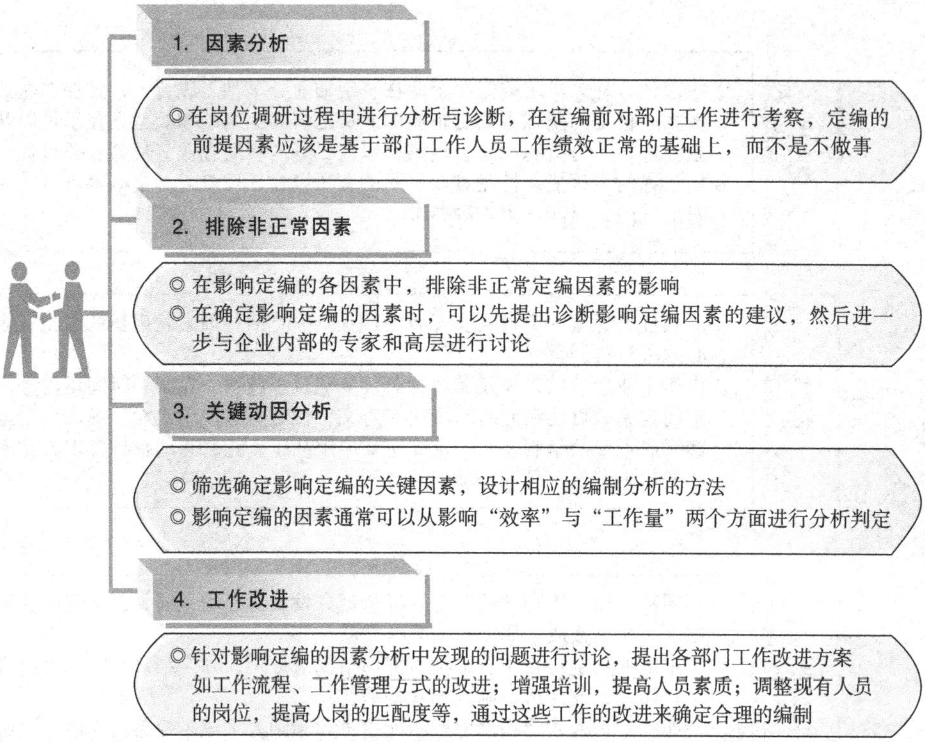

1. 因素分析
◎在岗位调研过程中进行分析与诊断，在定编前对部门工作进行考察，定编的前提因素应该是基于部门工作人员工作绩效正常的基础上，而不是不做事
2. 排除非正常因素
◎ 在影响定编的各因素中，排除非正常定编因素的影响
◎ 在确定影响定编的因素时，可以先提出诊断影响定编因素的建议，然后进一步与企业内部的专家和高层进行讨论
3. 关键动因分析
◎ 筛选确定影响定编的关键因素，设计相应的编制分析的方法
◎ 影响定编的因素通常可以从影响“效率”与“工作量”两个方面进行分析判定
4. 工作改进
◎ 针对影响定编的因素分析中发现的问题进行讨论，提出各部门工作改进方案如工作流程、工作管理方式的改进；增强培训，提高人员素质；调整现有人员的岗位，提高人岗的匹配度等，通过这些工作的改进来确定合理的编制

图 6-7 定编影响因素的分析步骤

人员素质状况
组织结构调整
编制调整目标
公司发展战略
2 3
1 4
8 5
7 6
工资发展阶段
工作分析
部门职能
与岗位调整
人员编制现状

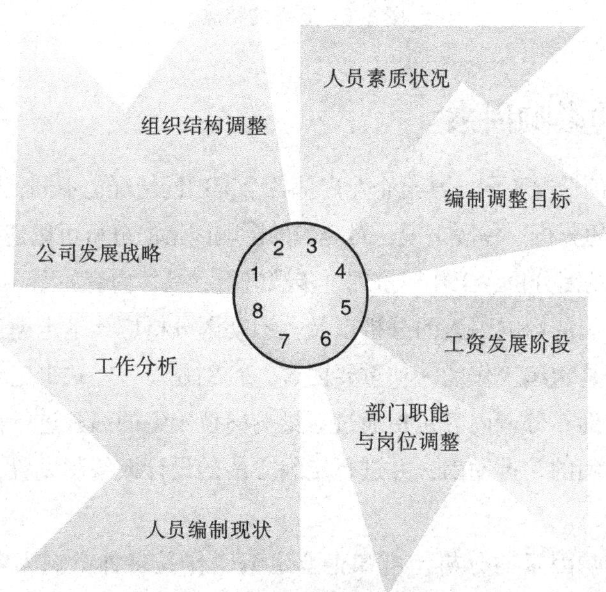

图 6-8 企业总体定编的影响因素

由于每个部门的具体职责和岗位设置不同，因此定编的影响因素也不是完全相同的。部门定编的影响因素如图 6-9 所示。

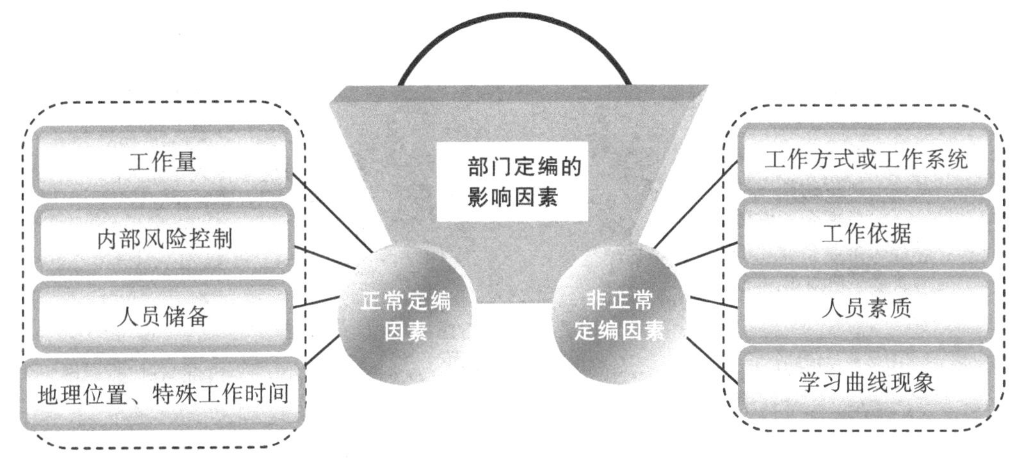

图 6-9　部门定编的影响因素

岗位定编的影响因素也可以归纳为岗位职责、劳动生产率、新的管理方式和新技术三个方面，具体内容如图 6-10 所示。

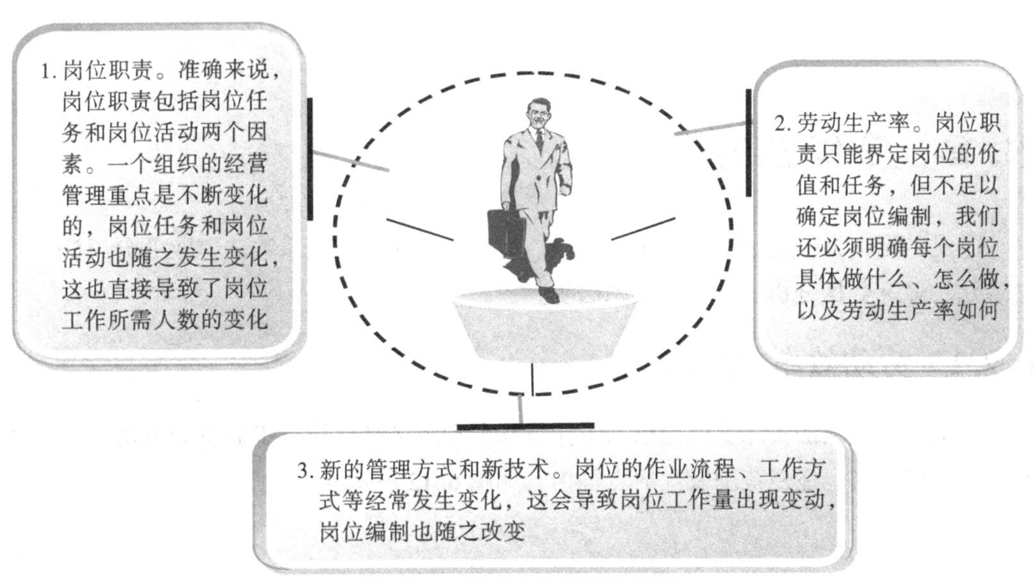

图 6-10　岗位定编的影响因素

6.1.5　定编的注意事项

开展定编工作时要注意明确企业需要的是一套在人员方面都能进行自我约束、自我控制的机制，而不是一套硬性的人员定编的规定。人员定编不仅要从数量上解决好人力资源的配置，而且要从质量上确定使用人员的标准，从素质结构上实现人力资源的合理配置。此外，开展定编工作时，我们还要注意考虑如图 6-11 所示的四个方面。

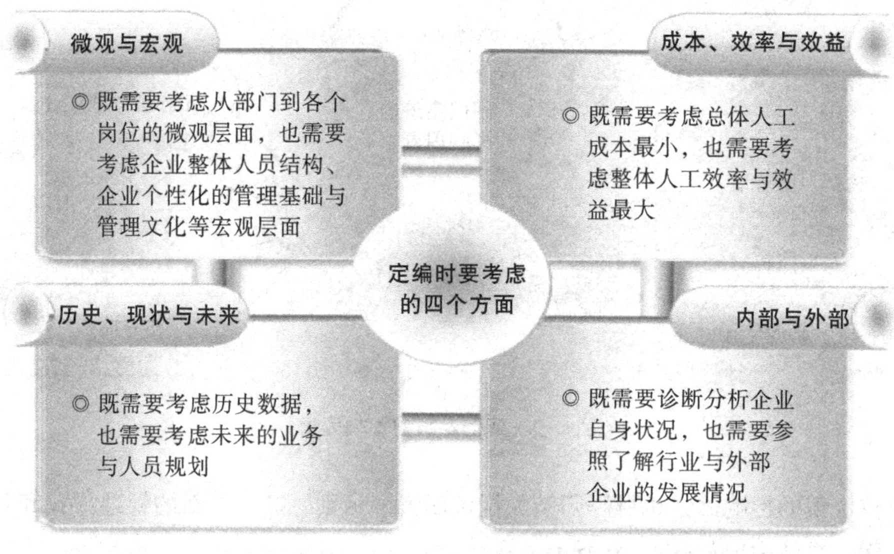

图 6-11　定编时要考虑的四个方面

6.2　定编的方法

常见的定编方法包括劳动效率定编法、设备定编法、比例系数法、业务分工法、德尔菲法、业务数据分析法、预算控制法等。

6.2.1　劳动效率定编法

劳动效率定编法实际上就是根据工作量和劳动定额来计算员工数量的方法。劳动效率定编法的含义、适用范围及优缺点等内容如图 6-12 所示。

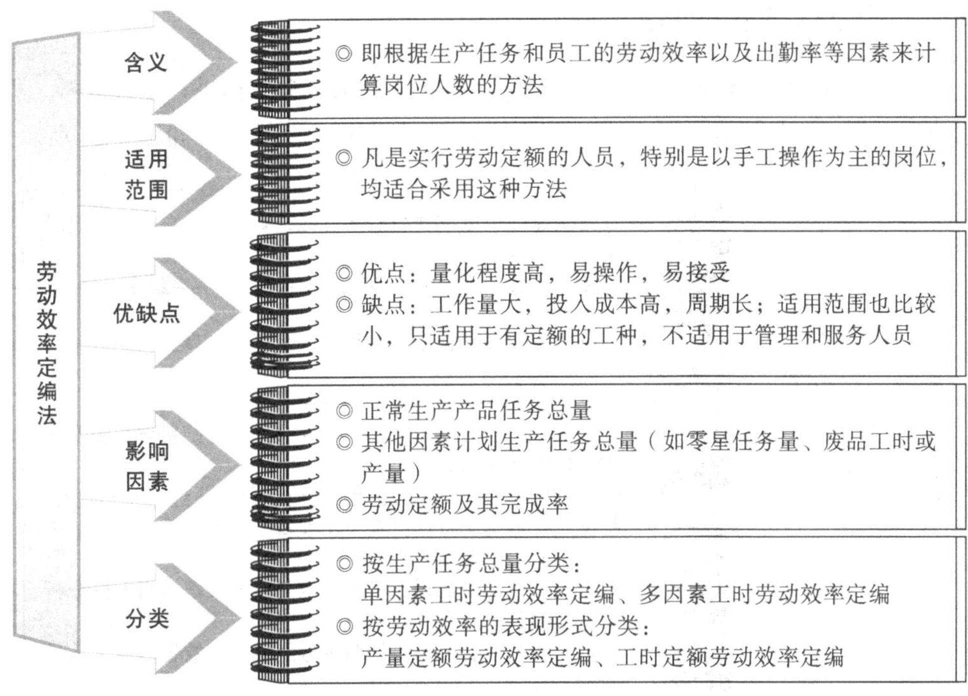

图 6-12　劳动效率定编法

单因素工时劳动效率定编和多因素工时劳动效率定编的计算公式及具体内容如图6-13 所示。

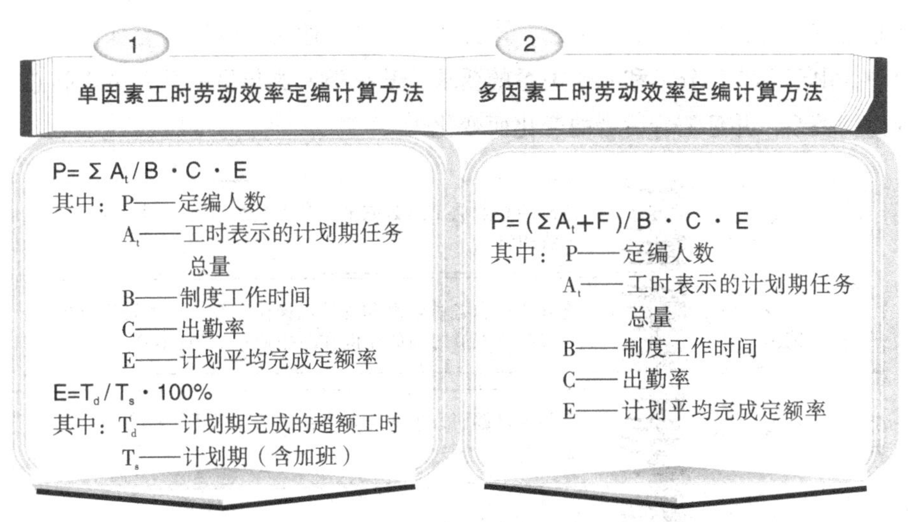

图 6-13　单因素和多因素工时劳动效率定编计算方法

6.2.2 业务数据分析法

业务数据分析法是根据企业的历史数据，将员工数与业务数据进行回归分析，得到回归分析方程。业务数据分析法的含义、内容、适用范围和实施步骤如图 6-14 所示。

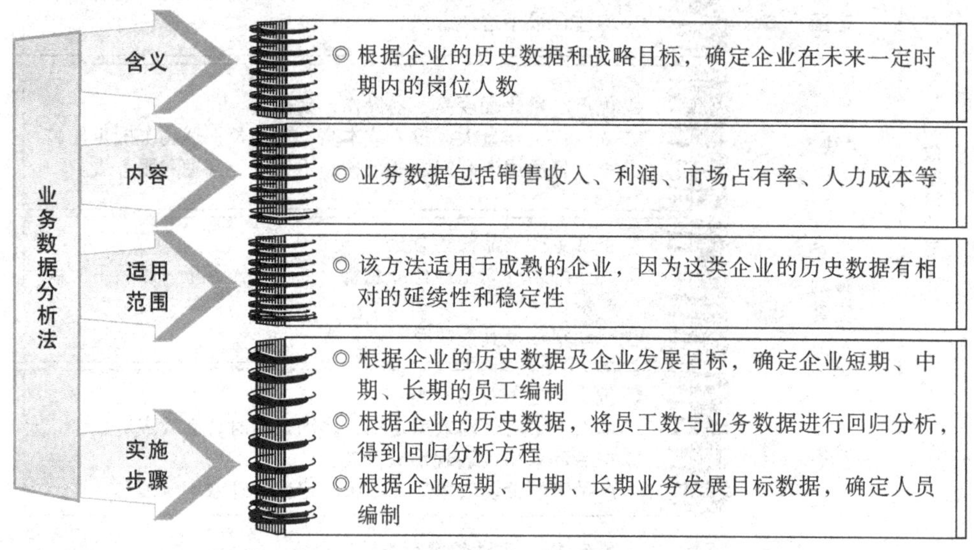

业务数据分析法
含义
◎ 根据企业的历史数据和战略目标，确定企业在未来一定时期内的岗位人数
内容
◎ 业务数据包括销售收入、利润、市场占有率、人力成本等
适用范围
◎ 该方法适用于成熟的企业，因为这类企业的历史数据有相对的延续性和稳定性
实施步骤
◎ 根据企业的历史数据及企业发展目标，确定企业短期、中期、长期的员工编制
◎ 根据企业的历史数据，将员工数与业务数据进行回归分析，得到回归分析方程
◎ 根据企业短期、中期、长期业务发展目标数据，确定人员编制

图 6-14 业务数据分析法的具体内容

6.2.3 行业比较分析法

行业比较分析法又叫行业比例法，该方法的含义、适用范围等内容如图 6-15 所示。在行业中，由于专业化分工和协作关系的要求，某一类人员与另一类人员之间总是存在一定的比例关系，并且随着后者的变化而变化。

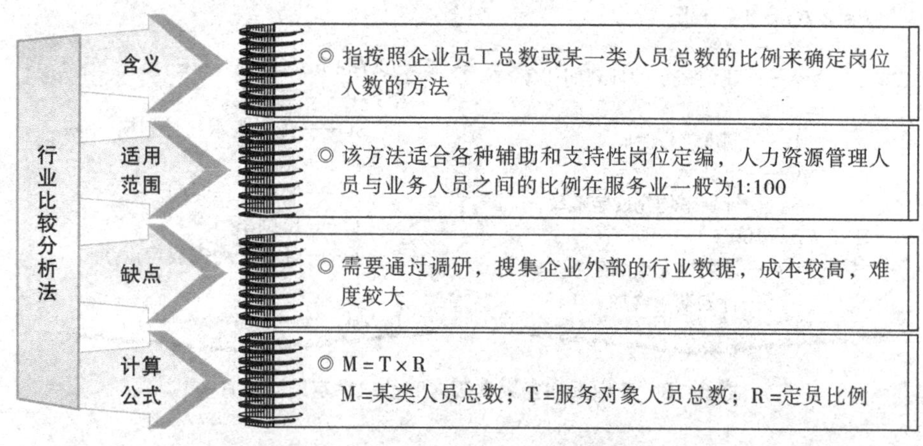

行业比较分析法
含义
◎ 指按照企业员工总数或某一类人员总数的比例来确定岗位人数的方法
适用范围
◎ 该方法适合各种辅助和支持性岗位定编，人力资源管理人员与业务人员之间的比例在服务业一般为1:100
缺点
◎ 需要通过调研，搜集企业外部的行业数据，成本较高，难度较大
计算公式
◎ M = T × R
M =某类人员总数；T =服务对象人员总数；R =定员比例

图 6-15 行业比较分析法的具体内容

6.2.4 职责业务分工法

职责业务分工法，即按组织结构、职责范围和业务分工定编的方法。该方法的含义、适用范围、影响因素等方面的具体内容如图 6-16 所示。

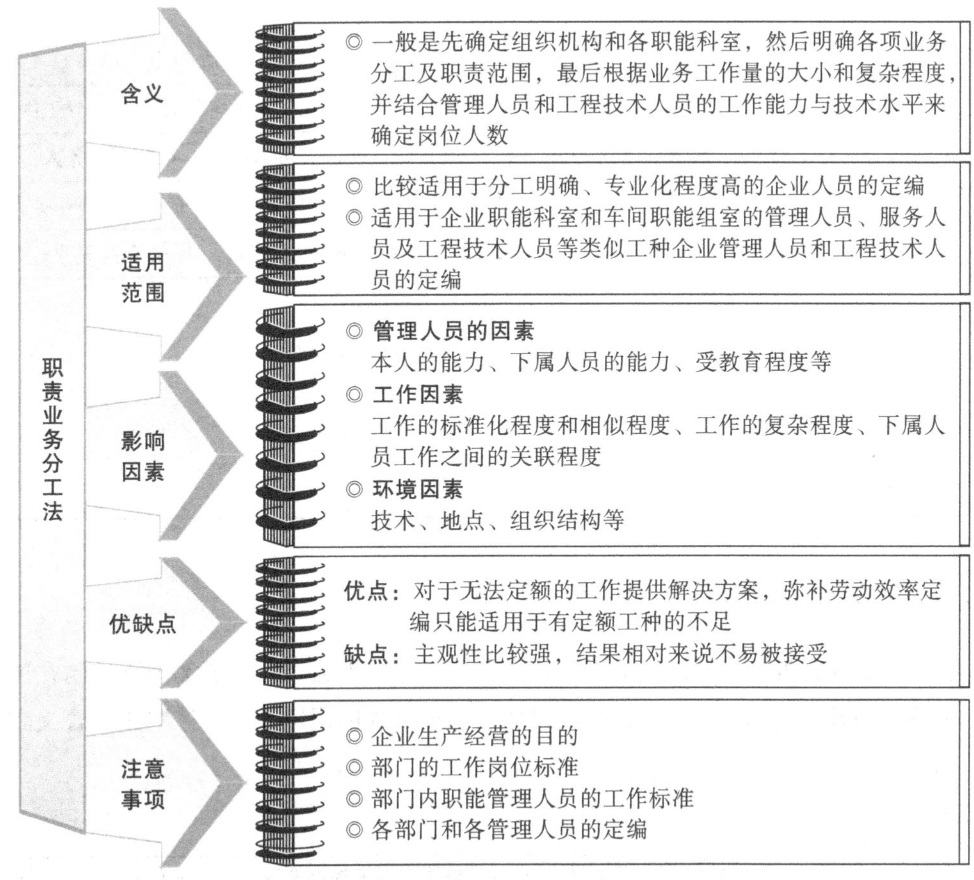

职责业务分工法
含义
◎ 一般是先确定组织机构和各职能科室，然后明确各项业务分工及职责范围，最后根据业务工作量的大小和复杂程度，并结合管理人员和工程技术人员的工作能力与技术水平来确定岗位人数
适用范围
◎ 比较适用于分工明确、专业化程度高的企业人员的定编
◎ 适用于企业职能科室和车间职能组室的管理人员、服务人员及工程技术人员等类似工种企业管理人员和工程技术人员的定编
影响因素
◎ 管理人员的因素
本人的能力、下属人员的能力、受教育程度等
◎ 工作因素
工作的标准化程度和相似程度、工作的复杂程度、下属人员工作之间的关联程度
◎ 环境因素
技术、地点、组织结构等
优缺点
优点：对于无法定额的工作提供解决方案，弥补劳动效率定编只能适用于有定额工种的不足
缺点：主观性比较强，结果相对来说不易被接受
注意事项
◎ 企业生产经营的目的
◎ 部门的工作岗位标准
◎ 部门内职能管理人员的工作标准
◎ 各部门和各管理人员的定编

图 6-16　职责业务分工法的具体内容

在职责业务分工法的基础上，我们可以按照人员构成、工作特点、机构设置的不同，将人员编制分为不同的类型，具体内容详见表 6-1。

表 6-1　在职责业务分工法基础上的人员编制分类

定编方法	分类标准	人员编制	
职责业务分工法	按人员构成	行政管理人员 工程技术人员 政工人员 ……	
	按工作特点	问题处理型人员	各部门第一负责人及以上人员
		技术设计型人员	各类计划、规划、规章制度等设计或业务分工编制
		外务联系型人员	采购推销、外协、劳力调配、党群等业务人员
	按工作特点	文字计算型人员	财会统计、文秘、材料核算、电子计算机等业务人员
		岗位型人员	保管员、技术档案、人事档案、图书资料等业务人员
	按机构设置	行政管理部门 技术检验管理部门 政工部门 生产服务部门 ……	

6.2.5　预算控制法

预算控制法是发达国家的企业常采用的定编方法，即通过人工成本预算控制在岗人数，而不是对某一部门内的某一岗位的具体人数做硬性的规定。预算控制法的含义和实施步骤如图 6-17 所示。

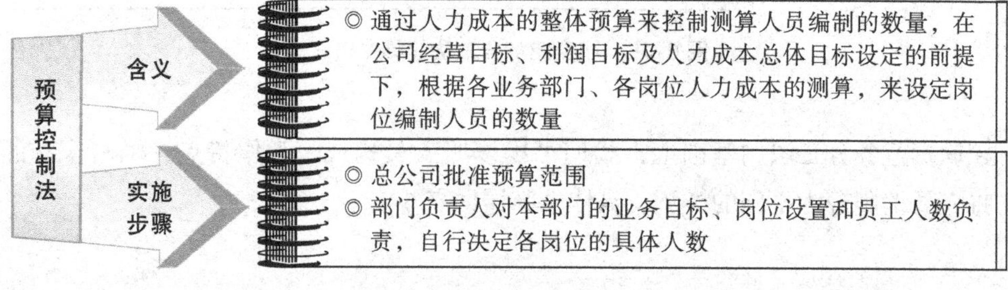

图 6-17　预算控制法的内容

部门预算依据总公司的预算来制定，具体预算控制的实施如图 6-18 所示。

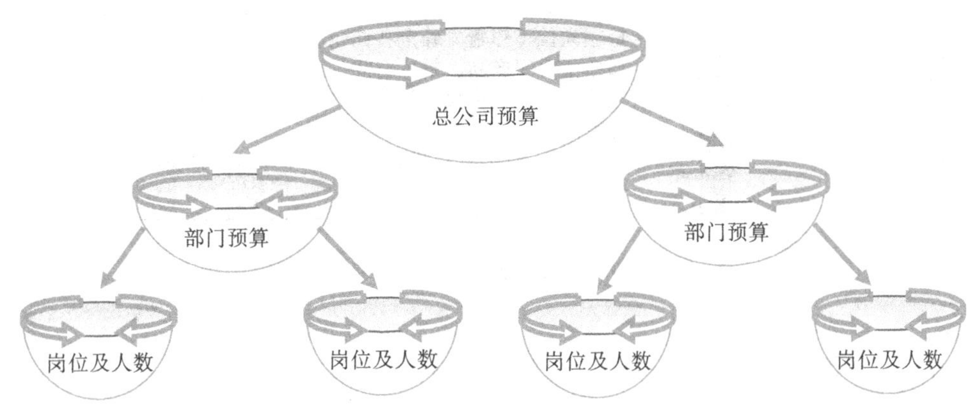

图 6-18　预算控制的实施

企业的资源是有限的，并且是与产出密切相关的，因此预算控制对企业各部门人数的扩展有着严格的约束性。以人工费用为例，图 6-19 展示了不同的人数完成同样的业务量，人数少则可以节约费用成本。

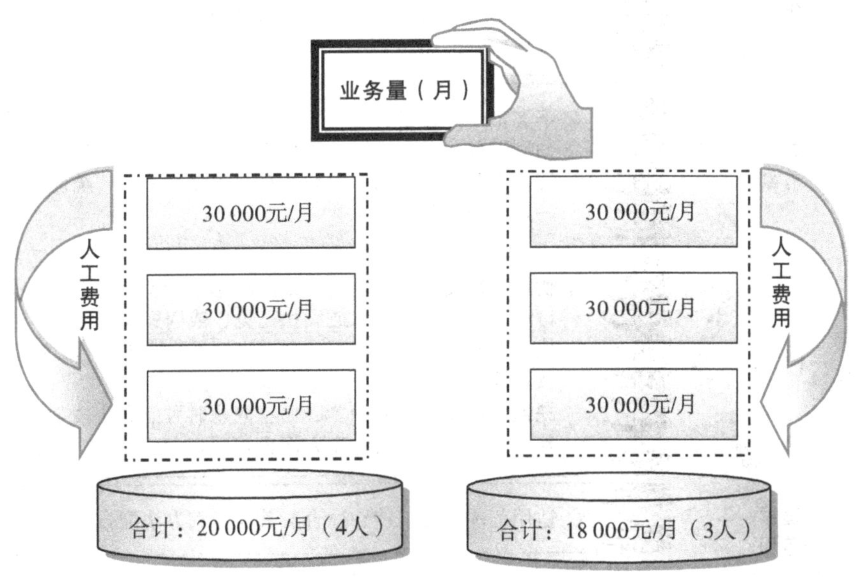

图 6-19　人工费用的预算控制

6.2.6　业务流程分析法

业务流程分析法的实施步骤如图 6-20 所示。

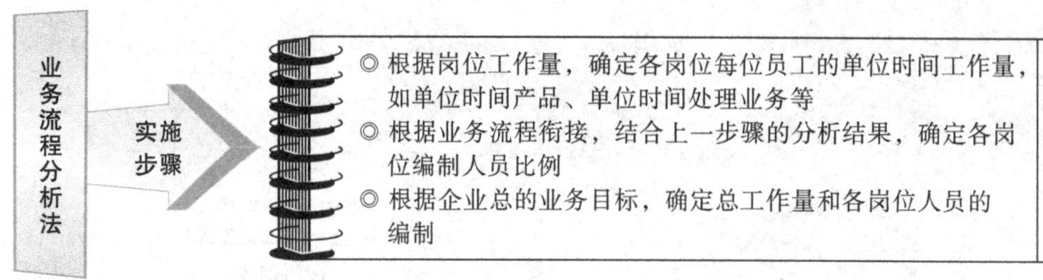

图 6-20　业务流程分析法的实施步骤

6.2.7　专家访谈法

专家访谈法又称德尔菲法，是指通过对管理层的访问获取信息。这些信息包括下属员工的工作量、流程的饱满性及员工编制调整建议等。专家访谈法的具体内容如图 6-21 所示。

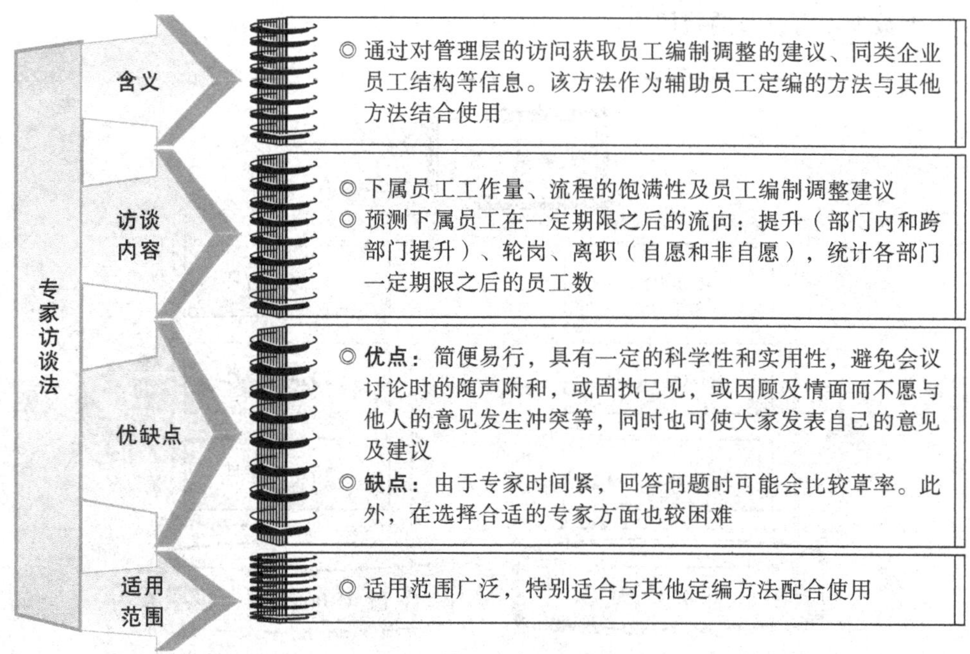

图 6-21　专家访谈法的内容

在各种方法中，按劳动效率定编是最基本的方法。在实际工作中，企业通常会将各种方法结合起来，参照行业最佳案例来确定本企业的岗位人数。

6.3 定编的操作

6.3.1 定编的流程

开展定编工作前，首先应进行定编分析，即从微观分析到宏观分析的过程中，通过对各部门影响因素的分析，提炼并总结公司定编的主要影响因素；其次，通过确定影响部门定编的关键因素，分析人员编制与人工成本，制定公司整体定编原则；最后，结合实际人员情况，进行公司定编目的与效果的分析，以及通过长期动态定编管理，确定分阶段达成的定编目标，具体的定编流程如图 6-22 所示。

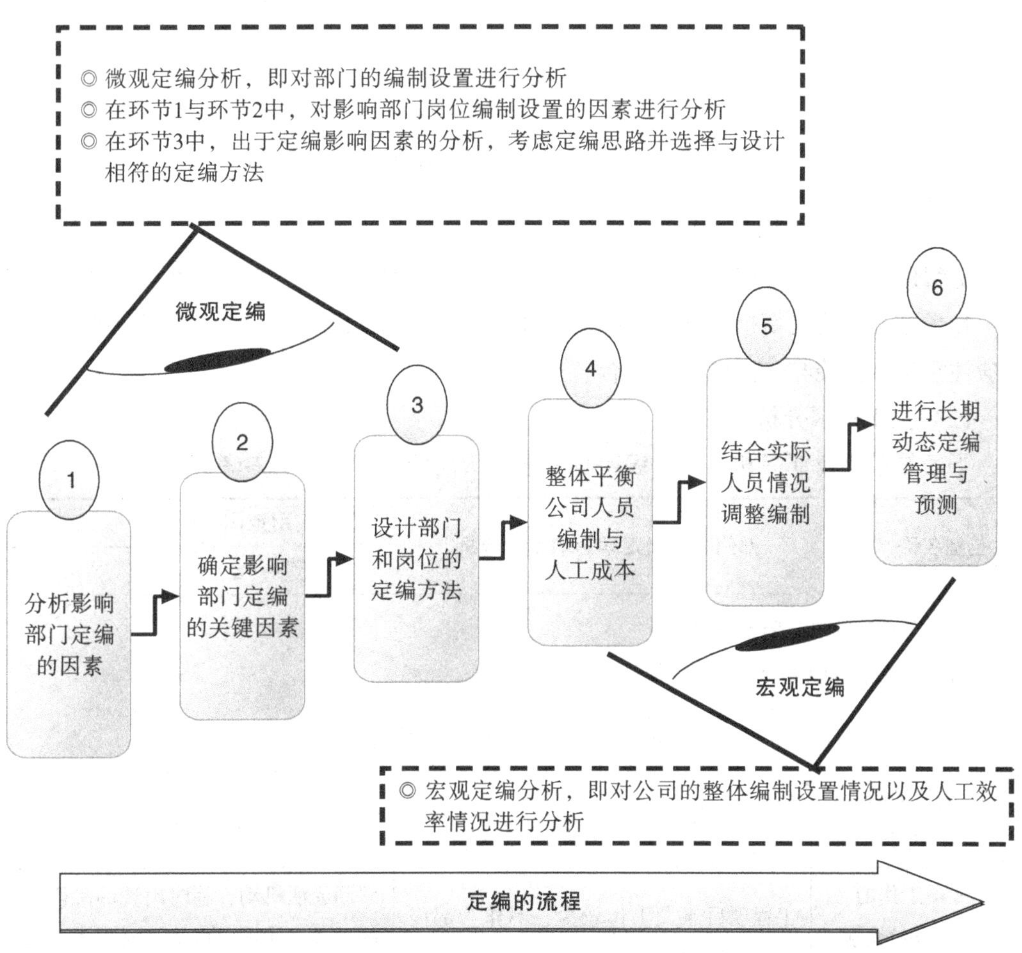

图 6-22　定编的流程

1. 定编的分析

在定编的流程中，始终贯穿着一个分析的过程，如微观定编分析、宏观定编分析，在该过程中主要参照如图 6-23 所示的三个模型。

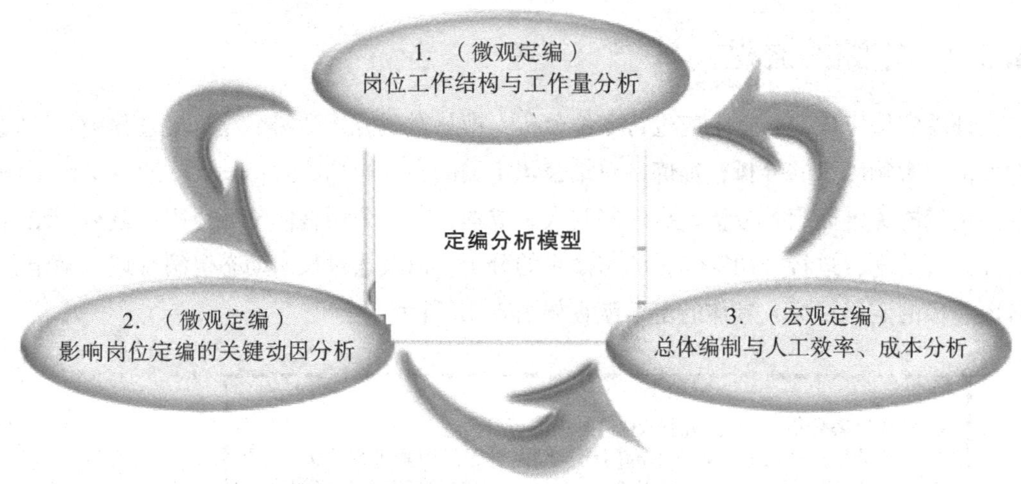

图 6-23 定编分析模型

（1）岗位工作结构与工作量分析

定编建立在定责定岗的基础之上。在开展定岗工作的过程中需要进行岗位工作结构与工作量分析，这是衔接定岗与定编的环节，也是定编前的一个必要的分析环节。定编时应注意宏观监控与自主调整相结合。

（2）关键动因分析

下面是某企业部门和人员定编影响因素分析范例，仅供读者参考。

范例名称	部门和人员定编影响因素分析	应用范围	
		适用对象	

一、部门定编影响因素分析

部门定编影响因素分析与建议详见下表。

部门定编影响因素分析与建议

岗位编制影响因素	具体说明/现象/示例	建议/备注
专项工作的工作量对编制的影响	工程项目建设工作较少，不作为部门正常定编的考虑因素	编制灵活机动，临时出现的阶段性的大量工作可以申请临时借用人员或委托外部机构办理

（续）

岗位编制影响因素	具体说明/现象/示例	建议/备注
岗位分工方式	部门职能较复杂，内部各岗位之间的相容性很差，岗位分工过细	同类岗位尽量合并，兼容岗位可以兼职，避免分工过细而导致工作量不饱满；同时，原工作过于单一，影响员工的职业发展与长期工作的积极性
工作依据	对于行政管理工作、劳保等用品的发放尚未制定标准、建立规范流程	制定、建立并完善行政后勤管理的工作制度、标准、流程等，提高工作效率
人岗匹配度	需提升部门人员的整体素质，以提高工作效率	加强培训，合理配置人员

二、人员素质的定编

在定编过程中，有些岗位对人员素质的要求比较高，因此定编时首先应配置相应素质的人员，而不是考虑工作量。

例如，某企业的市场信息与价格管理岗位的主要职责是汇总分析各业务部门、客户、竞争厂家、经销商等市场信息，进行产品定价分析并提出价格建议。岗位对人员的价格信息的分析与趋势预测以及价格制定的能力素质要求较高，在进行编制设置时，首先需要考虑配置相应能力素质的人员，而不是配置较多偏重于信息整理与加工、缺乏分析预测能力的人员。

定编时，对于需要一定素质的人员才能胜任的岗位，应重点识别与分析，避免因为人员素质达不到要求而影响工作或通过配置更多的人员来承担工作，导致编制增加。

因此，在定编流程中，岗位职责要求-岗位任职要求与编制之间的关系非常明显，更加强调职责分析-任职资格分析-编制分析各环节的紧密衔接。

编制人员		审核人员		批准人员	
编制日期		审核日期		批准日期	

（3）总体编制设置与人工效率分析

企业从微观上进行定编的同时，还需要从宏观上进行定编控制与平衡，以利于企业战略总目标的实现。因此，对定编影响因素进行分析后，还需要对自身内外部的定编约束条件进行分析。企业定编需满足的内外部约束条件如图 6-24 所示。

1 内部约束条件

2 外部约束条件

◎ 内部风险控制要求：单独设岗或不能兼岗
◎ 公司管控模式要求：权责分配，集权模式或分权模式等
◎ 公司人力资源限制：适合岗位要求的各类人才是否充足等
◎ 公司的财务资源：薪酬条件是否能够吸引人才等

◎ 客户的需求：
产品服务的质量、到货及时性等
◎ 竞争的压力：
提前上市、价格优惠等

内外部约束条件

图 6-24　企业定编需满足的内外部约束条件

宏观定编的目标是在满足公司内外部约束条件下，实现总体编制结构合理、人工成本最低、人工效率与效益最大的目标，具体内容如图 6-25 所示。

1. 总体编制数量与结构合理
（即企业各类人员的数量与比例关系要协调）

◎需要进行岗位编制数量和结构的分析与控制
例如，总体编制数量控制包括员工总量控制、生产业务人员数量控制、职能部门（含管理人员）控制等。总体编制结构控制包括职能人员、生产业务人员、管理人员等之间的比例关系。
对于公司管理人员的比例分析，可结合管理幅度的分析确定

2. 总体人工成本最低
（即控制企业的人力资源成本，进行人力成本预算与控制）

◎需要进行人工成本测算与预算
通过预算来测算人工成本情况，与之前编制的人工成本相比，或将实际人工成本数据与预算成本数据进行对比，分析新的定编方案，最终需要对照人力成本预算进行编制调整，如果人力成本远高于预算，则还需对总编制数进行调整

3. 整体人工效率与效益最大
（即提升企业的人均销售额与人均创利额，以及企业的劳动效率与经济效益）

◎需要进行组织效率、人工效率分析
定编目标与控制标准之一是提高劳动效率。企业可以从销售额和营业利润两个方面对企业的组织效率进行评价，并可用于与同行业其他企业的组织效率、人工效率和效益等进行对比分析
人均销售额，即衡量员工的劳动效率
人均创利额，即衡量人均创造的经济效益

图 6-25　宏观定编的目标

定编分析包括确定分析模型、流程框架、影响因素等。其中，对分析模型和流程框架的确定工作有以下三点意义，具体如图 6-26 所示。

◎ 定编时，需要经过一个分析过程，建立一个用于定编分析的基础模型。该模型主要基于定编主体分析的层面，展开具体的分析步骤，形成分析的流程框架

◎ 对于流程中的各个环节的分析，事实上需要投入一定的精力与时间，并随企业规模、岗位与人员数量的变化而变化

◎ 流程的组成步骤可以调整，流程的组成重点可以更改

◎ 定编时，基于分析流程框架，可以建立本企业定岗定编的流程框架，进而根据流程框架中的各个环节的重要程度，确定定岗定编工作投入的重点，并收集、调研相应的信息

图 6-26　定编分析的意义

2. 部门和岗位定编的流程

微观定编分为岗位定编和部门定编，这两种方法各有利弊，管理侧重点也不同。其中，部门定编能体现组织的管理需求，实现组织发展对于人力资源配置的要求；岗位定编，实际上表达了工作量，它是一个符号，有利于人力资源部有效控制岗位人数。

(1) 部门定编的流程

部门定编也就是要确定每个部门的总人数和分布比例。这两种方法各有利弊，管理侧重点也不同。为了支持组织发展战略的实现，如何有效发挥组织价值呢？

部门定编首先要分析组织发展战略、部门职责定位、内部人力资源现状等因素，然后确定组织需要哪几类人，总共需要多少人，每类人员之间有何关系，以及每类人员划分几个层级，层级之间的数量关系等，进而将每类人员分配到相应的部门，以支持部门有效承担组织赋予的价值要求。部门定编的流程如图 6-27 所示。

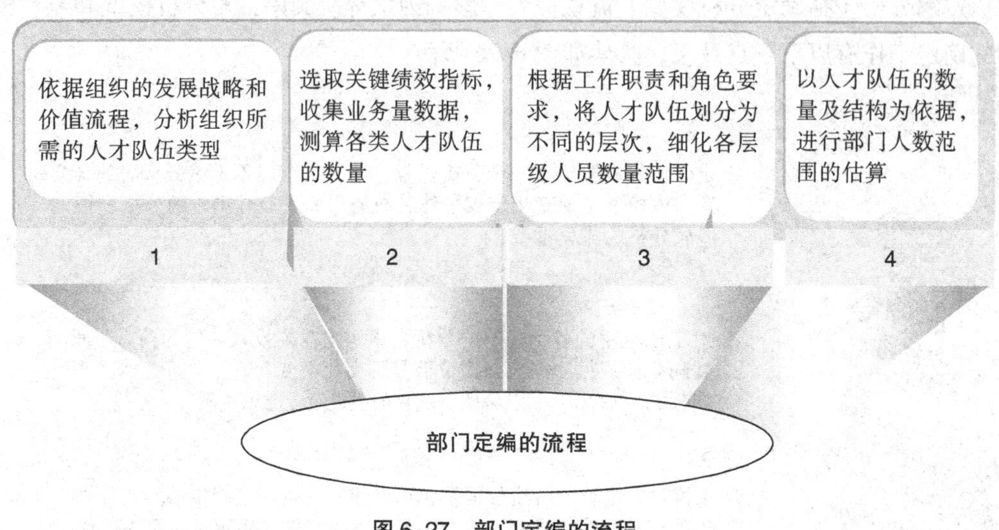

图 6-27　部门定编的流程

（2）岗位定编的流程

岗位定编也就是要确定每个岗位的编制。它不仅为人力资源部的招聘配置工作提供了具体的数量依据，还能够使员工清晰地了解每个岗位的人员需求量。岗位定编主要满足人力资源职能操作的需要。岗位定编的流程如图 6-28 所示。

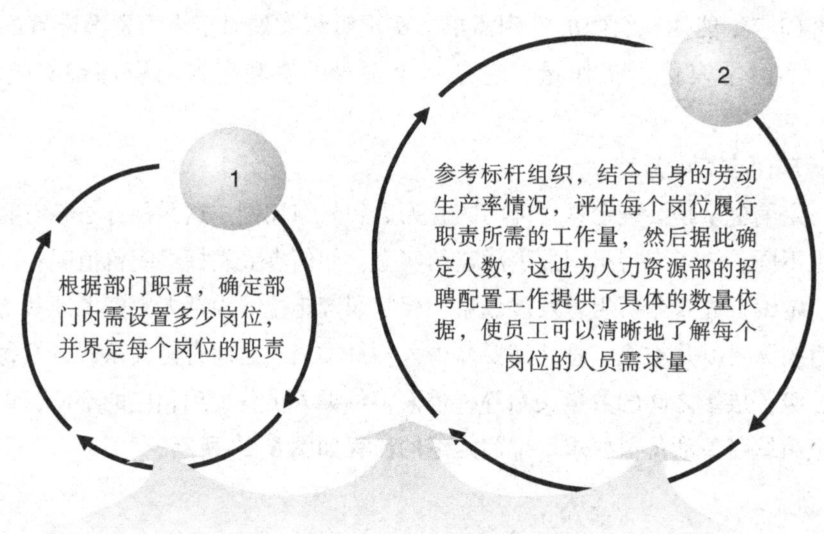

图 6-28　岗位定编的流程

3. 动态定编管理与预测

定编还需要根据内外部环境的变化进行动态管理，即随着市场变化、业务变化、企业管理水平的提高、员工熟练程度和技能的提高进行动态调整，以保证劳动生产率始终能够被合理反映和有效控制。

在进行定编预测时，可以参照历史或现行的岗位编制或劳动定额，分析判断并预测现行或未来的劳动定额和编制；也可采用业务数据分析的方法。定编预测的流程如图 6-29 所示。

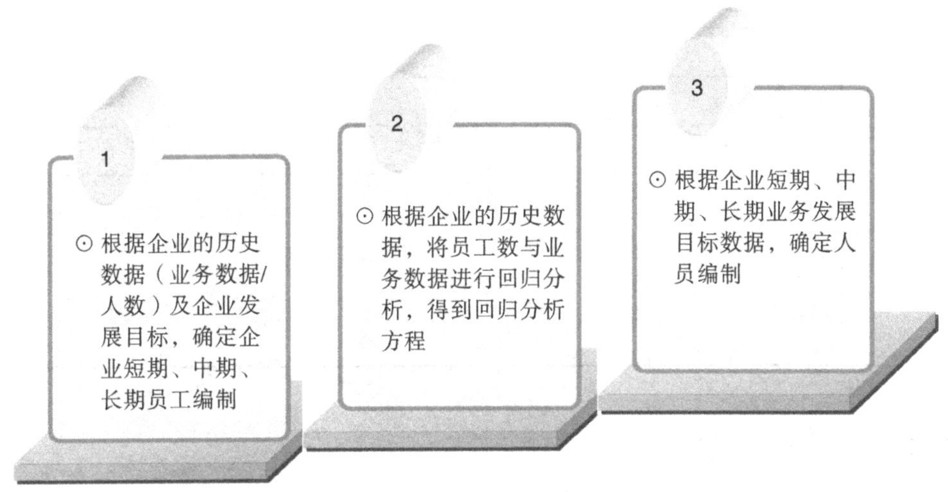
1
⊙ 根据企业的历史数据（业务数据/人数）及企业发展目标，确定企业短期、中期、长期员工编制
2
⊙ 根据企业的历史数据，将员工数与业务数据进行回归分析，得到回归分析方程
3
⊙ 根据企业短期、中期、长期业务发展目标数据，确定人员编制

图 6-29　定编预测的流程

6.3.2　部门编制表

下面是某企业的部门编制表，仅供读者参考。

部门名称			部门负责人	
部门职能				
部门人员	姓名	岗位	岗位说明	

（续表）

<table>
<tr><td rowspan="8">拟增加人员</td><td>岗位</td><td>岗位说明</td></tr>
<tr><td></td><td></td></tr>
<tr><td></td><td></td></tr>
<tr><td></td><td></td></tr>
<tr><td></td><td></td></tr>
<tr><td></td><td></td></tr>
<tr><td></td><td></td></tr>
<tr><td></td><td></td></tr>
<tr><td>备注</td><td colspan="2"></td></tr>
</table>

6.3.3 定编汇总表

下面是某企业的定编汇总表，仅供读者参考。

序号	部门名称	部门职责	岗位	岗位职责	定员	合计	备注

6.4 企业定编方案设计

6.4.1 某企业车间定编方案

下面是某企业车间定编方案，仅供读者参考。

<table>
<tr><td rowspan="2">方案名称</td><td rowspan="2">车间定编方案</td><td>编制部门</td><td></td></tr>
<tr><td>执行部门</td><td></td></tr>
<tr><td colspan="4">

一、目的

随着生产产量的持续攀升，车间加工品种、数量呈上升趋势，加之研发部四个工艺改进项目的实施，这将对车间部分生产工序产生一定的影响，前期核定的制造系统生产岗位定编体系已经无法适应目前生产形势的需要，为了解决这一问题，特制定本方案。

二、定编的步骤

（1）部门成立定编项目小组对车间焊工、车工等关键岗位编制进行初步分析。

（2）部门组织人员对生产部生产岗位定编进行理论核实。

（3）部门在考虑生产部产能扩大计划、工艺改进、设备综合利用率等综合因素的前提下，再次对生产车间的定编进行测算核定。

三、定编考虑的因素

车间定编需考虑的因素如图 1 所示。

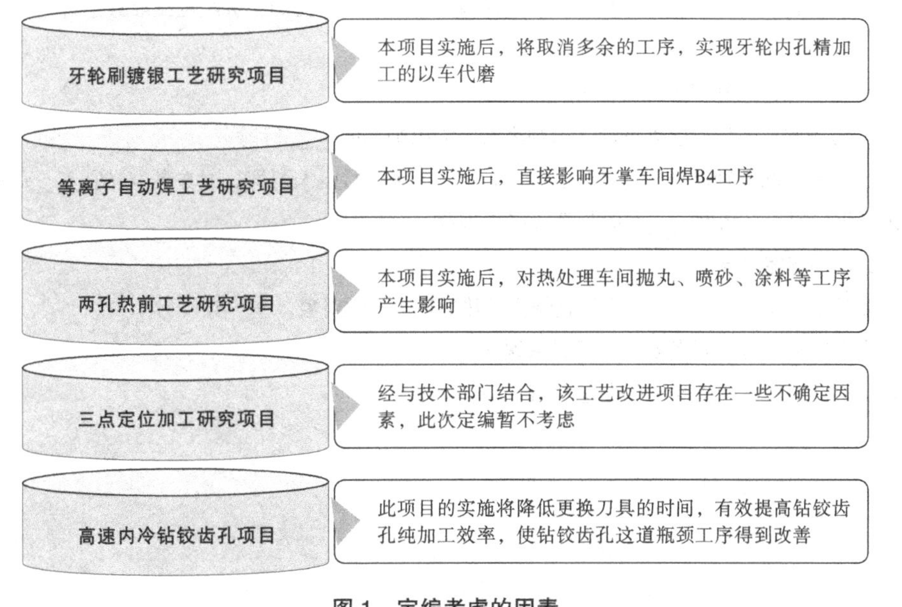
牙轮刷镀银工艺研究项目
本项目实施后，将取消多余的工序，实现牙轮内孔精加工的以车代磨
等离子自动焊工艺研究项目
本项目实施后，直接影响牙掌车间焊B4工序
两孔热前工艺研究项目
本项目实施后，对热处理车间抛丸、喷砂、涂料等工序产生影响
三点定位加工研究项目
经与技术部门结合，该工艺改进项目存在一些不确定因素，此次定编暂不考虑
高速内冷钻铰齿孔项目
此项目的实施将降低更换刀具的时间，有效提高钻铰齿孔纯加工效率，使钻铰齿孔这道瓶颈工序得到改善

图 1　定编考虑的因素

</td></tr>
</table>

（续）

四、测算定编时需要考虑的因素

测算定编时需要考虑的因素如图 2 所示。

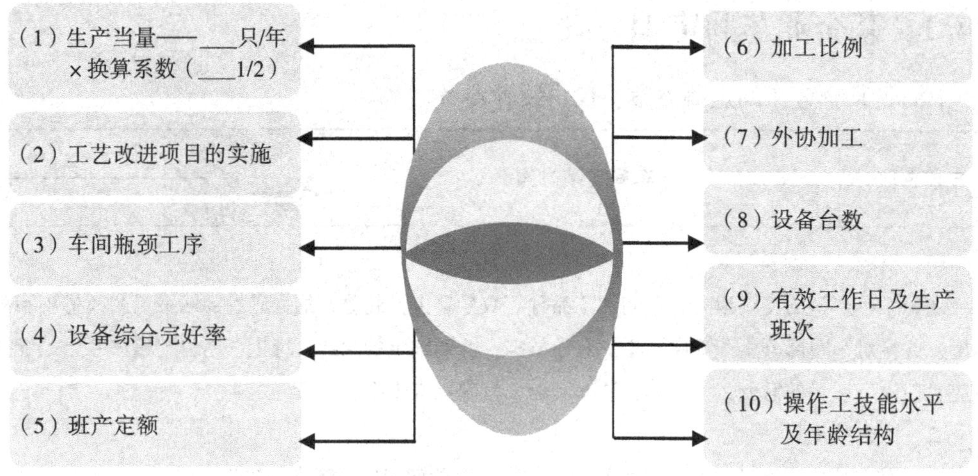

图 2　测算定编时需考虑的因素

五、定编的公式

定编＝月生产量×换算系数×加工比例/（班产定额×设备综合完好率×出勤率×工作时间）

说明：

（1）牙轮钻头生产纲领、产品系列、规格换算系数、加工比例、班产定额等数据由生产安全处提供。

（2）设备综合完好率数据由物资装备处提供。

（3）考虑到员工病事假等情况，出勤率按平均出勤率的____%计算。

（4）工作时间分别以每月____天、____天及____天进行定编测算。本方案中选取____天测算值为定编依据，以____天及____天的测算值作为参考。

六、定编核定对象

选取牙掌车间热前班、加工班、钻铣班及热后班为核定对象。

1. 热前班各工序、设备及人员配置情况

热前班各工序、设备及人员配置表如下。

（续）

热前班各工序、设备及人员配置表

岗位名称	工序名称	设备名称	设备台数	现岗位人数		班产定额	加工比例	设备综合完好率	理论定编		
				正式	劳务				____天	____天	____天
班长											
程控铣工											
打号工											
数控车工											
外圆车工											
合计											

通过分析上表可知，目前，热前班人数为____人，由于该班____岁以上有____人，____岁以上有____人，结合理论定编，拟补充____人进行培养储备，热前班拟核定定编____人。

2. 加工班各工序、设备及人员配置情况

加工班各工序、设备及人员配置表如下。

加工班各工序、设备及人员配置表

岗位名称	工序名称	设备名称	设备台数	现岗位人数		班产定额	加工比例	设备综合完好率	理论定编		
				正式	劳务				____天	____天	____天
班长											
车丝工											
铣焊缝工											
初检											
钻孔工											
中频退火											
合计											

通过分析上表可知，加工班目前人数有____人，其中，劳务用工有____人，根据产能测算理论值有____人，为保证生产适度弹性及人员储备的需要，核增____人的编制，建议加工班拟核定定编____人。

（续）

3. 热后班各工序、设备及人员配置情况

热后班各工序、设备及人员配置表如下。

热后班各工序、设备及人员配置表

岗位名称	工序名称	设备名称	设备台数	现岗位人数		班产定额	加工比例	设备综合完好率	理论定编		
				正式	劳务				____天	____天	____天
班长											
程控铣工											
终检工											
抛毛工											
数控车工											
合计											

通过分析上表可知，热后班理论测算值为____人，目前有____人，虽该班组____岁及以上人员有____人，但目前该班组劳务人员已占____%，不考虑增加人员，拟定编____人。

七、富余人员分流和人员补充

（1）达到离岗退养条件的员工，可办理离岗退养手续。

（2）对于工作能力尚可的员工，按照就近安置的原则，安排其到类似的工作岗位。

（3）因个人能力不再适合业务岗位要求的员工，安排其待岗学习，待岗学习后仍不适合岗位要求的，可与其解除劳动关系，并按照国家有关规定给予经济补偿。

（4）拟定编制中空余出来的职位，由车间负责人统计整理，向人力资源部门提出人员补充申请，以达到拟定编制的人数。

八、其他事项

（1）每年应当根据产量的变化对定编进行一次核定。

（2）进一步加强劳务用工管理，提高劳务用工的技能水平，强化劳务用工的质量意识，以满足生产对质量的要求。

编制人员		审核人员		批准人员	
编制日期		审核日期		批准日期	

6.4.2 某酒店餐厅定编方案

某酒店餐厅定编实施方案

一、总则

1. 目的

为了优化人力资源配置，最大限度地提高劳动效率，达到精简高效的目的，特制定本方案。

2. 原则

（1）按需定编、按编定岗、按岗定责。

（2）人员缩编以不影响企业正常运行为前提。

二、定编方法

1. 酒店销售人员定编定员参照指标

（1）酒店日均销售额。

（2）酒店人均销售额。

（3）管理部门的人数与营运部门的人数比例。

2. 确定酒店餐厅人员数量应考虑的因素

（1）酒店餐厅营业面积。

（2）酒店餐厅的盈利状况。

（3）酒店餐厅的销售管理能力。

三、酒店餐厅员工定编

1. 酒店餐厅原有销售人员状况

该酒店旗下的各个餐厅实行定编之前的人员分布状况及销售额详见下表。

各餐厅人均销售额比较表

金额单位：元

餐厅	人数	日营业额	人均销售额
A	20	3 000	150.0
B	25	3 500	140.0
C	30	5 500	183.3
D	45	7 000	155.6
E	50	6 800	136.0
F	60	8 500	141.7
G	45	5 000	111.1
H	45	7 258	161.3
I	60	7 556	125.9

（续）

餐厅	人数	日营业额	人均销售额
J	35	4 200	120. 0
K	20	4 115	205. 8
L	55	7 080	128. 7
M	60	6 900	115. 0
N	28	5 220	186. 4

2. 人员缩编

根据酒店发展需要，对各分公司实行减员计划，具体数量详见下表。

各餐厅销售人员缩编情况一览表

酒店	原有编制	减员	计划编制
A	20	2	18
B	25	3	22
C	30	5	25
D	45	5	40
E	50	6	44
F	60	4	56
G	45	5	40
H	45	3	42
I	60	7	53
J	35	7	28
K	20	0	20
L	55	3	52
M	60	10	50
N	28	2	26

四、减员后人效比较（详见下表）（日均销售额不变）

（续）

减员后人效比较表

金额单位：元

酒店	原有编制	减员前人均销售额	计划编制	减员后人均销售额
A	20	150.0	18	166.7
B	25	140.0	22	159.1
C	30	183.3	25	220.0
D	45	155.6	40	175.0
E	50	136.0	44	154.55
F	60	141.7	56	151.81
G	45	111.1	40	125.0
H	45	161.3	42	172.81
I	60	126.0	53	142.57
J	35	120.0	28	150.0
K	20	205.8	20	205.75
L	55	128.7	52	136.15
M	60	115.0	50	138.0
N	28	186.4	26	200.77

五、其他事项

（1）原则上本酒店餐厅的销售人员经过本次调整后，人员数量不再变动，遇销售淡旺季人员数量可在此编制的基础上上下浮动。

（2）若遇销售旺季需增加岗位人员时，可以临时工、兼职的形式进行招聘。

（3）短期聘用工聘用期满后，若工作表现优秀且愿意继续受聘，经公司同意后，在编制许可的情况下可与本公司续签聘用合同。

第7章

定员

7.1 企业定员需要考虑的因素

定员的主要任务是实时研究企业环境和企业目标，分析动态，预测未来，按照节约、高效和促进企业发展的原则，及时提出定员的调整方案并组织实施。做好定员工作，关键是保持合理的定员数量，达到满足生产需要和节约劳动力的目的。为了实现合理的定员水平，企业开展定员工作时需考虑企业的经营目标、精简高效节约目标、人员比例关系、人员配置、贯彻定员标准的环境、定员标准的修订等因素。

7.1.1 定员须以企业生产经营目标为依据

定员的科学标准应是保证整个生产过程连续、协调进行所必需的人员数量，即定员必须以企业的生产经营为目标，以保证这一目标实现所需的人员为依据。

7.1.2 定员须以精简、高效、节约为目标

在保证企业生产经营目标的前提下，应坚持精简、高效、节约的原则。为此，企业应做好如图 7-1 所示的工作。

1. 产品方案设计要科学

◎ 应用科学的方法进行预测，不要为了多留人或多用人而有意加大生产任务或工作量

2. 提倡企业内人员的兼职

◎ 兼职不仅可以充分利用工作时间，节约用人，还可以扩大员工的知识面，使其掌握多种技能，丰富其工作内容。这也有利于挖掘企业劳动潜力，实现精简、高效、节约

3. 工作应有明确的分工和职责划分

◎ 新的岗位设置必须和新的劳动分工、协作关系相适应

图 7-1 定员需要做好的三项工作

7.1.3 各类人员的比例关系要协调

企业人员的比例关系包括三种，具体如图 7-2 所示。在产品结构和生产技术一定的条件下，图中的各种关系存在着数量上的最佳比例，按这一比例配备各类人员，能使企业获得最佳效益。

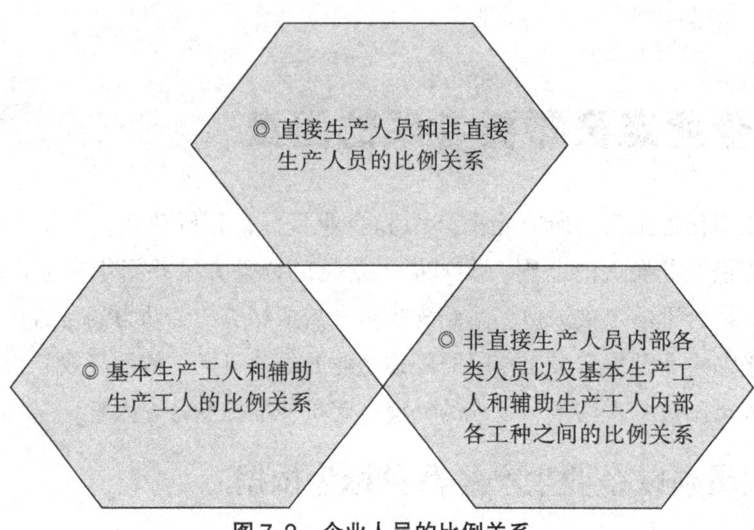

图 7-2　企业人员的比例关系

7.1.4　定员要做到人尽其才、人事相宜

定员问题不仅仅是单纯的数量问题，同时还涉及人力资源的质量及对不同劳动者的合理使用。因此，企业还要做到人尽其才、人事相宜，将劳动者安排到能够发挥其才能的工作岗位上。要做到这一点，企业必须认真分析、了解员工的详细状况，包括年龄、工龄、体质、学历、技能等。

7.1.5　创造贯彻定员标准的良好环境

定员的贯彻执行需要有一个适宜的内部环境和外部环境。内部环境和外部环境的定义如图 7-3 所示。

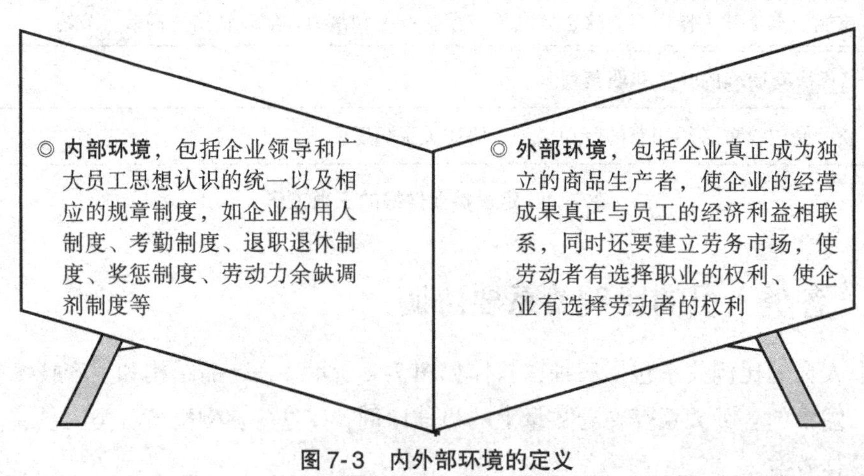

图 7-3　内外部环境的定义

7.1.6 企业定员标准应适时修订

在一定时期内，因为企业的生产技术和组织条件具有相对稳定性，所以企业的定员标准也有相应的稳定性。但是，随着生产任务的变动、技术的发展、劳动组织的完善和劳动者技术水平的提高，企业定员标准应当做出相应的调整，以适应变化的情况。企业定员标准和一般的定员标准的区别如图 7-4 所示。

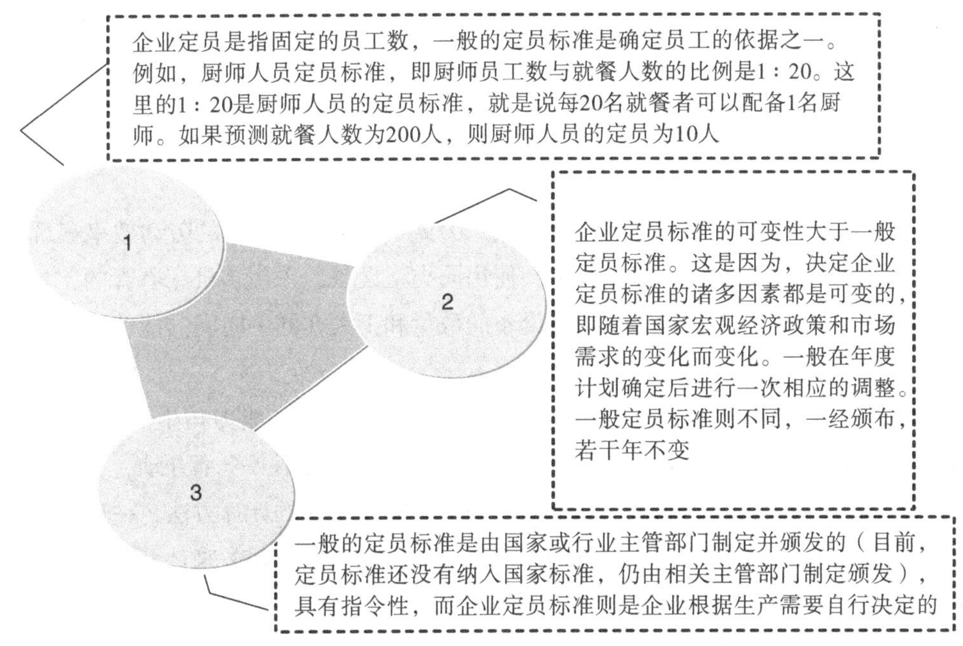
企业定员是指固定的员工数，一般的定员标准是确定员工的依据之一。例如，厨师人员定员标准，即厨师员工数与就餐人数的比例是1：20。这里的1：20是厨师人员的定员标准，就是说每20名就餐者可以配备1名厨师。如果预测就餐人数为200人，则厨师人员的定员为10人
1
2
企业定员标准的可变性大于一般定员标准。这是因为，决定企业定员标准的诸多因素都是可变的，即随着国家宏观经济政策和市场需求的变化而变化。一般在年度计划确定后进行一次相应的调整。一般定员标准则不同，一经颁布，若干年不变
3
一般的定员标准是由国家或行业主管部门制定并颁发的（目前，定员标准还没有纳入国家标准，仍由相关主管部门制定颁发），具有指令性，而企业定员标准则是企业根据生产需要自行决定的

图 7-4 企业定员标准和一般定员标准的区别

7.2 企业定员的七种方法

在企业中，由于各类人员的工作性质、总工作任务量和个人工作（劳动效率）表现形式不同，以及影响其他定员的因素不同，所以核定用人数量标准的具体方法也不相同。对于下面列出的七种定员方法，企业在确定定员标准时，应注意视具体情况加以灵活运用。

7.2.1 按设备定员

按设备定员是根据设备需要开动的台数和开动的班次、工人看管定额及出勤率来计

算定员人数的。其计算公式（7-1），示例如图 7-5 所示。

$$\text{定员人数}=\frac{\text{需要开动设备台数}\times\text{每台设备开动班次}}{\text{工人看管定额}\times\text{出勤率}} \quad (7\text{-}1)$$

举例：某车间为完成生产任务需开动自动车床96台，每台开动班次为两班，看管定额为每人看管两台，出勤率为96%，请问该工种定员人数为多少人？

$$\text{定员人数}=\frac{40\times2}{2\times96\%}\approx42\text{（人）}$$

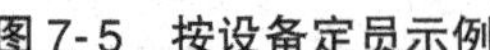

图 7-5　按设备定员示例

此方法属于按效率定员的一种特殊形式，公式（7-1）中公认的劳动效率表现为看管定额。它主要适用于以机械操作为主，使用同类型设备，采用多机床看管的工种。因为这些工种的定员人数主要取决于机器设备的数量和工人在同一时间内能够看管设备的台数。

公式（7-1）中，设备开动台数和班次要根据设备的生产能力与生产任务来计算，并不一定是实有的设备数，因为生产任务有可能不足，设备不必全部开动，有的是备用设备，也不必配备人员。不同设备需要开动的台数应用不同的计算方法，一般要根据劳动定额和设备利用率来核算单台设备的生产能力，再根据生产任务来计算开动的台数和班次。

7.2.2　按岗位定员

按岗位定员，即根据岗位的多少，以及岗位的工作量大小来计算定员人数的方法，这种方法适用于连续型生产装置（或设备）组织生产的企业，如冶金、化工、炼油、造纸、玻璃制品、烟草，以及机械制造、电子仪表等各类企业中使用大中型联动设备的情况。此外，其还适用于一些既不操纵设备又不实行劳动定额的情况。

下面将具体说明按岗位定员的具体方法，包括设备岗位定员和工作岗位定员。

1. 设备岗位定员

这种方法适用于在设备和装置开动的时间内，必须有单人看管（操纵）或多岗位多人共同看管（操纵）的场合。具体定员时，应考虑如图 7-6 所示的四项内容。

采用轮班连续生产和生产流水线的企业还要考虑如图 7-7 所示的具体情况。

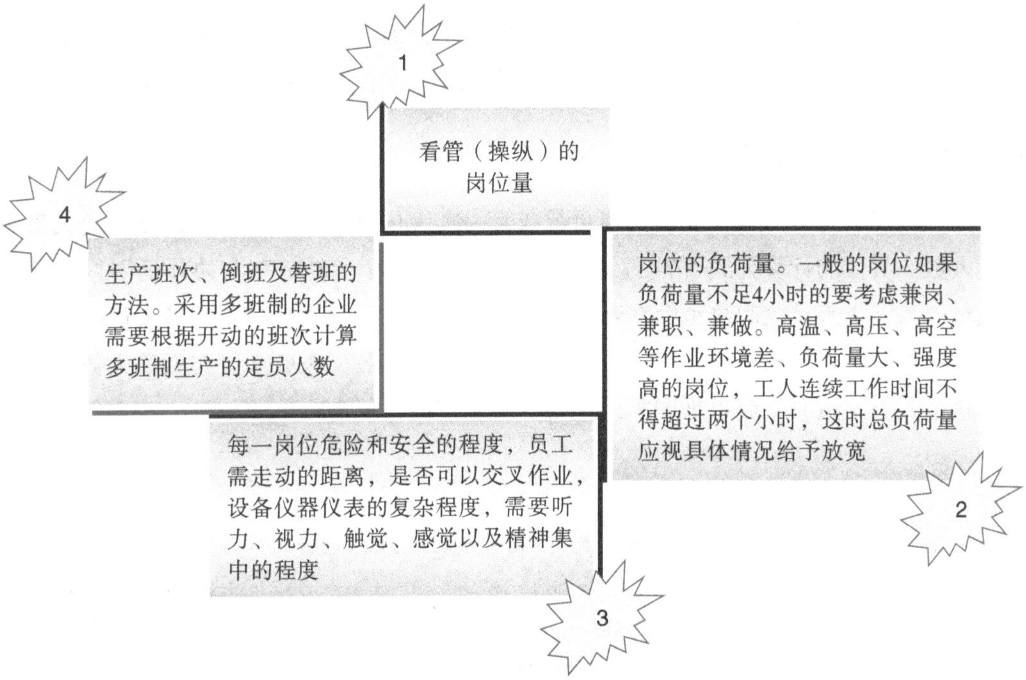

1

看管（操纵）的岗位量

2

岗位的负荷量。一般的岗位如果负荷量不足4小时的要考虑兼岗、兼职、兼做。高温、高压、高空等作业环境差、负荷量大、强度高的岗位，工人连续工作时间不得超过两个小时，这时总负荷量应视具体情况给予放宽

3

每一岗位危险和安全的程度，员工需走动的距离，是否可以交叉作业，设备仪器仪表的复杂程度，需要听力、视力、触觉、感觉以及精神集中的程度

4

生产班次、倒班及替班的方法。采用多班制的企业需要根据开动的班次计算多班制生产的定员人数

图 7-6 设备岗位定员需考虑的四项内容

采用轮班连续生产的企业

◎ 应根据轮班形式，计算倒休人员，如实行三班倒的班组，每5名员工需要多配备1名员工

采用生产流水线的企业

◎ 每班需要安排替补的岗位，应考虑替补次数和间隙时间，每一小时轮班一次，每岗两人，采用两人轮换；一人工作，一人做一些较轻的准备或辅助工作，对于多人一机共同进行操作的岗位，其定员人数采用（7–2）计算公式。式中，生产工作时间=指定作业时间+布置工作地时间和准备+结束工作时间

$$\text{班定员人数}=\frac{\text{共同操作的各岗位生产时间的总和}}{\text{工作班时间}-\text{个人需要与休息宽放的时间}} \quad (7\text{–}2)$$

图 7-7 采用轮班连续生产和生产流水线的企业应注意的事项

公式（7-2）的计算是一种初步核算，为合并岗位和实行兼职作业提供依据。在实际工作中，还应根据计算结果与设备的实际情况重新进行劳动分工，以便最后确定岗位数目。对于单人操纵设备的工作，如皮带输送工等，主要依据设备条件、岗位区域和工作量、实行兼职作业和交叉作业的可能性等因素来确定人数。

2. 工作岗位定员

工作岗位定员适用于有一定岗位，但没有设备，而又不能实行定额的人员，如检修工、检验工、值班电工、茶炉工、警卫员、清洁工、文件收发员、信访人员等。

7.2.3 按比例定员

按比例定员是按照与企业和员工总数或某一类人员总数的比例，来计算某类人员的定员人数，具体的计算公式（7-3）如图7-8所示。由于劳动分工与协作的要求，某一类人员与另一类人员之间总是存在着一定的数量依存关系，并且随着后者人员的增减而变化。例如，炊事员与就餐人数、保育员与入托儿童人数、医务人员与就诊人数等。企业对这些人员定员时，应根据国家或主管部门确定的比例进行。

某类人员的定员人数=员工总数或某一类人员总数×定员标准（百分比）

（7-3）

图7-8 按比例定员的计算公式

该方法主要适用于企业食堂工作人员、托幼工作人员、卫生保健人员等服务人员的定员。对于企业中非直接生产人员、辅助生产工人、政治思想工作人员、工会、妇联、共青团脱产人员，以及某些从事特殊工作的人员，也可采用该方法确定定员人数。

7.2.4 零基定员法

零基定员法，即运用零基法来确定二、三线人员的定员人数，根据零基预算法（零基计划法）的原理以零为起点，按岗位的实际工作负荷量确定定员人数的方法。零基定员法打破了常规，改变了过去以某一类人员人数为基础，按比例确定企业二、三线人员的传统方法；以岗位劳动量为依据，一切从零点开始，按工作负荷量和岗位符合标准（系数）决定岗位设置，对工作量不饱和的岗位实行并岗或者有一人兼职兼岗，使定员水平趋于合理、劳动效率大幅度提高。零基定员法的具体步骤及公式如图7-9所示。

采用零基定员法核定人数时，最关键的环节是核定各岗位的工作任务量。其中，生产性、服务性的岗位工作量容易核定，而管理性、技术性的岗位由于影响因素多、工作内容复杂等，容易受偶然性因素影响，因此在核定管理性、技术性的岗位的工作任务量时，应采用公式抽样、工作日写实等方法，坚持较长时间地连续观察，以掌握其实际情况。

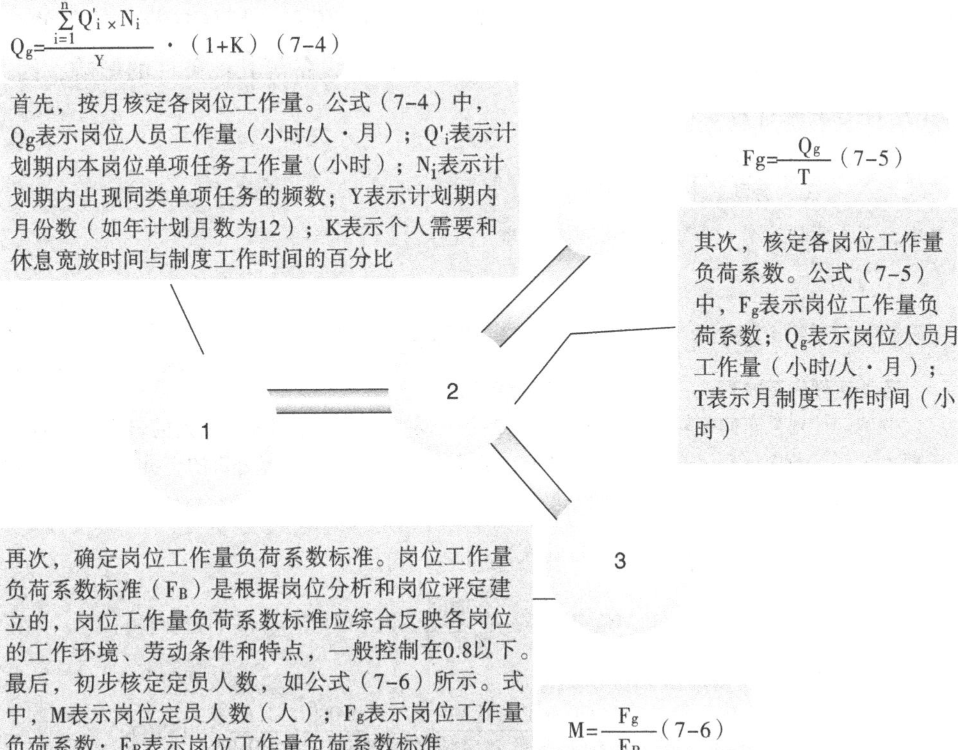

图 7-9 零基定员法的步骤及公式

为了通过定员水平，在采用该方法时，还应当在制定岗位业务范围和标准工作程序的基础上，提出岗位计量考核标准，实现以量（工作量）定岗、以岗定人、提高工作效率的目标。

7.2.5 按劳动效率定员

按劳动效率定员是核定各类人员用人数量的基本方法，即制度时间内规定的总工作任务量和各类人员的工作（劳动）效率，公式（7-7）如图 7-10 所示。

$$某类岗位用人数量=\frac{某类岗位制度时间内日计划工作任务总量}{某类人员工作（劳动）效率} \quad (7\text{-}7)$$

图 7-10 按劳动效率定员的计算公式

按劳动效率定员是根据生产任务、工人的劳动效率及出勤率来计算定员人数，计算公式（7-8）和公式（7-9）如下，举例说明如图 7-11 所示。凡是有劳动定额的人员，特别是以手工操作的人员，由于他们的需求量不受机器设备等其他条件的影响，因此更适合用这种方法来计算定员。

$$\text{定员人数} = \frac{\text{计划生产任务总量}}{\text{工人劳动效率} \times \text{出勤率}} \quad (7\text{-}8)$$

其中，工人劳动效率=劳动定额×定额完成率　（7-9）

劳动定额的基本形式：工时定额、产量定额

举例：计划某车间每轮班生产某产品的产量任务为 1 000 件，每个工人的班产量定额为 5 件，平均定额完成率预计为 125%，出勤率为 90%，试计算每班的定员人数。

（1）采用产量定额计算，代人公式（7-8），

$$\text{定员人数} = \frac{1\,000}{5 \times 1.25 \times 0.9} \approx 178(\text{人})$$

（2）采用工时定额计算，班产量定额 $= \dfrac{\text{工作时间}}{\text{工时定额}}$，则工时定额=8/5（工时/件），

得出公式，

$$\text{定员人数} = \frac{\text{生产任务量(件)} \times \text{工时定额}}{\text{工作班时间} \times \text{定额完成率} \times \text{出勤率}} = \frac{1\,000 \times 1.6}{8 \times 1.25 \times 0.9} \approx 178(\text{人})$$

上述计算表明无论采用产量定额还是工时定额，二者的计算结果相同

图 7-11　按劳动效率定员方法的示例

7.2.6　按组织机构、职责范围和业务分工定员

按组织机构、职责范围和业务分工定员主要适用于企业管理人员和工程技术人员的定员。一般是先定组织机构和各职能科室，在明确了各项业务及职责范围以后，再根据各项业务工作量的大小、复杂程度，并结合管理人员和工程技术人员的工作能力、技术水平来定员。

7.2.7　运用数理统计方法对管理人员进行定员

运用数理统计方法对管理人员进行定员的步骤如图 7-12 所示。通常，企业要获得较准确的定员数，需要收集、了解几十个以上的同类型企业的有关资料和数据，然后进行回归分析。

1

将管理人员按职能分类

例如，将企业所有从事劳动工资的人员、所有从事会计核算和财务工作的人员、所有从事生产调度的人员，归纳为劳资、财会、生产三大类管理人员，然后再分别根据其工作量影响因素来计算定员

2

用回归分析方法求出管理人员与其工作两个影响因素的关系

在一般情况下与幂函数相关，如公式（7-10）所示。其中，P表示某类管理人员人数，x_1~x_p为该类管理人员工作各影响因素值，L_1~L_p为各因素值的程度指标，k为系数

$$p=k \cdot x_1^{L1} \cdot x_2^{L2} \cdot x_3^{L3} \cdots \cdot x_p^{Lp} \quad (7\text{-}10)$$

图 7-12　运用数理统计方法定员的步骤

7.3　定员标准范例

7.3.1　园林绿化企业人员定员标准

表 7-1 是某城市园林绿化企业人员定员标准，仅供读者参考。

表 7-1　某城市园林绿化企业人员定员标准

人员分类	定员标准
公园绿化（树木、草皮、草花等）公园清洁工	1. 甲级绿化每 2~3 亩配备 1 人 2. 一般绿化每 4~6 亩配备 1 人 3. 对于建筑物、假山等的清扫，根据实际情况配备合适的人员
城市公用绿地	1. 街道、广场、滨河绿地，每 4~6 亩配备 1 人 2. 广场花坛、街心小游园，每 3~5 亩配备 1 人
苗圃	1. 播种地每 2~4 亩配备 1 人 2. 移植地每 3~5 亩配备 1 人 3. 定植地每 5~8 亩配备 1 人 4. 扦插地每 2~4 亩配备 1 人 5. 嫁接地每 1~2 亩或 100~150 株配备 1 人 6. 苗圃内科研试验及引种驯化地，每 1~2 亩配备 1 人

（续表）

人员分类	定员标准
花卉	1. 对于盆径为25~30厘米的盆花，其中草花每2 000~3 000盆配备1人，木本花每2 000~2 500盆配备1人；盆径小于25厘米或仙人掌类花卉，管养盆数应适当增加；盆径大于30厘米的，管养盆数可适当减少 2. 地面上种植的草花平均每亩地配备1人

7.3.2 煤矿企业劳动定员标准

煤矿企业劳动定员标准包括多个方面，如采煤工作面、掘进工作面、采煤预备工、主副井绞车司机等。下面以某公司采煤工作面和掘进工作面为例说明煤矿企业的劳动定员标准。

1. 适用范围

某公司采煤工作面和掘进工作面劳动定员标准的适用范围具体如图7-13所示。

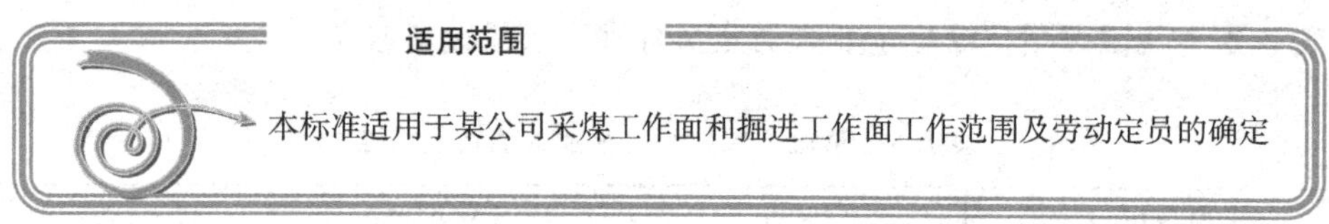

图7-13　某公司采煤工作面和掘进工作面劳动定员标准的适用范围

2. 引用标准

某公司采煤工作面和掘进工作面劳动定员标准的引用标准具体如图7-14所示。

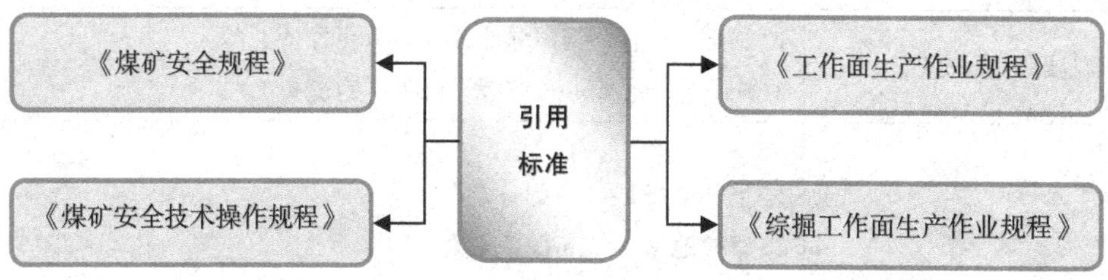

图7-14　某公司采煤工作面和掘进工作面劳动定员标准的引用标准

3. 名词、术语释义

某公司采煤工作面和掘进工作面定员标准的名词、术语释义具体如图7-15所示。

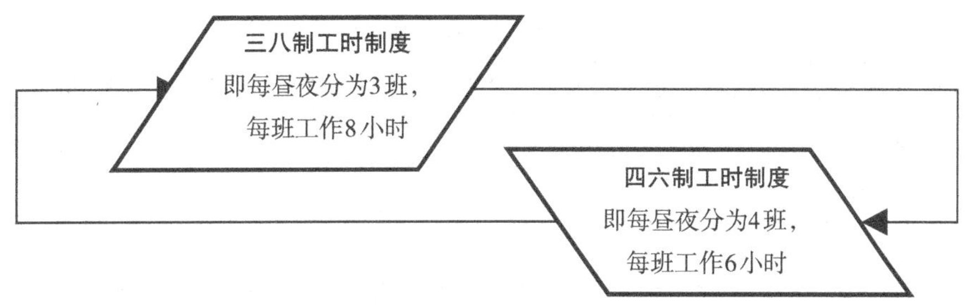

图 7-15　某公司采煤工作面和掘进工作面劳动定员标准的名词、术语释义

4. 各类人员定员标准

(1) 采煤工作面

① 工作范围

采煤工作面的具体工作范围详见表 7-2。

表 7-2　采煤工作面的工作范围

序号	工作范围	详细说明
1	交接班	检查工作地点的安全情况
2	综采、综放、轻放工作面	(1) 试机，机组割煤，推移溜子、支架，挂联顶网，铺设底网，推移端头、端尾支架，端头、端尾维护，清理架间浮煤、浮矸，操作集中控制台，操作工作面链板机和顺槽第一部链板机或皮带机、捡拾大块矸石，开破碎机，洒水防尘，采区放煤眼放煤 (2) 机电设备、安全设施维修，支架、工具、油脂管理，迁移变电站、泵站、绞车
3	高档普采工作面	(1) 机组割煤，铺联金属网，支柱，工作面移溜替补柱，回柱，回收支护材料 (2) 操作工作面链板机和顺槽第一部链板机或皮带机并捡拾大块矸石，洒水防尘，顺槽掐机尾，移回柱绞车和液压泵站，维护车窝大棚
4	炮采工作面	(1) 打眼，支柱，工作面移溜替补柱，回柱，回收支护材料 (2) 操作工作面链板机和顺槽第一部链板机或皮带机并捡拾大块矸石，洒水防尘，顺槽掐机尾，移回柱绞车和液压泵站，维护车窝大棚
5	工作面及上下出口	50 米内的两巷超前维护及运送各种材料并码放整齐，两巷排水，清理工作地点

② 定员标准

采煤工作面的定员标准具体详见表 7-3。

表7-3 采煤工作面的定员标准

工时制度	定员方式	定员单位	综采工作面	综放、轻放工作面	高普、炮采工作面
三八制	在册定员	人/面	130	140	180
四六制	在册定员	人/面	138	148	191

补充说明：a. 按集团公司核定的采煤工作面定编定员个数。

b. 对两巷维修工、机电维修工、工具管理员等辅助岗位的人员不实行四六制工时制度。

c. 定员中包括采煤工作面内全部工种及班长、采区放煤眼工、机电维修工、两巷维修工工具管理员，以及材料、核算、办事人员和管技人员7人（其中技术人员2人）。

（2）掘进工作面

① 工作范围

a. 交接班。检查工作地点安全和机械设备情况，做好施工前的准备工作。

b. 综掘工作面。试机，开机割煤（岩），开转载机和迎头第一部链板机或皮带机；支移前探梁，架棚（包括打棚撑或装拉钩）或锚网支护（包括打装锚杆、挂网、上钢带或梯子梁、打装锚索等），打吊挂眼，吊挂或整理风、水、电管线；机电设备及安全设施维修，延链板机和皮带机。

c. 炮掘岩巷工作面。打眼（符合光爆要求），放炮时警戒，支移前探梁，装矸推车，架棚（包括打棚撑或装拉钩）、锚喷支护（包括打装锚杆、喷浆或挂网、上钢带、上梯子梁、打装锚索等），清理喷浆回弹物。

d. 炮掘煤巷工作面。打眼，放炮时警戒，支移前探梁，装运煤矸，架棚（包括打棚撑或装拉钩）或锚网支护（包括打装锚杆、挂网、上钢带或梯子梁、打装锚索等）。

② 定员标准

掘进工作面的定员标准具体详见表7-4。

表7-4 掘进工作面的定员标准

工时制度	定员方式	定员单位	综掘工作面	炮掘岩巷工作面	炮掘煤巷工作面
三八制	在册定员	人/面	80	70	60
四六制	在册定员	人/面	86	75	64

补充说明：a. 按集团公司核定的掘进工作面定编定员个数。

b. 掘进区管理3个以上掘进队，每区另配备材料兼工具保管员1人、核算兼办事员1人、管技人员7人（其中技术人员2人）。

c. 对辅助岗位人员不实行四六制工时制度。

第8章

定额

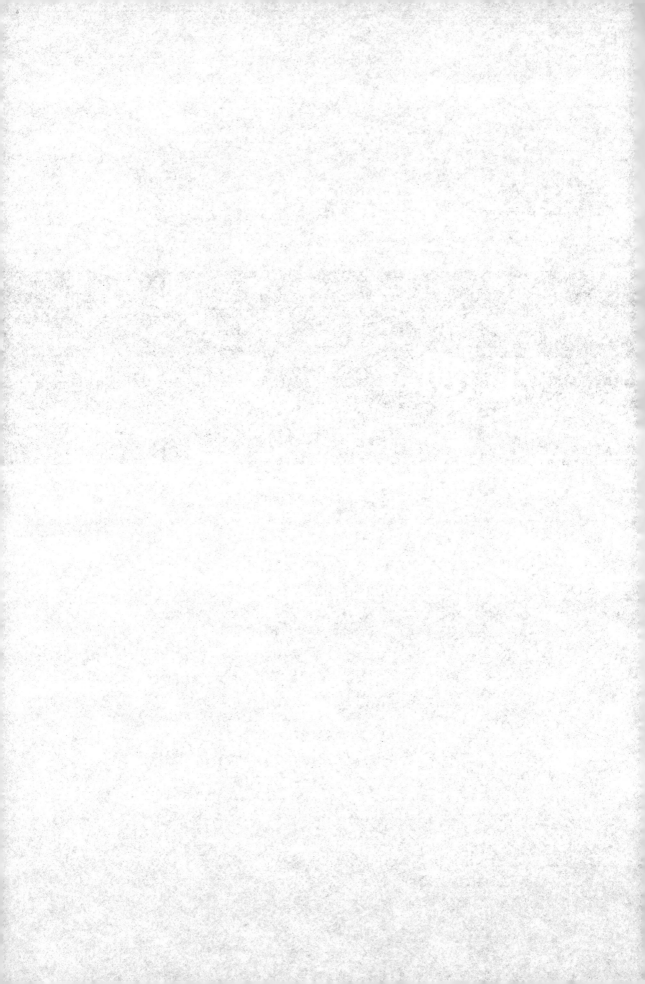

定额和定员一样，都是企业管理的基础和组织生产的依据，所以它也是一项经常性的业务工作。在现代工业企业中，企业内部的分工是以协作为条件的，要使这种分工在空间和时间上紧密地协调起来，就必须以工序为对象，规定在某一时间内应该提供一定数量的产品，或者规定生产一定产品所消耗的时间。

8.1 有关定额

劳动定额是指在一定的生产技术组织条件下，为了生产一定量的产品所必须消耗的时间，或在一定时间内生产合格品的数量。它是预先规定的完成单位合格产品所消耗的资源数量的标准。

8.1.1 定额的标准

定额的标准即时间定额标准和产量定额标准的总称，它是在一定的生产技术组织条件下，以预先选定的典型产品的加工工序或具有代表性的劳动作业为对象，采用技术测定法或其他方法而制定出来的一系列工时消耗（或实物产量）的标准数据。定额标准的分类详见表 8-1。

表 8-1 定额标准的分类

<table>
<tr><th>分类依据</th><th colspan="2">定额的标准</th></tr>
<tr><td rowspan="3">按使用范围</td><td colspan="2">（1）企业定额标准</td></tr>
<tr><td colspan="2">（2）部门定额标准</td></tr>
<tr><td colspan="2">（3）全国统一定额标准</td></tr>
<tr><td rowspan="2">按定额标准的内容</td><td colspan="2">（1）切削用量标准</td></tr>
<tr><td colspan="2">（2）时间定额标准</td></tr>
<tr><td rowspan="3">按定额标准的综合程度</td><td colspan="2">（1）基础定额</td></tr>
<tr><td>（2）综合定额标准</td><td>① 工步定额标准
② 典型零件定额标准
③ 典型工序定额标准</td></tr>
<tr><td colspan="2">（3）典型定额标准</td></tr>
<tr><td rowspan="2">按制定定额标准</td><td colspan="2">（1）经验公式定额标准</td></tr>
<tr><td colspan="2">（2）表格式定额标准</td></tr>
</table>

（续表）

分类依据	定额的标准
按定额标准的结构特点	（1）多行式时间定额标准
	（2）单行式时间定额标准
按编制定额标准对象	（1）典型产品（零件）定额标准
	（2）典型作业定额标准

定额标准是制定定额和衡量定额的尺度与依据。利用定额标准，可以快、准、全地制定新产品定额。修改定额时，利用定额标准可使定额水平达到先进、合理；设计新厂时，可以利用定额标准制定产品的设计定额，确定设备和人员需求量。此外，定额标准还可用来对比不同企业或同一企业不同时期的生产效率和生产水平。

8.1.2 定额的种类

按照不同的标准，定额可以分为不同的种类，具体内容详见表8-2。

表8-2 定额的种类

分类依据	定额的种类	具体内容
按定额的表现形式分类	（1）时间定额（工时定额）	即完成单位产品所需要的劳动时间，是用时间表示的定额。单件生产、小批量生产的岗位，及每件产品加工时间较长的产品宜采用时间定额
	（2）产量定额	在单位时间内应完成的合格产品的数量，是用产量表示的定额。产量定额多用于同类产品产量大且单件加工时间较短的生产企业，如机械加工、化工等企业
	（3）看管定额	看管定额是指一个或一组员工同时看管的机器设备的台数，其被广泛应用于以看管、操作、维护为主要工作任务的职守型岗位
	（4）服务定额	服务定额是指一个或一组员工固定服务对象的数量，多用于辅助生产和后勤服务队伍人员的定额
按定额实施的范围分类	（1）全国统一的定额	由国家相关部门制定，适用于全国同行业的定额
	（2）地方统一的定额	由省、市主管部门制定，适用于地方同行业或同工种的定额
	（3）企业制定的定额	企业根据自身的实际情况制定和批准使用的定额

（续表）

分类依据	定额的种类	具体内容
按定额的用途分类	（1）现行定额　（2）计划定额　（3）设计定额　（4）固定定额（不变定额）	
按定额的使用期限分类	（1）一次性定额	使用期限仅限一次，如果再生产该产品，就要再制定定额。它一般多用于新产品的生产
	（2）临时性定额	有效期一般为三个月，一般多用于初次制定的定额，经过调整后再转为正式定额
	（3）正式定额	它是企业正式颁布使用的定额

不同类型的定额具有不同的适用范围和特征，在定额的制定、贯彻执行、统计分析以及修订等各个工作环节中应严格加以区分。此外，定额还可以按其他标志分类，包括按定额的综合程度、按定额水平的高低、按定额反映的工艺特点等进行分类。

8.1.3 定额的作用

定额是企业管理的一项重要的基础性工作。在企业的各种技术经济定额中，做好定额工作是企业提高经济效益、减少劳动消耗的重要手段。可以说定额在现代企业生产管理中发挥着重要的作用。定额的作用具体体现在图 8-1 所示的四个方面。

1 **定额是企业编制计划的基础，是科学组织生产的依据**

◎在科学的组织生产中，定额是组织各种相互联系的工作在时间配合上和空间衔接上的工具。只有依据先进、合理的劳动定额，企业才能合理地配备劳动力，保持生产协调进行

2 **定额是挖掘生产潜力、提高劳动生产率的重要手段**

◎定额是在总结先进技术操作经验基础上制定的，同时，它又是大多数工人经过努力可以达到的。因此，通过定额，既便于推广生产经验，促进技术革新，巩固革新成果，又利于让一般的和后进的员工团结在先进员工的周围，寻求帮助，提高技能水平

3 **定额是企业经济核算的主要基础资料**

◎关于企业的经济核算，一方面要求生产出更多、更好的产品，满足市场的需要；另一方面还要尽量节约生产中人力和物力的消耗，不断提高劳动生产率，降低成本。先进、合理的定额是制订成本计划的依据，是控制成本的利器，是核算和比较的标准

4 **定额是衡量员工贡献大小、合理进行分配的重要依据**

◎优秀的企业应当将岗位员工的劳动态度、技术变化、贡献大小作为评定工资和奖励的依据，做到多劳多得、少劳少得。无论是实行计时奖励，还是计件工资制度，定额都是考核工人技能高低、贡献大小，以及评定劳动态度的重要标准之一

图 8-1　定额的作用

8.1.4 定额的管理

不同的行业和企业有不同的生产过程与特点，因此其定额的内容也不尽相同。根据工业生产的普遍特点，企业在定额管理时必须达到如图 8-2 所示的要求。

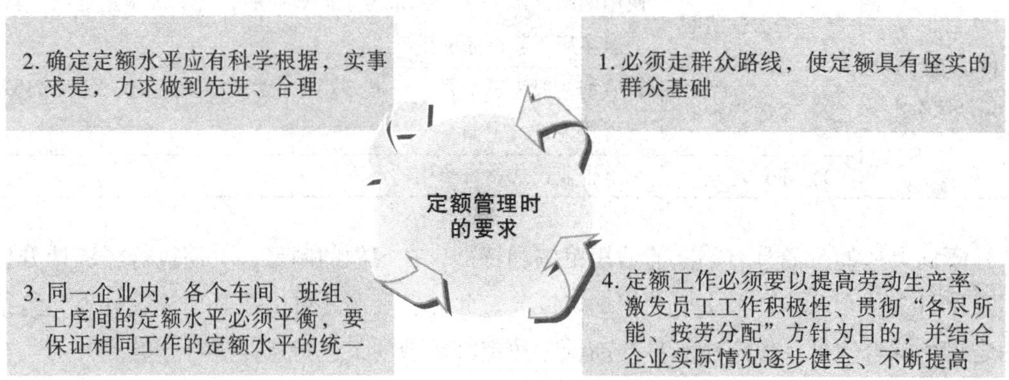

2. 确定定额水平应有科学根据，实事求是，力求做到先进、合理
1. 必须走群众路线，使定额具有坚实的群众基础
定额管理时的要求
3. 同一企业内，各个车间、班组、工序间的定额水平必须平衡，要保证相同工作的定额水平的统一
4. 定额工作必须要以提高劳动生产率、激发员工工作积极性、贯彻“各尽所能、按劳分配”方针为目的，并结合企业实际情况逐步健全、不断提高

图 8-2 定额管理时的要求

8.1.5 行业定额

行业定额是指由行业建设行政主管部门组织，依据行业标准和规范、行业工程建设特点、本行业施工企业技术装备水平和管理情况进行编制、批准、发布，在本行业范围内使用的定额。目前，我国的各行业几乎都有自己的行业定额。行业定额的三点意义如图 8-3 所示。

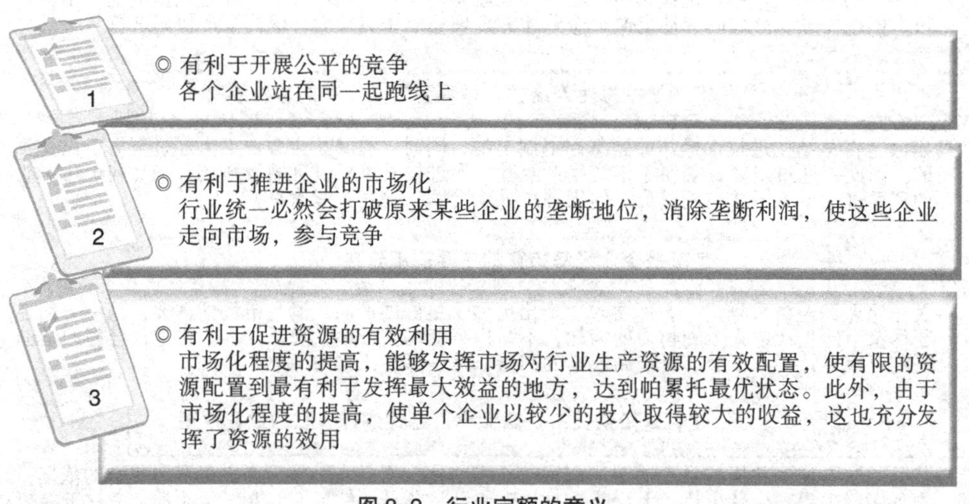

1
◎ 有利于开展公平的竞争
各个企业站在同一起跑线上
2
◎ 有利于推进企业的市场化
行业统一必然会打破原来某些企业的垄断地位，消除垄断利润，使这些企业走向市场，参与竞争
3
◎ 有利于促进资源的有效利用
市场化程度的提高，能够发挥市场对行业生产资源的有效配置，使有限的资源配置到最有利于发挥最大效益的地方，达到帕累托最优状态。此外，由于市场化程度的提高，使单个企业以较少的投入取得较大的收益，这也充分发挥了资源的效用

图 8-3 行业定额的意义

8.1.6 定额的注意事项

开展定额时应注意定额水平必须先进、合理；制定定额必须“快、准、全”；定额必须综合平衡、整齐划一共三方面的内容。

1. 定额水平必须先进、合理

定额水平是企业在一定的生产、组织、技术条件下定额达到的高低程度。定额水平必须做到先进、合理。先进，就是定额能充分反映新的生产水平，即先进的生产技术和先进的生产组织条件、先进的操作方法和先进的工作经验。合理，就是要结合企业现有的生产水平，使绝大部分员工经过努力能达到和突破现行定额的水平。

要使定额既有利于提高劳动生产率和生产水平，又能调动员工的劳动积极性，定额水平必须先进、合理，否则会出现定额过高或过低的情况，具体如图 8-4 所示。

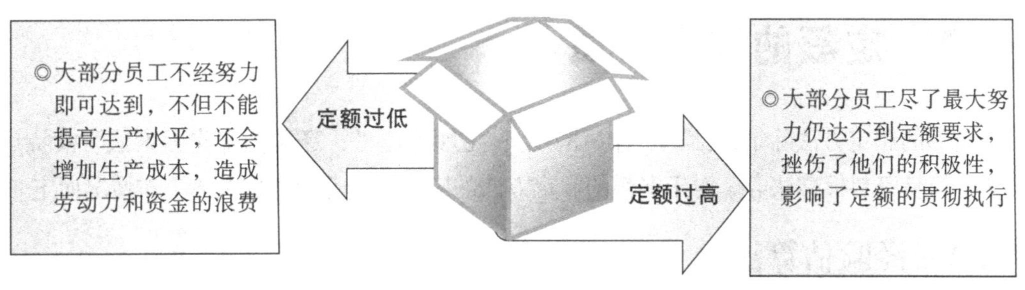

图 8-4 定额水平过低或过高的情况

因此，先进、合理的定额水平应该既能够比较确切地反映企业现有劳动生产率，又能够充分反映促进劳动生产率提高的各种积极因素。换言之，就是正常条件下大多数员工经过努力能够达到，部分先进员工能够超越，少数后进员工能够接近的水平。

2. 制定定额必须“快、准、全”

快，就是要迅速、及时，方法简便易行，工作量小，满足生产和管理上的需要。准，就是能够正确反映生产技术水平，且先进、合理。全，即凡是需要和可能制定劳动定额的产品、车间、工种都要有定额。在“快、准、全”三者中，准是定额的关键，决定了定额的质的关系。由于各企业生产类型和生产技术组织条件不同，因此要按实际情况掌握定额的准确程度。

3. 定额必须综合平衡、整齐划一

定额的平衡是指企业内部产品之间、车间之间、工种之间、工序之间完成定额的可能性大体一致，以免产生生产忙闲不均、奖励苦乐不均的现象，从而影响员工的劳动积极性。

定额的统一性即同一道工序、同一种产品只有一个定额。不能因员工技术水平不同而定额不同。只有定额统一才能使定额真正反映企业的生产组织水平，起到鼓励先进、督促后进的作用。

8.1.7 定额与定员的区别

定员的方法包括效率定员法、设备定员法、岗位定员法、比例定员法和职责定员法等。定额的方法包括经验估算法、统计分析法、比较类推法、技术测定法等。二者都是对人力消耗所规定的限额，但计量单位不同，应用范围也不同。定员计算的基本原理是按生产工作量确定人数，定额作为计算工作量的标准，在定员计算中起着重要作用。定员是定额的一种发展与表现形式，定额是合理定员的前提，先进合理的定员需要以先进合理的定额为基础。因此，定额就成为了定员的依据。

8.2 定额的制定方法

定额的制定方法除了包括本节介绍的 11 种定额方法外，还包括工作因素法、模特计时法、简易资料标准法等。对于定额的制定方法的应用，企业应根据具体工作情况而定。

8.2.1 经验估算法

经验估算法是根据产品（零件）的图纸、工艺规程或生产经验进行分析，并考虑所使用的设备、工具、工艺装备、产品材料及其他生产技术组织条件，从而直接估算定额的一种方法。

经验估算法的优点是手续简单，方法容易掌握，制定时间短，工作量小；缺点是准确性差，水平不易平衡，缺乏先进性。该方法多用于多品种、少批量，定额基础工作较差的情况。

经验估算法的三种类型及内容如图 8-5 所示。

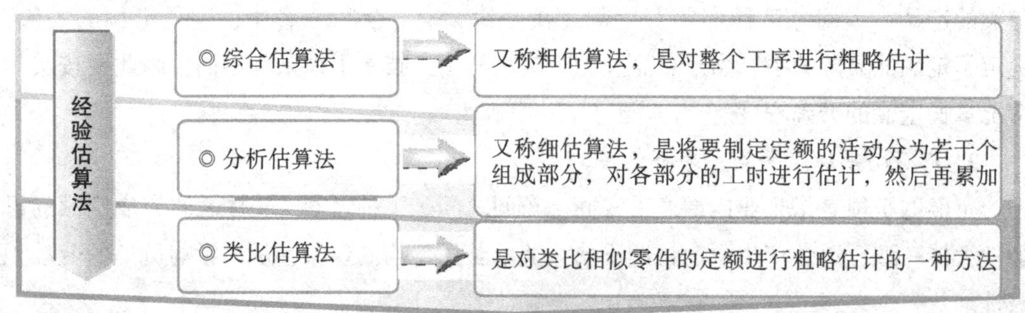

图 8-5 经验估算法的类型

8.2.2 统计分析法

统计分析法是指整理汇总过去生产的同类型产品、零件、工序累积的实耗工时或产量的统计资料，先计算出工序平均实做工时，再求出平均先进工时。同时，考虑企业今后生产技术组织条件、生产工人技术熟练程度改进和提高的可能性，经过对比分析，剔除明显不合理的因素，最后确定出新定额。

统计分析法在“快”和“准”的要求上优于经验估算法，但由于受到统计资料可靠性的制约，在应用上有一定的局限性。它只适用于生产条件正常、产品固定、生产批量大，以及原始记录、统计制度和各种基础工作比较健全、完善的单位。

1. 统计分析法的计算方法

(1) 统计分析法的计算方法包括算术平均法和标准偏差法。依据所掌握的资料不同，我们可将算术平均法分为简单算术平均法与加权算术平均法两种，具体内容如图 8-6 所示。

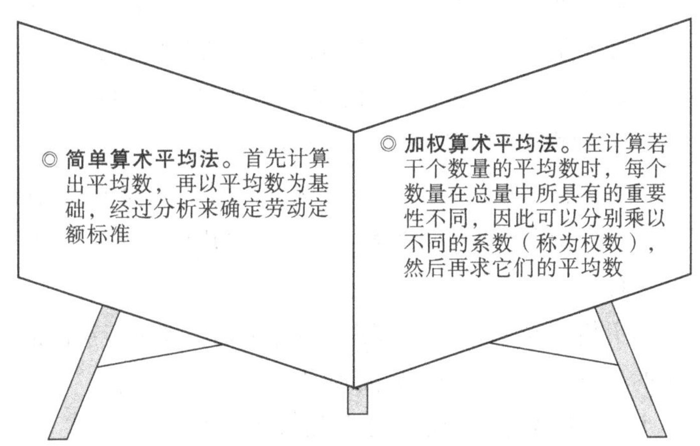

◎ 简单算术平均法。首先计算出平均数，再以平均数为基础，经过分析来确定劳动定额标准
◎ 加权算术平均法。在计算若干个数量的平均数时，每个数量在总量中所具有的重要性不同，因此可以分别乘以不同的系数（称为权数），然后再求它们的平均数

图 8-6 简单算术平均法与加权算术平均法

当积累的统计资料数据较多、差异又较大时，通常要对资料进行分组，求出组中值和出现的次数及其总量，计算出加权平均数，然后在加权平均数的基础上再计算出平均先进的劳动定额标准。

(2) 标准偏差法。运用该方法计算平均先进的统计定额，可以更好地反映统计数据的分布规律，提高统计定额的可靠性。因为劳动者完成某产品、零件或工序的数量或所消耗的工时，多数人都集中于平均数的两侧，其中特别先进或特别落后的是少数，是接近标准的正态的。在这种情况下，可以根据取得的统计数据，运用标准偏差法计算出平均数。

2. 统计分析法的工作步骤

统计分析法的三个工作步骤如图 8-7 所示。

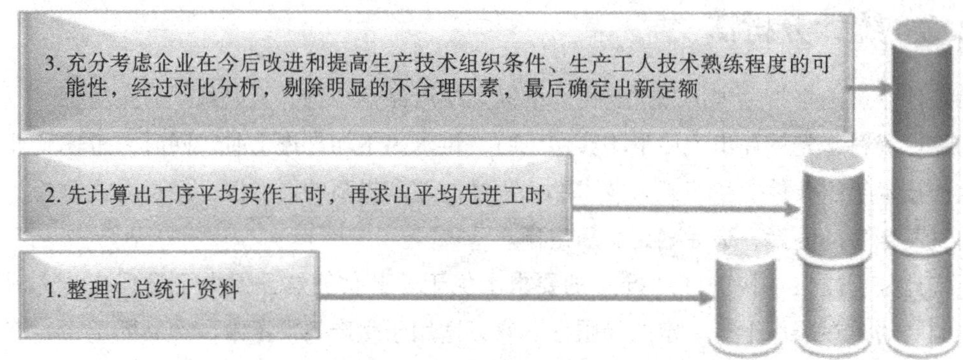

图 8-7　统计分析法的工作步骤

8.2.3　比较类推法

比较类推法又称典型推算法、典型定额法。该方法是以现有产品定额资料为依据，经过对比推算出另一种产品定额的方法。作为依据的定额资料有：相似的产品、零件或工序的工时定额；类似产品、零件或工序的实耗工时资料；典型零件、典型工序的定额标准。这里要注意，用来类比的两种产品必须具有可比性。

比较类推法兼备了经验估算法和统计分析法的内容。比较类推法的优点是简便易行，精确度较高，便于保持定额水平的平衡；缺点是采用此方法时需要先有一套典型定额标准，否则无法进行。

比较类推法适用于相同或相似零件工序定额的制定，多用于产品品种多、批量少，单件小批生产类型的企业和生产过程。随着产品通用化、系列化、标准化程度的提高，其应用范围将会扩大。比较类推法的实施步骤如图 8-8 所示。

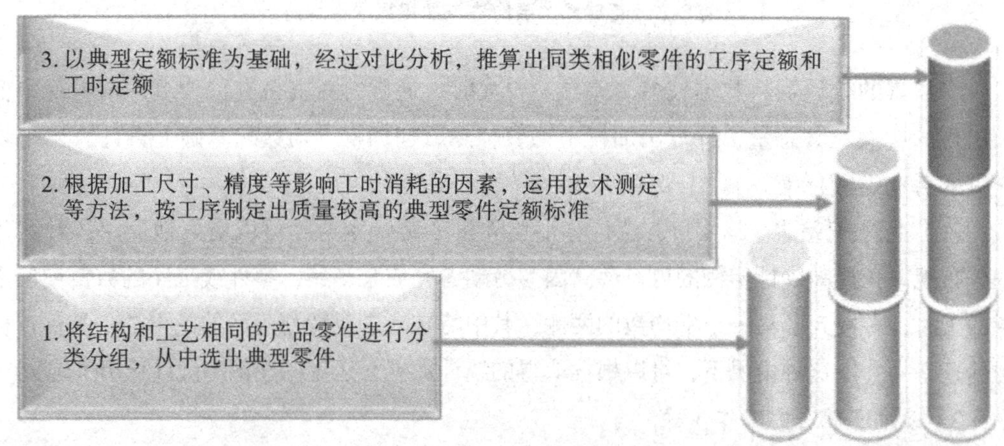

图 8-8　比较类推法的实施步骤

8.2.4 技术测定法

技术测定法是指在充分挖掘生产潜力的基础上，根据合理的生产技术组织条件和工艺方法，按照工序和定额时间的各个组成部分制定定额的方法。采用技术测定法确定定额的资料来源，既可以在现场通过工作日写实和测时的方法取得，也可以运用事先规定的时间定额标准计算出来。

技术定额法的优点是技术依据充分，定额的精确度高，易于使定额水平达到先进合理的要求；缺点是该方法的工作量大，较为费时费力，对定额人员的专业素质要求高，在制定定额时很难达到“快”和“全”的要求。

技术定额法一般适用于大量大批生产工序、重要或主要工序、关键设备的工序定额，以及工时定额标准的制定。

1. 技术测定法的步骤

技术测定法的步骤如图 8-9 所示。

1. 将工序细分为工步、走刀或操作、动作，分析工序结构，对不合理、多余的操作予以删除或重新排序组合，使之科学化、合理化

2. 分析设备工具的性能及技术参数，充分发挥设备效能，尽量采用新技术、新工艺和新方法

3. 分析生产组织与劳动组织的状况，并加以改进

4. 通过现场观测、技术分析和计算，先求出零件工序作业的基本时间，经过评定后，再分别确定辅助时间及其他定额时间，最后确定定额

图 8-9 技术测定法的步骤

2. 技术测定法的类型

技术测定法的类型如图 8-10 所示。

1. 分析研究法	2. 技术计算法
采用工作日写实、测时和工时抽样等方法，通过实地观测确定劳动定额的各部分时间。单件工序定额的作业时间是用测时和工时评定的方法获得的，而休息和生理需要、布置工作地、准备与结束等时间和百分比，则采用工作日写实或工时抽样法取得	按确定的数学模型和技术参数计算定额的方法，即先分解工序为工步或操作，根据设备性能、加工原理以及加工对象的特点，设计出标准的工艺用量(如主轴转速、进给量、吃刀深度等)，再按照既定的数学模型求出工序机动基本时间，最后通过调查分析核算出辅助时间及其他定额时间

图 8-10 技术测定法的类型

8.2.5 秒表测时法

测时是以工序作业时间为对象，在工作现场对构成工序的作业要素进行多次重复观察，并测定其工时消耗的一种方法。测时的主要目的是研究合理的工序结构，改进操作方法；研究工序中各作业要素的时间消耗量，为制定时间定额标准提供可靠资料；还可以用来设计和调整生产流水线，消除工序间的时差；研究、总结和推广先进生产者的操作经验。

1. 测时的类型

按观察对象的不同，测时可分为个人测时和工组测时；按观察记录方式和范围的不同，测时可分为连续测时、反复测时（抽测）、循环测时，具体内容如图 8-11 所示。其中，对个人的连续测时使用最为广泛，也最具有代表性。

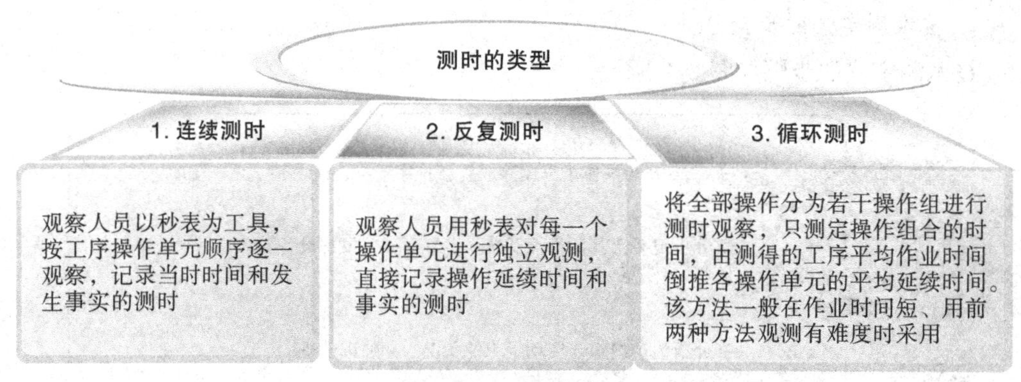

图 8-11　测时的类型

2. 测时的步骤

测时一般分为测时准备、观察记录、整理和分析三个步骤。

首先，在测时准备阶段，其又可以被详细划分为如图 8-12 所示的五个步骤。

其次，观察人员在工作现场，按照所确定的作业要素及其程序、必要的观察次数，用秒表测定各作业要素所消耗的时间，并记录在“测时观察记录表”内。

通常采取连续测时法，即按操作顺序连续记录每个操作的起止时间，也可以采取反复测定法，反复记录一个操作的延续时间。如果工序中的操作延续时间较短，不容易连续记录，则可用交替测时法。如第一次测定第一、三、五项操作，第二次测定第二、四项操作，交替测定并记录。在测时过程中，要集中且严格按照确定的定时点进行记录，如果出现中断或不正常的情况，应及时记录。

最后，对获得的测时资料进行整理和分析，主要工作如图 8-13 所示。

1. 选择测时对象

◎ 如果测时是为了制定定额，那么就应当选择介于先进和一般之间的员工作为对象；如果是为了总结先进操作经验，那么就应选择先进员工作为对象；如果为了找出完不成定额的原因，则应选择完不成定额的员工作为对象。确定测时对象后，测定人员要将测时的目的、意义和要求向员工讲清楚，以使员工积极配合

2. 了解情况

◎ 主要是了解测时对象和设备情况，如被测对象的姓名、岗位名称、技术等级、从事本岗位时间等问题，同时了解所使用的设备名称、型号、状况，以及工作环境、劳动条件等基本情况。如果测时是为制定时间标准提供资料，还需要在作业现场建立良好的生产秩序，如工作地服务、技术服务和合理布置工作地等

3. 作业分解

◎ 根据实际操作步骤将所要研究的作业分解为若干要素。如将工序分解为若干合理的操作及程序，以便让操作者按照规定的操作程序进行工作。作业分解的原则是：将基本时间和辅助时间、机动时间、机手并动时间和手工操作时间分开。究竟分解到何种程度，则应根据测时的目的来确定

4. 确定定时点

◎ 这道工序终止的时间就是下道工序开始的时间，两道工序分界的时间叫定时点。操作分解后，为了保证每次观察记录的一致性和正确性，还应确定各个操作的定时点，作为区分上下操作的界限。定时点分为定时起点和定时终点

5. 确定观察次数

◎ 测时最好在上班后一至两小时内，待生产稳定后进行。测时的观察次数是为了使所测得的作业时间能够达到所规定的调查精度和可靠度而对同一工序重复测定的次数。测时的观察次数要根据生产类型、作业性质和工序延续时间长短等条件来确定

图 8-12　测时准备的步骤

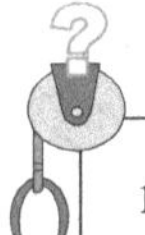

1. 根据测时记录计算出每一项操作的延续时间

2. 核实全部测时记录，删除不正常的数值，求出在正常条件下操作的延续时间

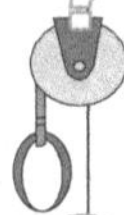

3. 计算稳定系数，检验每一项操作平均延续时间的准确性和可靠程度。稳定系数是指各操作的时间数列中最长延续时间与最短延续时间之比。稳定系数越接近1，说明测时数列波动小，比较可靠；反之，说明测时数列波动性大，可靠性小。稳定系数超过规定的标准限度时应查明原因或重测

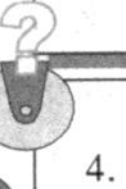

4. 确定作业的标准时间。首先将各个操作的平均延续时间相加，计算出工序的作业时间；然后经过工时评定，将工序的作业时间调整为正常时间；再加上作业宽放时间、个人生理需要时间，即为要确定的作业标准时间

图 8-13　测时资料整理和分析的主要工作

8.2.6 工作日写实法

工作日写实法是指在工作场所按时间消耗的顺序，对劳动者在整个工作日内工作时间的利用情况进行观察、记录、整理、分析的一种工时研究方法。工作日写实的主要作用如图 8-14 所示。

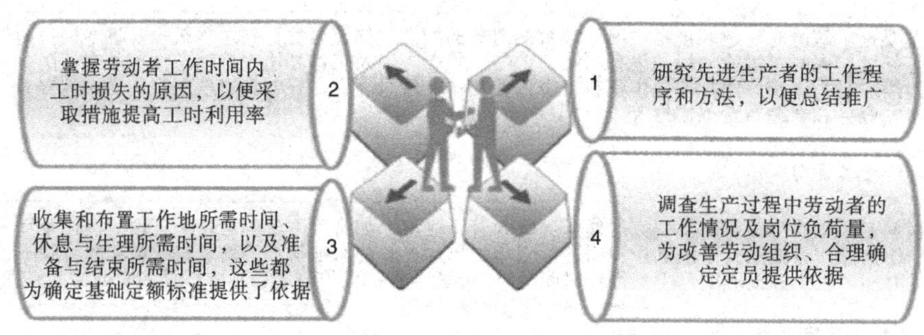

图 8-14 工作日写实的主要作用

1. 工作日写实的种类

根据目的和要求的不同，我们可以将工作日写实分为如下五种类型，具体详见表 8-3。

表 8-3 工作日写实的种类

种类	内容	特点及适用范围
个人工作日写实	以某一作业者为对象，由观察人员在工作现场对工作时间的利用情况进行观察记录、整理分析。该写实是工作日写实的一种基本形式	个人工作日写实的目的侧重于调查工时利用情况、确定定额时间、总结先进的工作方法和经验等
工作组工作日写实	即以工组为对象，由观察人员实施的工作日写实。该写实又可细分为两类	（1）同工种工组工作日写实 被观察的工组为相同工种的作业者。该写实可以获得反映同类作业者在工时利用以及在生产效率等方面的优劣势和差距资料，发现先进的工作方法，以及引起低效或时间浪费的原因 （2）异工种工组工作日写实 被观察的工组由不同工种工人构成（如兼有基本工人和辅助工人之工组，兼有多种技术工种之工组）。该写实可以获得反映组内作业者负荷、配合等情况的资料，为改善劳动组织、确定合理定员等提供依据
多设备工作日写实	以多台设备看管人员为对象，由观察人员实施的工作日写实	该写实主要用于研究多设备看管人员的作业内容、操作方法、巡回路线等的合理性，以及机器设备运转，工作地的布置、供应、服务等情况，以发现并解决多台设备看管工人存在的问题，为充分发挥工人和设备的效能提供依据

（续表）

种类	内容	特点及适用范围
自我工作日写实	以作业者本人为对象，作业者自己实施的工作日写实，由专业人员作分析改进	主要用于研究由组织造成的工时损失的规模和原因，目的是为改进企业管理、减少停工时间和非生产时间提供依据
特殊工作日写实	以研究特定现象为目的，以个人或工组为对象，由观察人员实施的工作日写实	只观察记录、分析研究工作班内与研究目的有关的事项及消耗时间。其既可对个人，也可对工组进行调查。例如，调查繁重劳动者的休息与生理需要的时间，调查材料、能源缺乏引起的停工时间的损失，调查长期完不成生产定额者的工作状态等，都可通过特殊工作日写实获得所需的情况和资料

2. 工作日写实须经历的三个阶段

工作日写实要经过写实准备、写实观察、整理分析三个阶段。下面以个人工作日写实为例进行介绍。

第一阶段，写实准备的工作内容如图 8-15 所示。

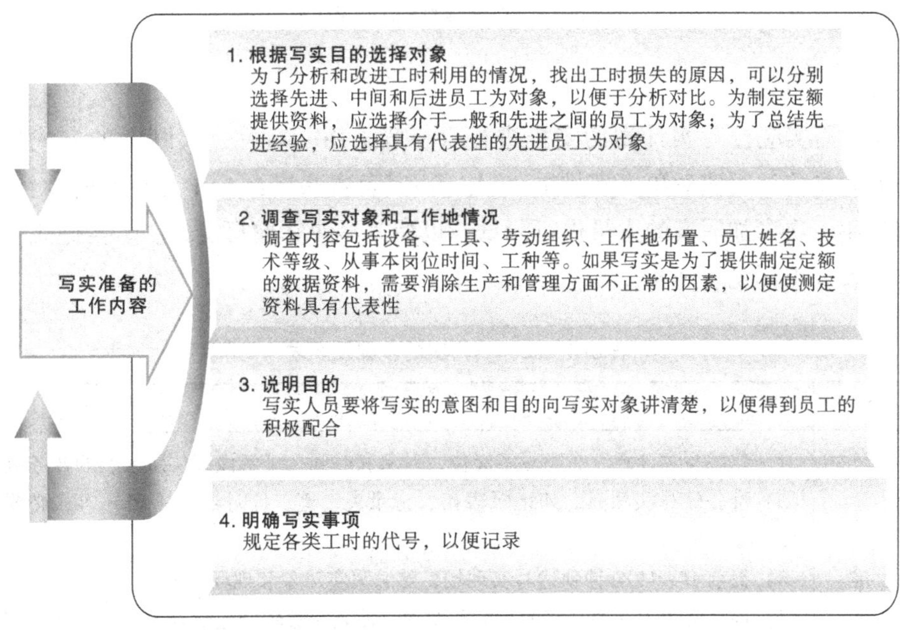

图 8-15　写实准备的工作内容

第二阶段，写实观察。写实应从上班开始，一直到下班结束，将整个工作日的工时消耗毫无遗漏地记录下来，以保证写实资料的完整性。在观察记录过程中，写实人员要集中精力，在相关人员的配合下，按顺序判断每项活动的性质，并简明扼要地记录每一事项及起止时间。如果发生与机动时间交叉的活动项目，应记清其内容，按顺序填入“个人工作日写实观察记录表”内。

第三阶段，整理分析。在这个阶段主要进行如图 8-16 所示的五项工作。

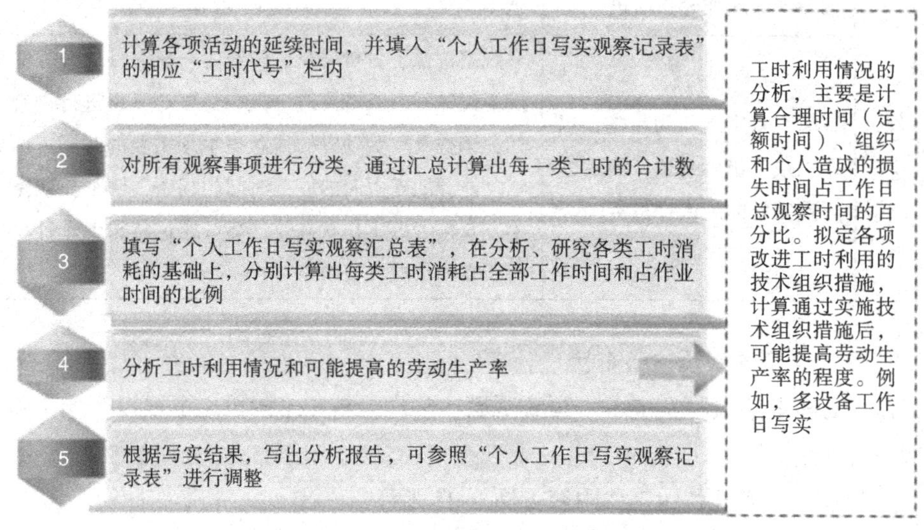

图 8-16　整理分析的工作内容

3. 工作日写实的步骤

工作日写实应按写实计划的安排进行，一般采用一对一、人盯人的方式进行写实。写实人员应比写实对象多安排 1~2 人，由其负责联络，并作为必要的替补人员。企业应对第一次参加写实的人员进行测试，以使其尽快掌握写实方法。实施工作日写实的步骤及要求详见表 8-4。

表 8-4　工作日写实的步骤及要求

方法	步骤	要求
工作日写实	准备	(1) 熟悉写实计划，明确写实岗位、对象和时间，了解该岗位所涉及的业务范围 (2) 准备好写实用具，如记录表格、记录夹、笔、计时器（手表）等，必要时应校对准时间 (3) 提前 10~15 分钟到达写实现场，熟悉写实对象和现场情况 (4) 向写实对象说明写实的目的和要求，使其能够较好地配合写实。询问写实对象的个人情况，并填写好写实记录表表头部分的各项内容 (5) 选择合适的写实观察位置，以便于观察，并确保不妨碍生产作业、不分散写实对象的注意力、不发生安全事故

（续表）

方法	步骤	要求
工作日写实	写实测定	（1）从工作日规定的上班时刻起，观察写实对象的各种活动，并按写实记录表的项目顺序记录，直到规定下班时刻为止 （2）在观察和记录过程中，写实人员应集中精力、认真观察、如实记录，不得擅自离岗，以保证写实的真实性 （3）当写实对象离开写实场所时，写实人员应跟随观察。如果跟随有困难，待其返回后，应立即询问，不可凭主观猜测记录 （4）写实时应于观察的当时及时将结果记录于写实记录表中，不可事后补记，也不宜事后转抄 （5）写实时间按 24 小时制记录，精确到每分钟 （6）生产发生事故或写实对象因非工作原因离岗，停产或停工时间 60 分钟以上，则写实资料无效
	结束	（1）写实对象完成工作日的全部工作，或时间已到工作日结束时刻，方可结束写实。对制度工时外的加班加点时间不写实 （2）若写实对象已完成全部工作离开现场，时间尚未到应结束时刻，写实者应记录离开时间，并延续记录至结束时刻 （3）完成写实记录后，应立即自我检查写实记录表，以防止漏记或错记 （4）将一个写实对象一个工作日的写实记录作为一份写实资料进行装订并上交 （5）对上交的写实资料应由专人负责审查，以保证写实资料的质量

8.2.7 工时抽样法

工时抽样法又称瞬间观察法或工作抽样法，即运用随机抽样原理，通过对操作者和机器设备进行随机的瞬间观察，以局部（样本）事项的发生次数及发生率来推断总体的一种时间研究方法。工时抽样法的主要用途如图 8-17 所示。

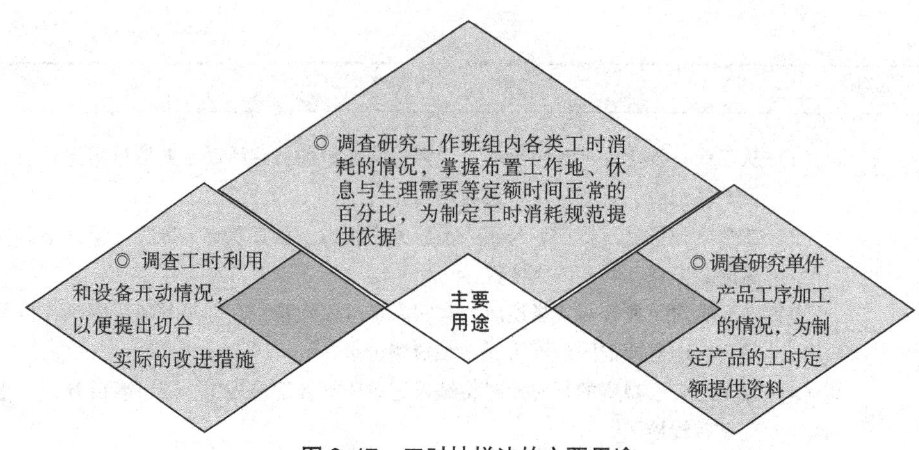

图 8-17　工时抽样法的主要用途

8.2.8　时间系数法

时间系数法是指根据各种不同的加工（工作）对象，分析其操作、加工过程中影响劳动定额时间消耗的各个因素，运用数学函数关系，列出简单的数学模型，计算出单位消耗时间系数及有关的各种调整系数，并最终用电子计算机制定定额的方法。时间系数法的特点如图 8-18 所示。

1. 编制方法简便

◎ 根据公式，用电子计算机计算系数，编制劳动定额。其特点是工作量小，运算迅速，数据准确，科学合理

2. 足够的技术依据

◎ 它是在研究设备切削效率和进行工时消耗分析等基础上编制的，定额水平比较先进合理且统一均衡

3. 计算公式简单

◎ 车、镗、刨、插、钻、铣、制齿、冲等八个工种不同规格的设备，只用14个计算公式即可编制出所有的加工工步时间系数，编制各工种劳动定额只用一个数学模型。其特点是运算步骤少，计算速度快

4. 减少查表误差

◎ 由于以前编制的定额时间标准表格多，尺寸步不全、有空档，查表有误差，现在用时间系数乘以任何的加工长度都能给出定额时间，没有尺寸步空挡，减少了误差

5. 明确的标准

◎ 如规定了切削用量标准、加工余量标准和辅助时间标准，便于推广先进合理的切削用量、先进的操作方法和科学的管理工作经验，提高企业管理水平

6. 适应范围广

◎ 根据本企业生产技术组织条件等特点，制定各类设备的时间系数标准，可打破行业界限和产品界限，其既适应单件小批量生产，又适应大批量生产

图 8-18　时间系数法的特点

时间系数法是在分析加工工件的结构、材质、规格、技术要求、工艺过程与生产组织等影响定额时间消耗因素的基础上，按照各种类型的机械加工设备（或工种），选用先进的工艺过程、操作方法与企业科学管理工作经验，通过生产实际或切削实验进行工作效率研究（作业研究），从中选择先进合理的切削用量（用作计算基本时间）和对工时消耗进行科学分析。

确定各类设备（工种）在最佳生产过程中布置工作地时间、休息与自然需要时间、与工步加工尺寸（行程长度）有关的辅助时间（变量部分）占作业班基本事件的百分比（宽放率）K 值，利用单位消耗时间系数的计算公式计算出单件时间定额。

通过生产实践，证明所加工的对象在一定的生产技术组织条件下，影响定额时间“质”的因素和影响定额时间“量”的因素之间的变化与作业延续时间构成一定的函数关系，所以我们将影响定额时间“质”的因素换算成单位消耗时间系数，将影响定额时间“量”的因素作为量纲，来计算劳动作业延续时间。

8.2.9 回归分析法

回归分析法是分析和处理变量之间关系的一种数理统计方法。时间定额标准的回归分析法是指利用影响因素和相对应的工时消耗与影响因素之间的数量依存关系，求解时间定额标准数学模型（经验公式）的数量分析方法。它说明，虽然工时消耗与影响因素之间充满矛盾，但在一定的生产技术组织条件下，操作者生产产品的数量与工时消耗存在着相互影响、相互制约、相互依存的必然关系。

函数关系和相关关系的内容如图 8-19 所示。

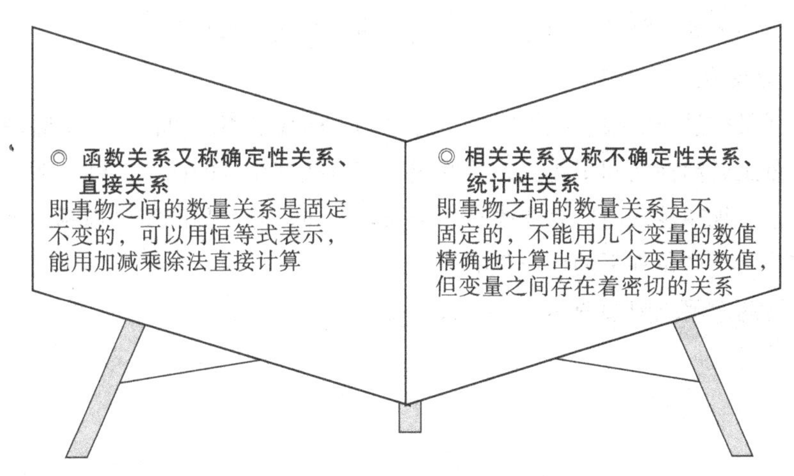

图 8-19 函数关系和相关关系

回归分析法的主要步骤如图 8-20 所示。

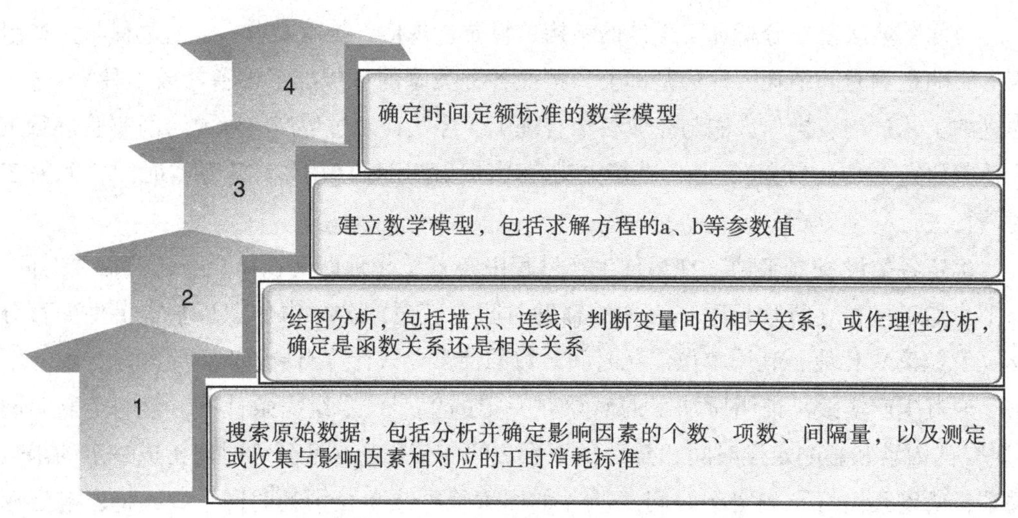

图 8-20　回归分析法的主要步骤

8.2.10　熟练曲线分析法

熟练率又称熟练斜率，是指当产品产量增加时，单位产品工时消耗与原来单位产品工时消耗之间的比值。熟练率仅限于以人为主题的生产操作中，所以熟练率是对熟练曲线进行定量描述和制定熟练率劳动定额的一个重要参数。

熟练率具有反映熟练程度高低的基本特征。因此，熟练率越小，表示熟练程度越高，学习进步越快；反之则相反。影响熟练率的主要因素包括生产工艺水平、产品结构的复杂程度、生产组织管理水平、操作者的素质状况、生产批量的大小。

制定熟练率劳动定额的关键之一是正确地确定熟练率的水平。

1. 熟练曲线的原理与特性

熟练曲线又称学习曲线、熟练模式。工时熟练曲线是表示单位产品工时消耗与相同产品累计产量工时消耗之间函数关系的曲线。工时熟练曲线的四个特性为源于实践、动态性、静态性、规律性。但熟练曲线有三个局限，即首件产品的概念模糊；熟练程度不同；不适应正常生产条件下的作业范围。

熟练曲线的适用范围如图 8-21 所示。

1 适用于手工操作比重大、操作技术复杂的产品；不适合机械操作比重大、任务简单的产品

2 适用于完全独特的产品，以及新设备、新工艺、新设计等不定型的新产品试制和新的操作技术领域；不适合已经定型的生产作业和标准服务的操作范围

3 适用于单件、批量生产，以及工期短的生产操作领域；不适合大量流水线生产

4 适用于分档分步达标劳动定额管理，如测算定额水平、确定不同生产阶段的计划定额、修改现行定额、计算效率定员、预测产品价格等

图 8-21　熟练曲线的适用范围

2. 熟练曲线的基本图像

当绘制熟练曲线图时，我们一般以横坐标表示累计产量、批量或时间，以纵坐标表示单位产品工时或批量的总工时，以工时消耗值描点，经整理分析后，在坐标图上得到一条公式递减的曲线。当产品产量增加时，工时消耗按一定的规律下降。这种变化可描绘出以下两种基本图像。

（1）在等距直角坐标图中，呈现一条工时消耗递减并逐步趋向平稳，似“下坡”型的曲线，具体如图 8-22 中的 L 所示。

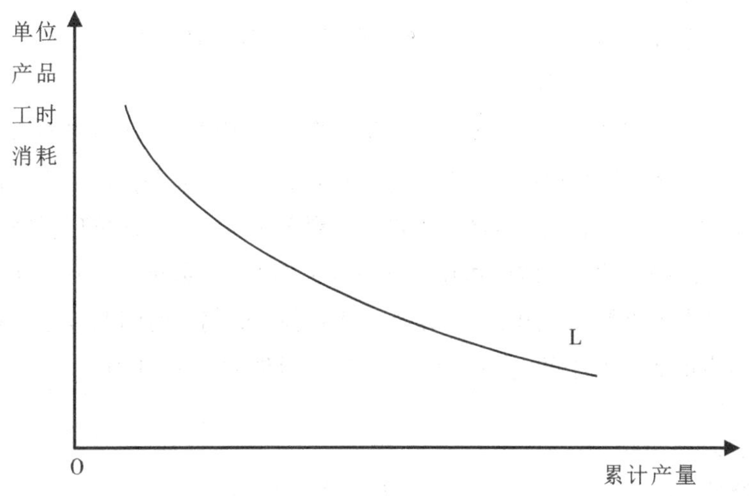

图 8-22　熟练曲线等距直角坐标图

（2）在对数坐标图中，呈现一条工时消耗递减的下降直线，具体如图 8-23 所示。

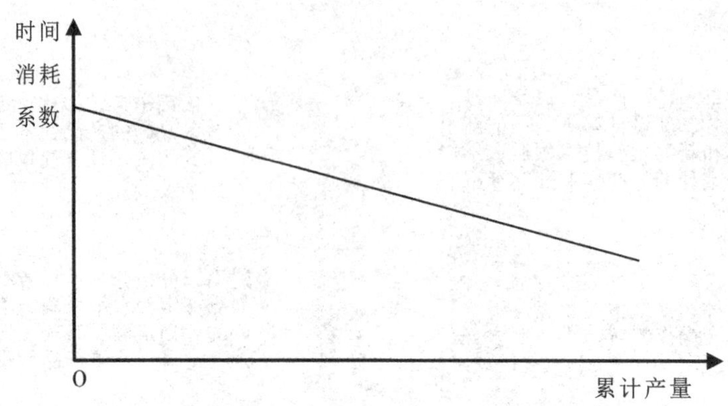

图 8-23　熟练曲线对数坐标图

3. 熟练曲线的定量分析

熟练曲线的定量分析方法有算术分析法、对数分析法、查表法等。算术分析法的基本原理是：当产量翻番时，操作者的作业技术熟练程度得到提高，从而使平均单位产品工时以一个固定的系数下降。算术分析法的基本条件是：产量必须成倍数增长，如果生产期所生产的产品件数不是成倍数增长，算术分析法就失去了精确性。

8.2.11　工时评定法

工时评定是在估工、统计、写实、测时、抽样等工时分析的基础上，按照一定的评定标准，将收集到的工时消耗调整为正常情况下所必须消耗的时间。因此，工时评定法是对工时消耗水平进行定量分析的一种方法。

因为统一劳动定额的制定，其基础工时消耗资料来源广泛，取得资料的方法多样。某位操作者、某个班组、某个单位，乃至某个企业的工时消耗水平，未必能充分代表全国或同行业统一工时消耗水平。工时消耗水平常常受到作业速度、操作技巧、努力程度、作业环境，以及作业的稳定性、有效性和施工条件等客观因素的影响。要消除其影响因素，取得正常工时消耗水平资料，可用工时评定法，将各种工时消耗时间调整为正常水平。实测操作工时调整为正常操作时间的关系式为（8-1），具体如图 8-24 所示。

$$t_x = t \cdot K \quad (8\text{-}1)$$

式中，t_x表示正常操作时间，t表示实测操作时间，K表示评定系数

图 8-24　实测操作工时调整为正常操作时间的关系式

当实测操作时间的来源时，我们可采用测时、写实、抽样、统计等多种方法取得代表值（平均值）。评定系数是由观测者事先确定的评定标准。系数大于“1”，表示高于正常操作水平；系数小于“1”，表示低于正常操作水平。评定的关键在于评定人员能否掌握和熟练运用评定标准。

工时评定的方法有五种，具体如图 8-25 所示。

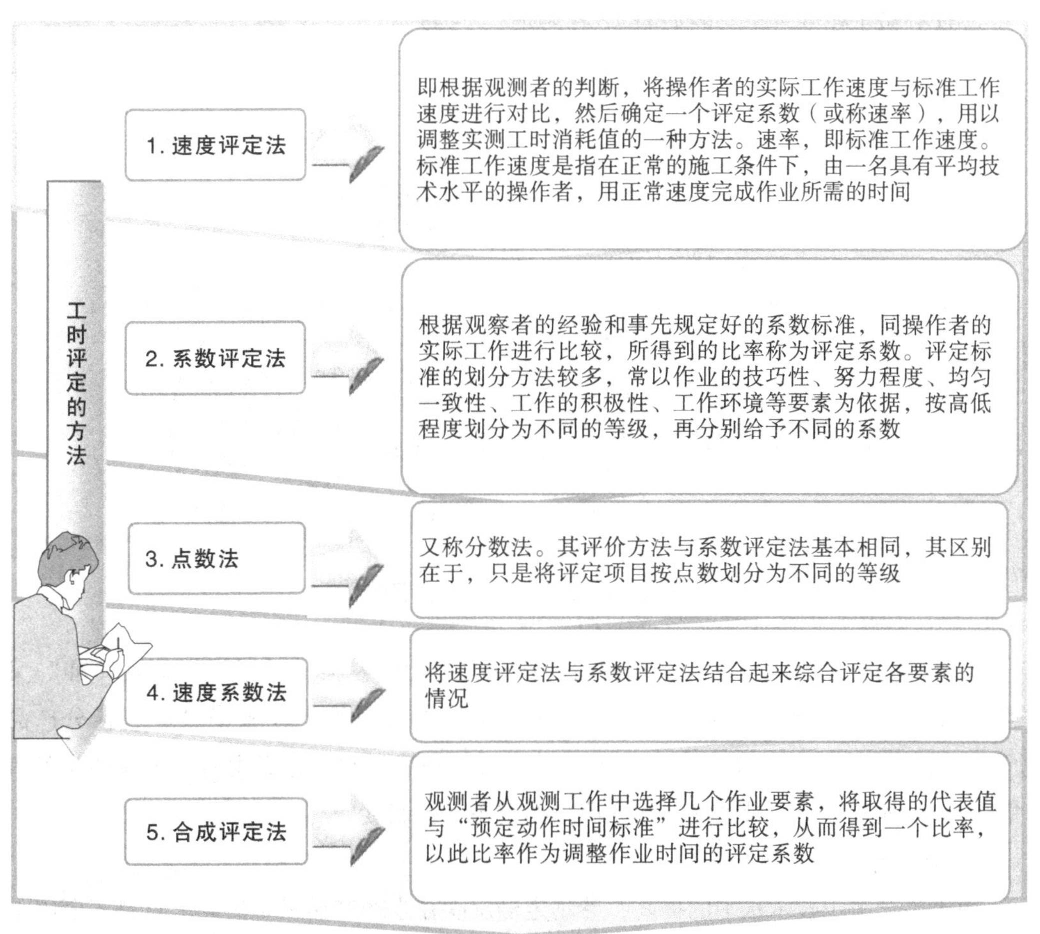

工时评定的方法
1. 速度评定法
即根据观测者的判断，将操作者的实际工作速度与标准工作速度进行对比，然后确定一个评定系数（或称速率），用以调整实测工时消耗值的一种方法。速率，即标准工作速度。标准工作速度是指在正常的施工条件下，由一名具有平均技术水平的操作者，用正常速度完成作业所需的时间
2. 系数评定法
根据观察者的经验和事先规定好的系数标准，同操作者的实际工作进行比较，所得到的比率称为评定系数。评定标准的划分方法较多，常以作业的技巧性、努力程度、均匀一致性、工作的积极性、工作环境等要素为依据，按高低程度划分为不同的等级，再分别给予不同的系数
3. 点数法
又称分数法。其评价方法与系数评定法基本相同，其区别在于，只是将评定项目按点数划分为不同的等级
4. 速度系数法
将速度评定法与系数评定法结合起来综合评定各要素的情况
5. 合成评定法
观测者从观测工作中选择几个作业要素，将取得的代表值与“预定动作时间标准”进行比较，从而得到一个比率，以此比率作为调整作业时间的评定系数

图 8-25 工时评定的方法

8.3 定额的操作

8.3.1 劳动定额管理流程

工业企业劳动定额的管理流程包括如下三个方面的内容。

1. 统计、考核、分析定额的执行情况

统计分析工作的五个目的如图 8-26 所示。

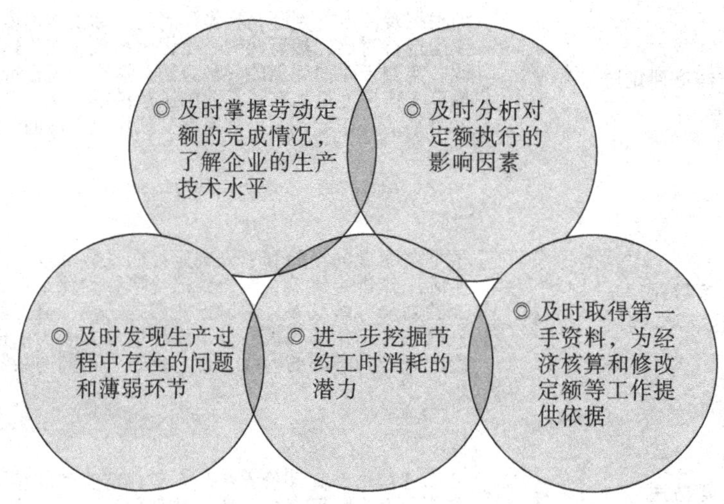
◎ 及时掌握劳动定额的完成情况，了解企业的生产技术水平
◎ 及时分析对定额执行的影响因素
◎ 及时发现生产过程中存在的问题和薄弱环节
◎ 进一步挖掘节约工时消耗的潜力
◎ 及时取得第一手资料，为经济核算和修改定额等工作提供依据

图 8-26 统计分析工作的目的

做好劳动定额统计分析，工时原始消耗的完整记录是关键。记录要求既“准”又“全”，否则难以反映工时利用的真实情况。完整的工时消耗原始记录应包括分产品（零件、工序）的实动工时、分设备的实动台时和停工工时三方面内容。企业的定额管理工作应当先从原始记录做起，建立严格的记录考核制度。

2. 劳动定额的修改工作

由于生产组织技术水平的提高，劳动定额反映在生产产品工时消耗上总是不断降低的。原来被认为先进合理的定额，执行一段时间后会落后于生产水平，原来已平衡的定额也变为不平衡，因此要对劳动定额适时地组织修改。通过修改，不仅使定额满足生产发展的需要，而且为工人提出新的目标，促进企业劳动效率的提高和生产成本的降低。

3. 劳动定额的贯彻工作

定额制定和修改后，要切实采取必要的技术、组织措施，以保证定额的顺利执行。劳动定额的贯彻工作如图 8-27 所示。

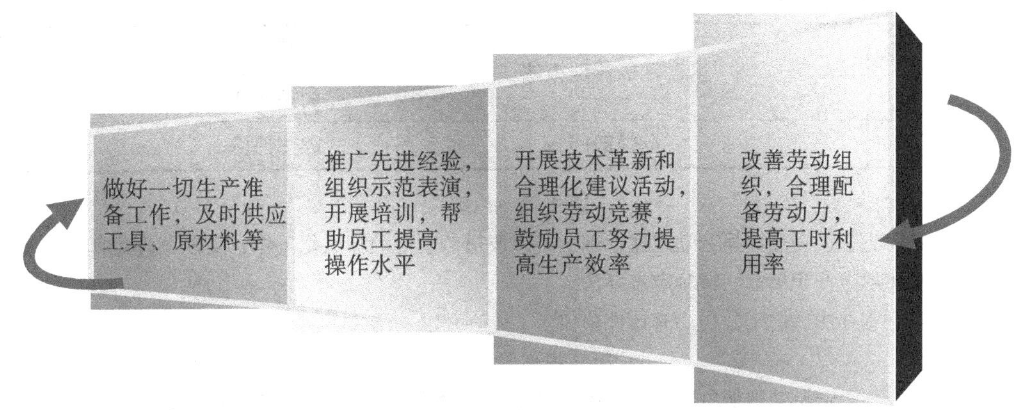

图 8-27 劳动定额的贯彻工作

为了加强劳动定额管理工作，企业要建立健全劳动定额管理机构，配备专职定额管理人员。定额管理工作要实行厂部集中管理和分级管理相结合的方式。定额的修订、审批及定额水平的控制和平衡应集中在厂部，以确保全厂统一。日常业务的管理统计工作可由车间、工段、班组分别负责。

8.3.2 劳动定额管理制度

劳动定额管理制度是指为了保证劳动定额管理工作正常运行而制定的一系列规范的总称。劳动定额管理制度的建立是为了工作程序化、制度化，以保证各项工作有章可循。其主要内容如图 8-28 所示。

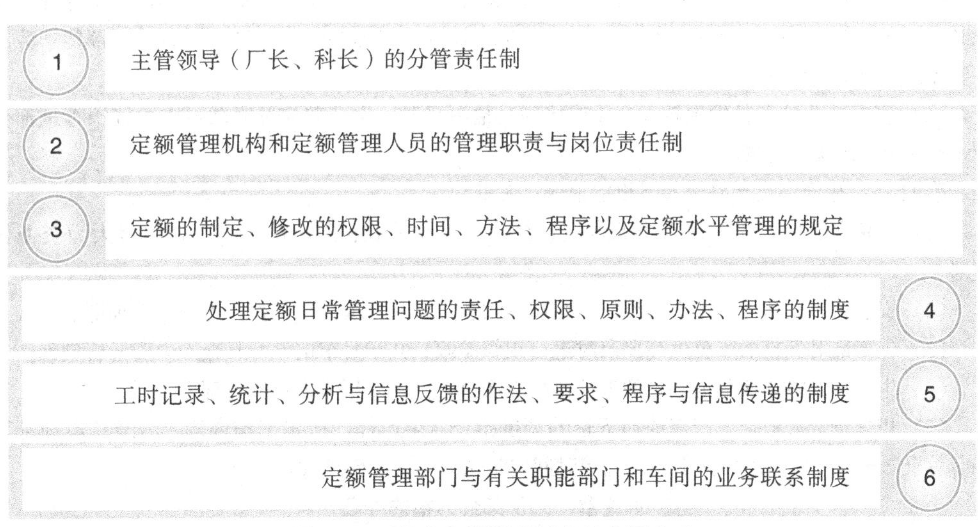

1
主管领导（厂长、科长）的分管责任制
2
定额管理机构和定额管理人员的管理职责与岗位责任制
3
定额的制定、修改的权限、时间、方法、程序以及定额水平管理的规定
处理定额日常管理问题的责任、权限、原则、办法、程序的制度
4
工时记录、统计、分析与信息反馈的作法、要求、程序与信息传递的制度
5
定额管理部门与有关职能部门和车间的业务联系制度
6

图 8-28 劳动定额管理制度的主要内容

下面是某企业制定的劳动定额管理办法，仅供读者参考。

<table>
<tr><td rowspan="2">制度名称</td><td colspan="3" rowspan="2">劳动定额管理办法</td><td>编号</td><td></td></tr>
<tr><td>受控状态</td><td></td></tr>
<tr><td>执行部门</td><td></td><td>监督部门</td><td></td><td>编修部门</td><td></td></tr>
</table>

第1章　总则

第1条　为了进一步加强劳动定额管理，不断改进劳动定额标准化工作，实现合理定额，充分调动广大员工的生产积极性，特制定本办法。

第2条　本办法适用于公司所有计件单位。

第2章　管理职责

第3条　人力资源管理部负责监督各单位的工作环境和各项活动；核实各单位的零星生产量；编制并下达产品定额；收集各单位的产量、工作量和各类考核指标，并根据工资分配方案结算工资。

第4条　各生产业务科室负责分管业务范围内生产量的安排、验收、审核和报送工作。

第5条　计划部和财务部负责制订并下发《××月度生产计划》。

第3章　管理规定

第6条　人力资源管理部在定额标准实施中要进行严格管理，认真按照定额标准的规定、要求编制产品定额。产品定额必须在生产之前下达，如在生产过程中遇到自然条件变化、机械设备变更、产品规程修改等情况，应参考《生产计划变更通知书》及时调整产品定额。

第7条　产品规程编制好后，技术部门要及时通知人力资源管理部分管定额人员参加会审，生产单位要将审核通过后的产品规程及时送交人力资源管理部，以便结算工资。

第8条　各职能部门在每月____日安排生产计划，并根据各部门实际情况，本着实事求是的原则进行安排，以便生产部门有效组织生产。

第9条　根据生产需要，确需调整计划的，或生产情况发生较大变化时，计划部、财务部要经总经理批准后下达《生产计划变更通知书》。《生产计划变更通知书》一式三份，委派部门、劳动工资部、生产部各持一份。

第10条　当生产条件发生较大变化或接到其他项目时，生产部应及时联系人力资源管理部分管定额人员到现场了解情况。

第11条　生产部要严格按如下规定报送相关资料。

（1）正常产品的产量、进尺由调度室、技术室组织验收，并于次月____日前报人力资源管理部。

（2）安装、回收和检修生产由维修室组织验收，并于月末前____日报人力资源管理部。

（3）生产部对安排的零星生产要及时进行组织验收，并于月末前____日报人力资源管理部。

（4）生产部要将本业务范围内的考核指标在次月____日前报人力资源管理部。

（5）相关负责人根据生产需要而下达的调度指令、生产部门所报工作内容，需经总经理主任签字后报送相关部门，由相关部门在规定时间内报送人力资源管理部。

第4章　关于工资的相关规定

第12条　人力资源管理部依据各职能部门提供的生产量和指令性任务完成情况结算工资，并遵循以下规定。

（续）

（1）工资分配方案。 （2）公司劳动定额标准。 （3）《劳动定额标准手册》。 （4）会议纪要规定的某项生产工资支付办法。 （5）对于一些暂时无劳动定额标准的生产，按照生产部经理批准的临时定额执行。 （6）其他情况，需按班次提供实际出勤次数，并按照相应标准支付工资。 第 13 条　凡属下列情况之一的，不予结算工资。 （1）属生产计划外，且无通知单的生产。 （2）无会议纪要的生产。 （3）无领导批示的生产。 **第 5 章　监督与考核** 第 14 条　凡未按规定时间报送结算资料或考核指标的，每发生 1 次扣具体承办者____元，扣分管负责人____元。 第 15 条　当月完成的合格生产应在当月报清，严禁出现竣工不验收或提前预报生产的现象，否则，扣具体承办者和生产单位正职各____元。 第 16 条　对验收结算不认真、弄虚作假、虚报冒领者，除不予支付工资外，罚责任者____元；对造成不良影响的，按过失论处，直至调离原工作岗位。 **第 6 章　附则** 第 17 条　本办法由人力资源部制定、监督执行，并负责解释。 第 18 条　本办法经总经理审批后发布，自发布之日起生效实施。					
编制日期		**审核日期**		**批准日期**	
修改标记		**修改处数**		**修改日期**	

8.3.3　库存定额管理办法

下面是某企业制定的库存定额管理办法，仅供读者参考。

制度名称	**库存定额管理办法**			**编号**	
				受控状态	
执行部门		**监督部门**		**编修部门**	
第 1 章　总则 第 1 条　目的。 对库存的原材料、半成品、成品进行安全管理，以防因缺货、断货、积压等给公司带来损失。 第 2 条　适用范围。 本办法适用于公司所有原材料、半成品、成品的管理。					

（续）

第 3 条　术语解释。

安全库存是指当不确定因素已导致更高的预期需求，或导致完成周期更长时的缓冲存货。安全库存用于满足提前期需求。

采购周期是指采购方决定订货并下订单—供应商确认—订单处理—生产计划—原料采购（有时）—质量检验—发运（有时为第三方物流），在整个过程中所耗费的时间。若客户提供了滚动预测，采购周期为下订单—供应商确认—订单处理—发运所耗费的时间总和。

第 2 章　职责分配

第 4 条　库存定额管理的职责分配。

库存定额管理的职责分配如下图所示。

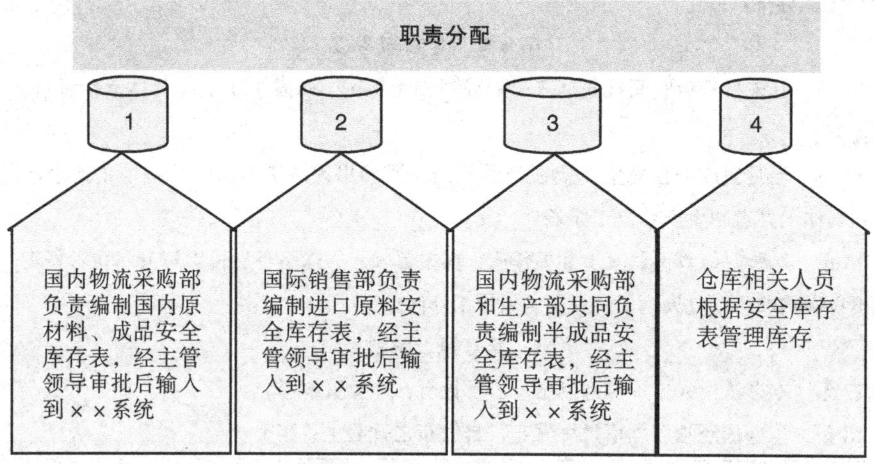

库存定额管理的职责分配示意图

第 3 章　管理流程

第 5 条　每月物流专员结合成品安全库存表制订月度发运计划，并负责成品安全库存的更新工作。

第 6 条　每月计划员结合成品、半成品安全库存表制订生产总计划。

第 7 条　采购员结合原材料安全库存表制订月度采购计划，依采购批量进行采购，并负责系统中原材料安全库存的更新工作。

第 8 条　仓库管理员每日根据安全库存表检查库存数量，若发现数量少于或超出规定时，需及时通知相关采购人员。

第 9 条　采购员在接到仓库管理员库存报警或超量通知后，应根据生产实际情况，决定是否与供应商联络，即通知供应商及时交货或改变交货期。

第 4 章　库存标准

第 10 条　安全库存设定标准。

（1）原材料安全库存：结合采购周期、生产总计划和相关车间的产能进行制定。

（2）支杆安全库存的具体内容如下图所示。

（续）

内部流转支杆	____周安全库存（电镀____周，生产____周）
出口支杆	____周安全库存（____周成品，____周半成品）
国内支杆	____周安全库存（____周成品，____周半成品）
××出口支杆	____周安全库存（____周成品，____周半成品）
××分公司支杆	____周安全库存（____周成品，____周半成品）

支杆安全库存示意图

（3）成品安全库存：根据不同的客户区域，结合相应的运输周期在中转库和工厂建立一定的安全库存。

第 5 章　相关文件表单

第 11 条　相关表格。

1. “原材料安全库存表”（略）
2. “半成品安全库存表”（略）
3. “成品安全库存表”（略）

第 6 章　附则

第 12 条　本办法由供应部制定、监督执行并负责解释。

第 13 条　本办法经总经理审批后发布，自发布之日起生效实施。

编制日期		审核日期		批准日期	
修改标记		修改处数		修改日期	

8.3.4　物资消耗定额管理办法

物资消耗是指物质形态的资产转化为其他形态的过程。物资消耗有两种形态：一种是转化为产品的一部分；另一种是物化为产品的价值。例如，水电的消耗就物化为产品的价值，而螺丝的消耗就成为新产品的一个零部件。对企业来讲，要以尽可能少的物资消耗获取尽可能大的效益。因此，对物资消耗实行定额管理，以减少浪费。

下面是某企业制定的物资消耗定额管理办法，仅供读者参考。

<table>
<tr><td rowspan="2">制度名称</td><td colspan="3" rowspan="2">物资消耗定额管理办法</td><td>编号</td><td></td></tr>
<tr><td>受控状态</td><td></td></tr>
<tr><td>执行部门</td><td></td><td>监督部门</td><td></td><td>编修部门</td><td></td></tr>
<tr><td colspan="6">

第 1 章　总则

第 1 条　为了进一步加强物资消耗定额管理，不断改进物资消耗定额标准化工作，实现有计划地合理利用和节约原材料，特制定本办法。

第 2 条　本办法适用于公司所有生产单位。

第 3 条　物资消耗定额限额供料是国民经济计划中的一个重要技术经济指标，是正确确定物资需要量、编制物资供应计划的重要依据，是产品成本核算和经济核算的基础。

第 4 条　物资消耗定额分为工艺消耗定额和非工艺消耗定额两个部分。

第 2 章　定额的方法和手段

第 5 条　物资消耗定额应在保证产品质量的前提下，根据本厂生产的具体条件，结合产品结构，以理论计算和技术测定为主，以经验估计和统计分析为辅来制定最经济、最合理的消耗定额。

第 6 条　实行限额供料是有计划地合理利用和节约原材料的有效手段。

第 3 章　定额的管理

第 7 条　工艺消耗定额由工艺科负责制定，经供应科、车间会签，由总工程师批准，然后由有关部门贯彻执行。非工艺消耗定额根据质量指标，由供应科参照实际情况制定供应定额。

第 8 条　工艺消耗定额必须在保证产品质量的前提下，本着节约的原则制定。

第 9 条　物资消耗定额一般一年修改一次，由供应科提供实际消耗资料，由工艺部门修订工艺消耗定额。由于管理不善而超耗者，不得提高定额。

第 4 章　限额供料

第 10 条　限额供料是执行消耗定额、验证定额和测定非工艺消耗量的重要手段，是分析定额差异和提出改进措施的依据。

第 11 条　限额供料的范围（略）。

第 12 条　限额供料的依据（略）。

第 5 章　附则

第 13 条　本办法由供应部制定、监督执行，并负责解释。

第 14 条　本办法经总经理审批后发布，自发布之日起生效实施。

</td></tr>
<tr><td>编制日期</td><td></td><td>审核日期</td><td></td><td>批准日期</td><td></td></tr>
<tr><td>修改标记</td><td></td><td>修改处数</td><td></td><td>修改日期</td><td></td></tr>
</table>

8.3.5 物资储备定额管理办法

下面是某企业制定的物资储备定额管理办法，仅供读者参考。

<table>
<tr><td rowspan="2">制度名称</td><td colspan="3" rowspan="2">物资储备定额管理办法</td><td>编号</td><td></td></tr>
<tr><td>受控状态</td><td></td></tr>
<tr><td>执行部门</td><td></td><td>监督部门</td><td></td><td>编修部门</td><td></td></tr>
</table>

第 1 章　总则

第 1 条　为了确保公司生产经营活动顺利进行，保证一定的物资储备，特制定本办法。

第 2 条　物资定额是物资计划管理的基础，是物资计划编报的依据。物资计划是进行市场采购、资金占用、仓库储存、计配调拨、核销物资工作的重要依据。

第 3 条　物资储备定额一般由经常性储备定额和保险储备定额组成。经常性储备定额与保险储备定额之和，即为最高储备定额。保险储备定额即为最低储备金额。

第 2 章　储备定额的依据

第 4 条　储备定额制定的依据。

物资的储备定额是依据公司长远发展计划、当年生产经营和科研任务的项目、类型、数量，以及列入年度综合计划中的维修、更新改造和基本建设项目用料需要而制定的。

第 3 章　物资储备的原则

第 5 条　物资储备原则。

（1）物资储备必须是有效储备。它是根据公司的生产任务有针对性、提前进行的物资采购和储存行为。

（2）物资储备必须保证生产的均衡性和持续性。它可以使储备的物资陆续投入使用，避免积压和浪费。

（3）由于公司生产任务的特殊性，有些经营活动不可预见，所以公司可根据实际情况调整各类物资的储备额度。

第 4 章　物资定额的标准

第 6 条　物资定额的标准。

物资定额的最高和最低标准如下图所示。

（续）

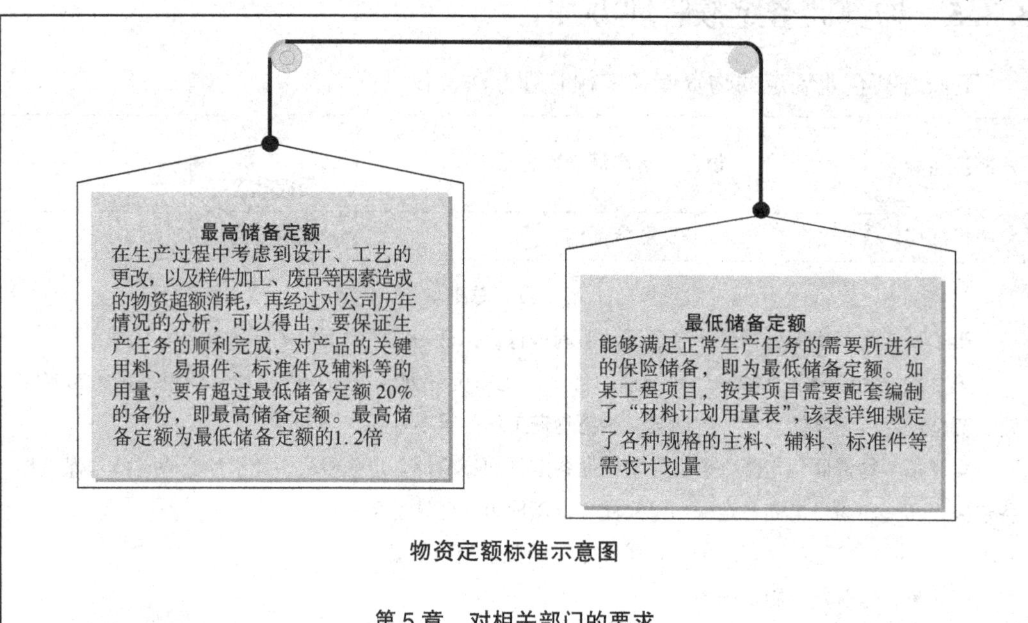

物资定额标准示意图

第5章　对相关部门的要求

第7条　对相关部门的要求。

（1）物资供应部门要严格按照技术部（依据工程项目的需求量）给定的定额，及时组织订货、采购。

（2）进行物资限制，按定额组织发料。对于废品用料应按手续补料，对于多余物料要及时办理退库手续。

（3）物资仓库在每项任务完工后的____天内将该项任务的材料消耗情况整理汇总，并报技术部，以便于收集、整理物资数据，为编制以后的物资储备定额提供依据。

（4）技术部根据前期完成的生产实际材料消耗进行统计分析，以可比产品的可比材料给定下一批任务的材料储备定额。

第6章　附则

第8条　本办法由供应部制定、监督执行，并负责解释。

第9条　本办法经总经理审批后发布，自发布之日起生效实施。

编制日期		审核日期		批准日期	
修改标记		修改处数		修改日期	

8.3.6　费用定额管理办法

费用定额是指在某一期间内应该发生的费用标准。费用定额主要包括管理费用定额、销售费用定额、财务费用定额等。费用定额是某一单项费用的标准，企业可以将该标准落实到企业内部的各个部门和单位。

下面是某企业制定的费用定额管理办法，仅供读者参考。

制度名称	费用定额管理办法			编号	
				受控状态	
执行部门		监督部门		编修部门	

第 1 章 总则

第 1 条 为加强公司财务管理，控制费用开支，本着精打细算、勤俭节约、有利于工作的原则，根据国家有关规定和公司实际情况，特制定本办法。

第 2 条 本办法适用于公司所有部门。

第 2 章 费用定额的标准

第 3 条 公司各部门、下属企业必须于每月月底根据下月工作计划制订本单位费用开支计划，并由财务部汇总、审核，经公司会议或总经理审批通过后，下达各单位执行。

第 4 条 公司同时授予副总经理、部门经理对计划内费用开支的审批权限。

第 5 条 应确保公司费用开支计划富有弹性，并根据实施情况调整或变更授权。

第 3 章 费用的审批程序

第 6 条 公司费用开支计划内审批程序。

（1）费用当事人申请。

（2）部门经理审查确认。

（3）财务部门审核。

（4）授权分管副总或总经理审批。

第 7 条 凡公司计划外开支，一律报总经理审批。

第 4 章 费用报销定额管理

第 8 条 办公用品及低值易耗品采购报销手续。

（1）行政部根据计划统一采购、验收、入库，凭发票和入库单报销。

（2）各部门急需或特殊的办公用品，经批准后可自行购买。购买后应如实提交发票、实物，凭行政部查验入库单入账报销。特殊情况费用的报销管理如下图所示。

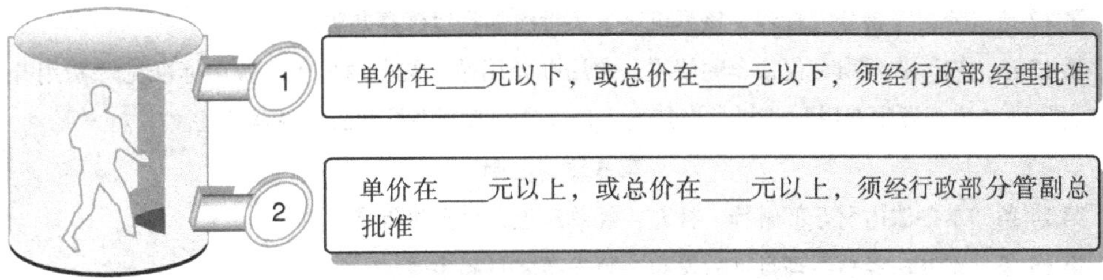

1
单价在____元以下，或总价在____元以下，须经行政部经理批准
2
单价在____元以上，或总价在____元以上，须经行政部分管副总批准

特殊情况费用报销说明

（3）原则上不报销办公用品的装卸费用。

（续）

第9条　车辆使用费报销。

（1）车辆使用费包括汽油费、路桥费、泊车费、驾驶员补贴等。

（2）行政部在掌握车辆维护、用车、油耗等情况的基础上，制订当月车辆费用开支计划。

（3）报销油费时，驾驶员应先在发票背面注明行车起始路程，然后行政部根据里程表、耗油标准、加油时间、数量、用车记录进行复核，最后经行政部经理签字验核。

（4）路桥费、洗车费由驾驶员每月汇总报销一次，由行政部根据派车记录进行复核，并经行政部经理签字验核。

（5）车辆维修前须提出书面报告，说明原因和预计费用，报销时在发票上列明详细费用清单，由行政部根据车辆维修情况进行复核，经行政部经理签字验核。

（6）驾驶员行车补贴按加班标准计算，随每月工资一起发放。

第10条　交通费报销。

（1）交通补贴见《公司补贴、津贴标准》。

（2）交通补贴随员工工资一起发放。

（3）员工外勤不能按时返回，可给予其午餐补贴。

（4）公司为外勤员工提供每天____元的交通补贴，特殊情况经批准，可乘出租车并报销。凡公司给予派车的，均不报销外勤交通费。

第11条　应酬招待开支报销。

（1）根据《公司对外接待办法》中规定的接待标准接待。

（2）如需应酬，应事先申请并得到批准后方可执行。

（3）原则上不允许先开支后批准，因特殊原因无法事先申请批准的，事后须及时报告有关领导。

（4）应酬一般在定点的酒店、宾馆里进行。一般在签单卡签字后按月结算，不得擅自在他处或用现金结算。

第5章　内部收费管理

第12条　公司完善分级管理、核算机制，实行内部收费核算办法。

第13条　内部收费项目包括车辆使用、领用办公用品、文印通信等。费用标准见“费用开支标准表”中“内部发生费用”一栏，将其列入目标计划管理考核和成本效益范围。

第6章　附则

第14条　本办法由财务部解释、补充，经总经理办公会议批准后颁发。

第15条　本办法经总经理批准后发布，自发布之日起生效。

编制日期		审核日期		批准日期	
修改标记		修改处数		修改日期	

第9章

定薪

9.1 薪酬调查

薪酬调查是指企业运用科学的调查、统计、分析方法，通过各种途径采集企业各类人员的工资福利待遇以及支付状况等与薪酬相关的信息，并进行必要的处理与分析的过程。

为了赢得人才竞争的优势，提升员工的薪酬满意度水平，最大限度地吸引、保留、激励优秀人才，大多数企业都非常重视市场薪酬调查数据的采集和分析，并以此作为本企业薪酬决策的重要依据之一。

9.1.1 外部薪酬市场调查

1. 薪酬调查的种类划分

一般来说，调查的依据不同，薪酬调查种类的划分也不同，具体如图 9-1 所示。

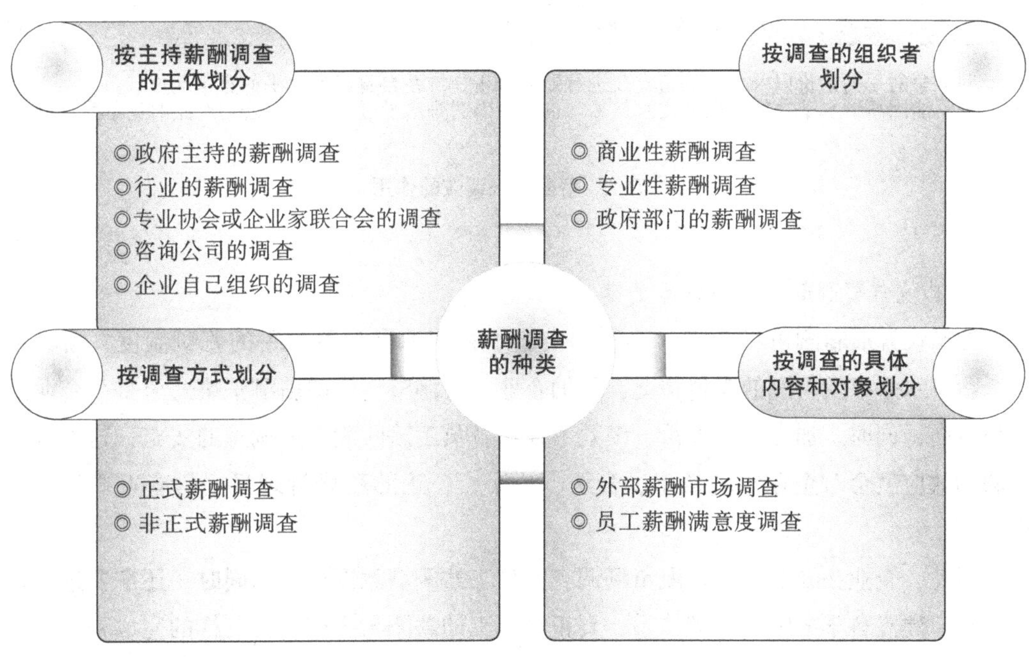

图 9-1 薪酬调查的种类

2. 外部薪酬市场调查的作用

具体而言，薪酬市场调查的作用如图9-2所示。

1 为企业调整员工的薪酬水平提供依据

◎ 企业调整薪酬水平的依据一般包括社会消费水平和生活成本变动、员工的绩效改善、企业的经营状况与支付能力变化、竞争对手薪酬水平的调整等
◎ 通过薪酬市场调查，可以了解竞争对手的薪酬变化，并有针对性地制定薪酬调整对策

2 为企业薪酬管理制度的制定奠定良好的基础

◎ 通过薪酬市场调查，为企业总体薪酬水平的确定提供重要的参考依据
◎ 通过薪酬市场调查，对企业工作岗位评价的有效性和合理性再一次作出评估
◎ 随着从以岗位为基础的薪酬体系向以人员为基础的薪酬体系的转移，确保企业对外具有更强的竞争性

3 有助于掌握薪酬管理的新变化与新趋势

◎ 了解某些新型的薪酬管理在企业中的实施情况，判断是否有顺应潮流实施新模式的必要
◎ 例如，奖金、福利、长期激励、休假、加班时间、薪酬计划及员工流动率、加薪频率等

4 有利于控制劳动力成本，增强企业竞争力

◎ 对竞争对手的定价以及生产制造实践进行财务分析，维系自身工资水平的竞争地位
◎ 既不能因薪酬水平太低而失去优秀员工，也不能因薪酬水平过高而影响公司产品的竞争力

图9-2 薪酬市场调查的作用

3. 其他与薪酬管理相关体系的建立

如果说开展薪酬市场调查，有利于企业了解和掌握竞争对手的薪酬制度、薪酬结构、薪酬水平以及薪酬的支付情况，帮助企业及时调整自己的薪酬策略乃至整个企业的战略方向，同时，加之岗位评价、绩效考评以及员工薪酬满意度调查的实施，这种系统的联动效应就会对企业实现效率、合法、公平、公正的薪酬管理目标具有重要的促进作用。

因此，企业在开展外部薪酬市场调查和员工薪酬满意度调查的同时，还需要进行岗位评价，建立科学的绩效管理体系，真正将员工的薪酬与生产经营目标的完成程度、员工所在小组或部门的考评结果，以及个人的考评结果直接挂钩，以最大限度地激励员工的积极性、主动性和创造性。

4. 使用薪酬市场调查报告的注意事项

（1）调查报告是否最新。随着人力资源市场的不断变化，企业的薪酬水平也会随

企业的效益和市场中人力资源的供需状况而变化，所以薪酬调查的资料要随时进行更新，如果一直沿用以前的、陈旧的调查数据，很可能会做出错误的判断。

（2）调查范围是否合适。

（3）薪酬调查结果是否具有可参照性。

（4）薪酬调查内容是否完备。

（5）数据的收集方法和处理方式是否合理。

（6）每年参加调查的对象是否一致。

（7）调查的资料是否准确等。

9.1.2 员工薪酬满意度调查

1. 员工薪酬满意度调查的内容

员工薪酬满意度调查的内容如图 9-3 所示。

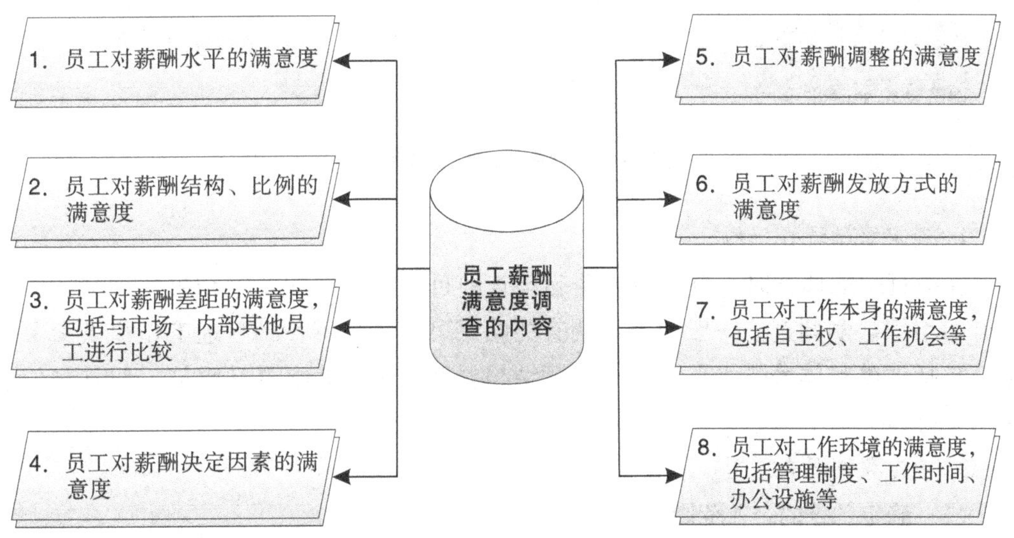

图 9-3 员工薪酬满意度调查的内容

2. 员工薪酬满意度调查的程序

员工薪酬满意度调查的程序如下。

（1）确定调查的对象：薪酬满意度调查的对象是企业内部所有的员工。

（2）确定调查的方式：若调查人数较多，常采用的方式是发放调查表。

（3）确定调查的内容：员工满意度薪酬调查的具体内容如图 9-3 所示。当然，根据调查目标，如果需要更全面的数据信息，还可以增加调查员工对工作本身、工作环境等非财务酬赏的满意度。

9.1.3 薪酬市场调查的步骤

薪酬市场调查的步骤如图 9-4 所示。

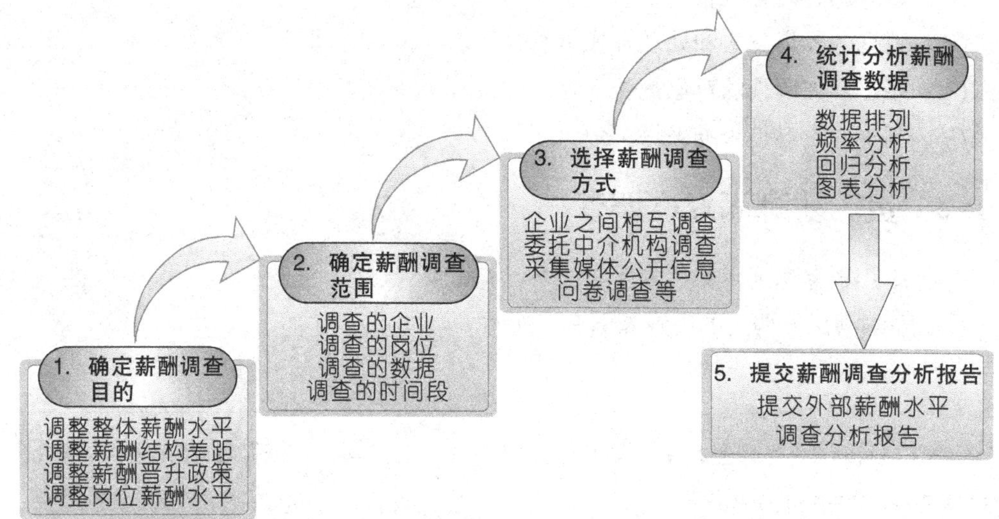

图 9-4 薪酬市场调查的步骤

1. 确定薪酬调查目的

在进行薪酬调查时，首先应当明确调查的目的、要求和调查结果的用途，然后再开始组织薪酬调查。一般而言，调查的结果可以为以下薪酬管理工作提供参考依据，包括调整整体薪酬水平、调整薪酬结构差距、调整薪酬晋升政策、调整岗位薪酬水平等。

2. 确定薪酬调查范围

（1）确定调查的企业范围

薪酬市场调查的本意是了解与企业在同一劳动力市场上争夺劳动力的其他企业的薪酬状况，因此企业首先需要确定自己所在的劳动力市场的范围到底有多大。

根据企业（在一个多大范围内的市场上）与其他企业展开竞争的程度来划分，我们将劳动力市场分为地方性劳动力市场、地区性劳动力市场、全国性劳动力市场和国际性劳动力市场。对于不同类型岗位人员的招聘，我们应有针对性地选择劳动力市场的类别。

应当将什么样的企业纳入薪酬市场调查的范围，企业最好多问这样几个问题，如“企业的员工都流动到哪里去了”“员工主要是通过何种渠道、采用何种方法竞聘的”等。例如，需要了解的是那些由地方劳动力市场状况决定薪酬水平的岗位，调查样本的选择就必须严格限制在企业所在区域范围之内。

按照可比性原则，在选择被调查的企业时，应选择其雇用的劳动力与本企业具有可比性的企业。一般来说，可供调查时选择的五类企业详见表 9-1。

表 9-1 薪酬市场调查可供选择的五类企业

类别	特征描述
第一类	同行业中同类型的其他企业
第二类	其他行业中有相似相近工作岗位的企业
第三类	与本企业雇用同一类劳动力，可构成人力资源竞争对象的企业
第四类	在本地区同一劳动力市场上招聘员工的企业
第五类	经营策略、信誉、报酬水平和工作环境均符合一般标准的企业

当然，如果调查的目标之一是确定企业规模或企业经营绩效对于企业高层管理岗位浮动薪酬的影响，那么调查对象的构成中应尽量包括企业规模或经营绩效方面有较大差异的各种不同类型的企业。同时，调查所需要的最低样本规模在很大程度上取决于调查本身的详细程度。

（2）确定调查的岗位范围

为了实现薪酬调查的目的和要求，在明确了所要调查的行业和企业范围之后，接下来的一项重要任务就是确定调查哪些岗位。例如，是选择操作性、技术性岗位，还是选择包括各种类型在内的岗位，这也是确定调查薪酬信息前必须明确的事项。确定调查岗位范围的规范详见表 9-2。

表 9-2 确定调查岗位范围的规范

关键点	确定调查岗位范围的规范
岗位的典型性、代表性	（1）鉴于薪酬调查时间和费用等方面的限制，想对所有岗位展开调查几乎无法实现 （2）将典型性、代表性的岗位调查数据推广运用到其他非典型的岗位上
遵循可比性原则	（1）组织薪酬调查前，首先应对被调查岗位的各种相关信息作出必要的筛选和确认 （2）注重岗位之间在时间和空间多个维度上的可比性 （3）包括岗位的工作性质、难易程度、岗位职责、工作权限、任职资格、能力要求、劳动强度、环境条件等方面与本企业需要调查的岗位的可比性

（续表）

关键点	确定调查岗位范围的规范
调查关注点	（1）如果关注点是企业管理类岗位人员的薪酬，那么只需将公司高层和部门经理一级的岗位作为调查对象即可 （2）对于专业技术类岗位，应将相关职能领域中的所有岗位都纳入到调查范围内，因为这类岗位的薪酬差异更多地体现在所应具备的专业或任职资格在层次上的差异
工作岗位说明书	（1）调查者必须掌握最新的工作岗位说明书 （2）确保所调查企业提供的岗位数据与本企业的岗位相匹配、相一致 （3）因为不同企业采用的是同一岗位名称，它们的组织结构和工作安排可能有差异，甚至可能从事内容完全不同的工作，这种情况在我国企业中较普遍
岗位名称和岗位描述	（1）工作岗位说明书必须采用比较常见的或者是普遍使用的岗位名称 （2）岗位描述应具有一定的普遍适用性 （3）从详细程度上来看，岗位描述的篇幅不宜过长或过短，充分、准确即可 （4）对于工作内容几乎相同的岗位，不必为其占用太多的调查时间

（3）确定调查的薪酬信息

在企业薪酬管理中，由于相同的岗位在不同的组织中所获得的价值评价是不同的，所以各岗位在不同的组织中获得的报酬、报酬方式也不尽相同。例如，某个岗位的基本工资可能不是很高，但该岗位的奖励性浮动工资或者福利可能很高。

因此，薪酬调查中如果仅仅采集员工的基本工资收入状况，那么调查所获得的最终薪酬数据将无法反映劳动力市场的全部情况。薪酬调查信息应当涉及的内容如图 9-5 所示。

1. 与员工基本工资相关的信息

◎ 应询问被调查对象在某一具体时期内的基本工资收入情况
◎ 要求填写具体的工资形式，即为年薪、月薪、日薪还是小时工资；工资浮动范围，即工资跨度的最低值、最高值以及中间值

2. 与支付年度和其他奖金相关的信息

◎ 奖金数额，年终奖提供与否，年终奖是以年底双薪还是相当于几个月薪水的形式发放

3. 股票期权或影子股票计划等长期激励计划

◎ 在企业高级技术人员、管理人员当中实行的股票期权等长期激励手段
◎ 员工持股计划中，股份数量与员工所承担的岗位的关系，普通岗位是否在持股计划中

4. 与企业各种福利计划相关的信息

◎ 如国家法定福利项目外的补充养老保险、健康保险、人寿保险、伤残保险及休假福利等
◎ 如经营管理高层岗位人员乘坐头等舱旅行、使用公司专车等

5. 与薪酬政策诸方面有关的信息

◎ 直接和间接薪酬信息之外的企业薪酬政策、策略和薪酬管理实践方面的信息
◎ 加薪时的百分比、加班与轮班政策、试用期长短、薪酬水平地区差异、应届毕业生起薪点等

6. 与中层、高层管理者或监督类岗位相关的信息

◎ 权限范围的信息，如管辖的人员数量及其类型、所支配的预算额等
◎ 可以考虑避开较敏感的信息进行调查，让被调查者提供一些有助于数据分析但又不太敏感的信息，如向房地产行业询问某岗位所负责管理的平方米数

图 9-5 薪酬调查信息涉及的内容

（4）确定调查的时间段

确定调查的时间段就是要明确收集的薪酬数据的开始和截止的时间。

3. 选择薪酬调查方式

如果现有的薪酬调查数据不能满足自己的需要或者根本就没有可用的薪酬调查结果，那么企业需要考虑是自己来做薪酬调查，还是雇用第三方或与第三方配合来完成薪酬调查的工作。在现实工作中，尽管企业设有管理薪酬调查的岗位，但很多企业往往借助第三方来完成该项工作。

（1）薪酬调查的具体方式

一般而言，对于较明确的规范性岗位，采集薪酬信息时可选择使用简单的调查方法；对于新兴的高新技术的复杂岗位的薪酬调查，则需要使用较为复杂的调查方法，具体的薪酬调查方式详见表 9-3。

表 9-3　薪酬调查的方式

采集社会公开信息	委托中介机构调查	企业之间相互调查	设计调查问卷调查
1. 包括各级政府部门公布的薪酬数据资料，有关行业协会、专业学会或学术团体提供的薪酬调查数据，以及报纸、杂志、互联网等各类媒体的统计数据 2. 这些数据的特点是针对性不强，更多的是宏观把握和参考的信息 3. 只有这些信息达到一定水准，并便于使用时才可能采用	1. 指委托商业性、专业性的人力资源咨询公司进行调查 2. 适用于当企业需要确定薪酬水平的岗位难以在类似企业中找到相应的岗位时，或者该企业属于新兴行业 3. 这种外包形式所花的费用较高 4. 较易说服目标企业合作和参与，且服务快（时间短）、准（质量高）、全（数据全）	1. 适用于有着良好的对外关系的企业 2. 形式上，成立非正式组织，构建同行业人力资源管理联盟，凭借自身的信用和承诺，定期交换信息，实现信息互通和共享 3. 简便易行、省时省力	1. 适用于大量的、复杂的岗位薪酬调查 2. 调查流程：设计调查问卷→回收问卷→逐项分析→查询疑点→核对数据→调整数据 3. 应注意，一次性调查不易获取完全令人满意的调查结果，其原因有很多，如特定企业的企业文化、管理理念和薪酬策略不同；在职者在该岗位上工作时间的长短不同等

（2）薪酬调查问卷的设计

一般来说，企业可根据薪酬调查的内容设计问卷。典型的市场薪酬调查问卷示例详见表 9-4。

表 9-4　市场薪酬调查问卷

企业名称：	营业范围：
所处行业：	地址：
填表人：	联系电话：
表格完成日期：	
1. 请简述本企业的主要产品或服务：	
2. 员工总数： 纳税收入者数量：	小时工数量： 免税收入者数量：

（续表）

3. 一般性工资增长和结构调整

（1）在过去的一年中，企业是否给下列员工增加了工资？

小时工：　□否　□有，____元或____%，日期__月__日

纳税收入者：　□否　□有，____元或____%，日期__月__日

免税收入者：　□否　□有，____元或____%，日期__月__日

（2）在同一时期，企业是否进行了人员的结构调整？

小时工：　□否　□有，____人或____%，日期__月__日

纳税收入者：　□否　□有，____人或____%，日期__月__日

免税收入者：　□否　□有，____人或____%，日期__月__日

4. 工资增长

（1）在一段时间内，企业有无用于工资增加的预算？

小时工：　□否　□有，____元或____%，日期__月__日

纳税收入者：　□否　□有，____元或____%，日期__月__日

免税收入者：　□否　□有，____元或____%，日期__月__日

（2）如果没有，上一时期增加的薪酬大约是多少？

小时工：　__________

纳税收入者：　__________

免税收入者：　__________

（3）如果有，大约是多少？

	用于绩效	用于提升	总计
小时工：	__________%，	____________%，	____________%
纳税收入者：	__________%，	____________%，	____________%
免税收入者：	__________%，	____________%，	____________%

（4）当前的预算范围是：从__月__日至__月__日

5. 企业是否有工会或正在组织工会：□否　□是

如果是，请列出名称：

6. 生活费用

企业给予员工生活补贴吗？□不给　□给

如果给，当前的金额和范围：

7. 企业是否采取成批自动调整工资的方式？□否　□是

如果是，批数____，频率____，金额____

（续表）

8. 企业是否采取逐年加薪制度，或者在一个固定的日期给员工加薪？ 　　　　　　逐年加薪日期　定期加薪日期　不定期加薪日期 小时工：　　　________，________，________ 纳税收入者：________，________，________ 免税收入者：________，________，________
9. 工资增长频率 　　　　　　次数/年　　　　幅度 小时工：　　　________次，________% 纳税收入者：________次，________% 免税收入者：________次，________%
10. 有无其他资料来帮助我们了解企业员工的薪酬信息？

（3）薪酬调查问卷设计的注意事项

在设计薪酬调查问卷时，应将为实现调查目标所需要的所有信息设置在其中，然后请有关人员试填，以发现并解决在调查表填写过程中可能存在的问题。

一般而言，填写问卷的时间不要超过两小时，因为问卷设计的内容过多、过繁，会引起填写人的反感，反而难以收集到全面、准确的信息。因此，我们不要期望通过一次问卷调查便可获取所有的信息资料。薪酬调查问卷设计的具体要求如图9-6所示。

1 ◎ 依据薪酬调查的目的来设计问卷的具体内容，要求用语标准，问题简单、明确

2 ◎ 确保每个调查项目都是必要的，经过必要的审核来剔除不必要的项目，以提高调查问卷的有效性和实用性

3 ◎ 尽量采用选择判断式提问，即封闭式问题，尽可能减少问卷中的文字书写量

4 ◎ 一份调查问卷至少需要设计两个开放式问题　并注意要留有足够的填写空间

5 ◎ 尽量将相关的问题集中在一起，根据需要，可以注明填写须知、示例、说明词、感谢语等

6 ◎ 问卷设计好后需要请同事填写样本，倾听反馈意见，判断设计是否合理，并适当修改完善

7 ◎ 使用简单的打印样式，以确保易于阅读，也可采用电子问卷，以便于统计分析相关信息

8 ◎ 如果问卷收集的数据使用OCR（光学字符阅读）和OMR（光学符号阅读）处理，即自动读入计算机，那么更需要仔细设计问卷，确保准确地完成数据处理

图9-6　薪酬调查问卷设计的具体要求

4. 统计分析薪酬调查数据

一般而言，在对薪酬调查数据进行整理、汇总、统计分析时，可采用数据排列法、图表分析法、频率分析法、趋中趋势分析方法、离散分析方法、回归分析法等。为了提高分析的信度和效度，需要根据实际情况对统计分析法进行选择。下面介绍两种较常用的方法。

（1）数据排列法

数据排列法是先将薪酬调查的同一类数据由高到低进行排列，再计算出数据列中的几个特殊的位置，并标示出中点或 50%点处、25%点处、75%点处和 90%点处。其中，工资水平较高的企业应该关注 75%点处甚至是 90%点处的工资水平。工资水平较低的企业应该关注 25%点处，一般的企业应该关注中点（即 50%点）处。

例如，需要给企业的会计岗位确定工资，并要求在薪酬市场上具有一定的竞争力。那么，我们可参照上述薪酬市场调查的第二个步骤，根据企业确定和岗位确定的要求进行选择，调查 15 个企业的会计岗位，用数据排列法进行统计分析。具体会计岗位工资调查数据统计详见表 9-5。

表 9-5　会计岗位工资调查数据统计表

企业名称	平均月工资（元）	数据排列结果
A	2 500	1
B	2 200	2　90%点处 = 2 200（元）
C	2 200	3
D	1 900	4　75%点处 = 1 900（元）
E	1 700	5
F	1 650	6
G	1 650	7
H	1 650	8 中点即 50%点处 = 1 650（元）
I	1 600	9
J	1 600	10
K	1 550	11
L	1 500	12　25%点处 = 1 500（元）
M	1 500	13
N	1 500	14
O	1 300	15

（2）图表分析法

图表分析法是在对调查数据进行统计汇总以及对资料进行整理的基础上，首先按照一定的格式编制统计表，然后制成各种统计图（如直线图、柱状图、饼状图、结构图等），对薪酬调查的结果进行对比分析的一种统计分析方法。

图表分析具有直观、形象、鲜明、突出和简洁等特点。某企业采用的薪酬调查统计分析表示例详见表9-6。

表9-6 某企业采用的薪酬调查统计分析表示例

岗位名称			岗位等级代码	
样本数量			任职人数	
任职年龄： 任职时间： 教育水平代码：	低限平滑值 LQ	中间值 MED	高限平滑值 UQ	平均值 AVE
1. 付薪月数 2. 年基本工资 3. 年固定奖金 4. 年可变奖金 5. 物价补贴 6. 饭贴 7. 车贴 8. 房贴 9. 服装费用 10. 洗理费用 11. 节日津贴 12. 防暑降温费 13. 冬季取暖费 14. 旅游/搬迁费用 15. 加班费 16. 轮班津贴 17. 其他费用 18. 工资性津贴合计 19. 年总现金收入				

（续表）

<table>
<tr><td>20. 医疗费
21. 养老金
22. 住房公积金
23. 福利费
24. 教育费
25. 工会费</td><td></td><td></td><td></td><td></td></tr>
<tr><td colspan="5">注 1：岗位等级代码
1 级——总经理；　2 级——执行总监；3 级——职能部门经理；4 级——中级管理者；
5 级——初级管理者；6 级——班组长；7 级——一般员工
注 2：教育水平代码
1 级——高中或以下；2 级——大学专科；3 级——大学本科；
4 级——硕士；　　5 级——博士</td></tr>
</table>

5. 提交薪酬调查分析报告

薪酬调查分析报告的制作须以薪酬调查数据的统计分析结果为依据。其内容一般包括薪酬调查的组织实施情况分析、薪酬数据分析、政策分析、趋势分析；企业薪酬状况与市场状况对比分析，以及薪酬水平或制度调整的建议等。

9.1.4 薪酬满意度调查表的设计

为了保证薪酬满意度调查的质量，我们应精心设计调查表，并根据环境和条件的变化，对调查表进行必要的补充和修改。员工薪酬满意度调查表详见表 9-7。

表 9-7 员工薪酬满意度调查表

<table>
<tr><td colspan="5">说明：请您选择一个最符合您看法的答案
我们将对您的答案保密，请您务必表达真实的想法
示例：我对目前获得的收入感到满意</td></tr>
<tr><td>□非常同意</td><td>□比较同意</td><td>□说不清楚</td><td>□不同意</td><td>□强烈反对</td></tr>
<tr><td colspan="5">如果您对上述问题感到“比较同意”，请您在“比较同意”前的“□”中画“√”，其余的选项则不必填写。注意：每一题只能有一个选择</td></tr>
<tr><td>所在部门</td><td>年龄</td><td>性别</td><td>本专业工作年限</td><td>本领域工作年限</td></tr>
<tr><td></td><td></td><td></td><td></td><td></td></tr>
<tr><td></td><td></td><td></td><td></td><td></td></tr>
</table>

（续表）

企业工龄	职务	学历	专业	目前年薪收入（元）
（1）我对目前获得的收入感到满意				
□非常同意	□比较同意	□说不清楚	□不同意	□强烈反对
（2）我的收入与本地区同行业其他企业相比，我感到满意				
□非常同意	□比较同意	□说不清楚	□不同意	□强烈反对
（3）我认为企业的奖金分配很公平				
□非常同意	□比较同意	□说不清楚	□不同意	□强烈反对
（4）我对企业提供的福利、补贴感到满意				
□非常同意	□比较同意	□说不清楚	□不同意	□强烈反对
（5）我的收入充分反映了我的业绩表现				
□非常同意	□比较同意	□说不清楚	□不同意	□强烈反对
（6）我的收入充分反映了我的岗位职责				
□非常同意	□比较同意	□说不清楚	□不同意	□强烈反对
（7）我的收入充分反映了我的工作能力				
□非常同意	□比较同意	□说不清楚	□不同意	□强烈反对
（8）我的收入各项目之间的比例是合理的				
□非常同意	□比较同意	□说不清楚	□不同意	□强烈反对
（9）我认为我的年收入应是____元				
（10）我认为我的浮动工资部分在总收入中应占____%				

回收薪酬满意度调查问卷之后，可利用数据统计软件对这些问卷进行分析，如使用频率分析、排序分析、相关分析等，并写出分析报告。

9.2 岗位评价

岗位评价即在工作分析的基础上，应用科学的方法对工作岗位的性质、责任大小、劳动强度、任职资格等进行评价，确定岗位的相对价值。

9.2.1 岗位评价的方法

定性的评估方法包括岗位排列法和岗位分类法；定量的评估方法包括岗位参照法、因素比较法和要素计点法。

1. 岗位排列法

岗位排列法是以各项工作在组织中的相对价值或贡献为基础，对岗位从高到低进行排序。

岗位排列法包括：直接排序，即按照岗位说明，根据排序标准从高到低或从低到高对岗位进行排序；交替排序，即先从所需排序的岗位中选出相对价值最高的排在第一位，再选出相对价值最低的排在最后一位，然后从剩下的岗位中选出相对价值最高的排在第二位，接下来再选出剩下的岗位中相对价值最低的排在倒数第二位，以此类推。

岗位排列法的实施步骤如图 9-7 所示。

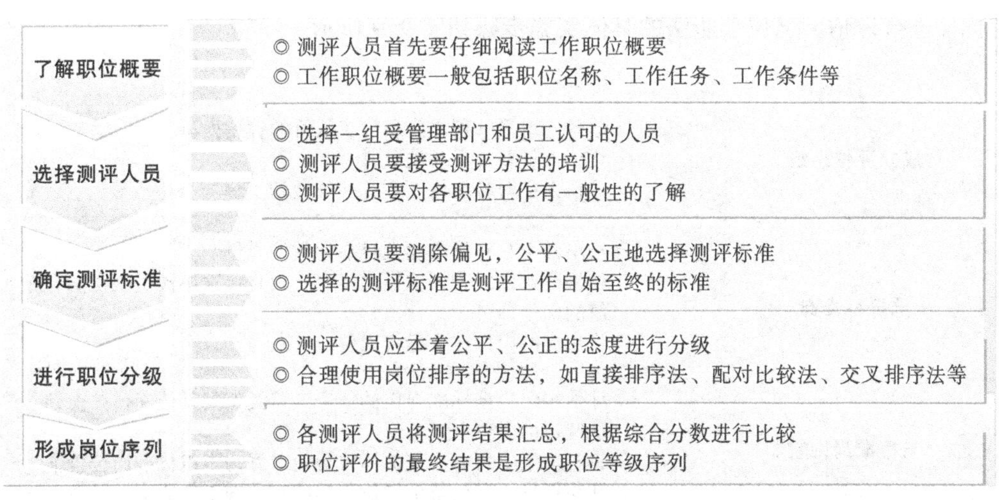

图 9-7　岗位排列法的实施步骤

2. 岗位分类法

岗位分类法即通过制定岗位级别标准，将每个岗位与标准进行比较，并将其归入合适的等级中。岗位分类法的实施步骤如图 9-8 所示。

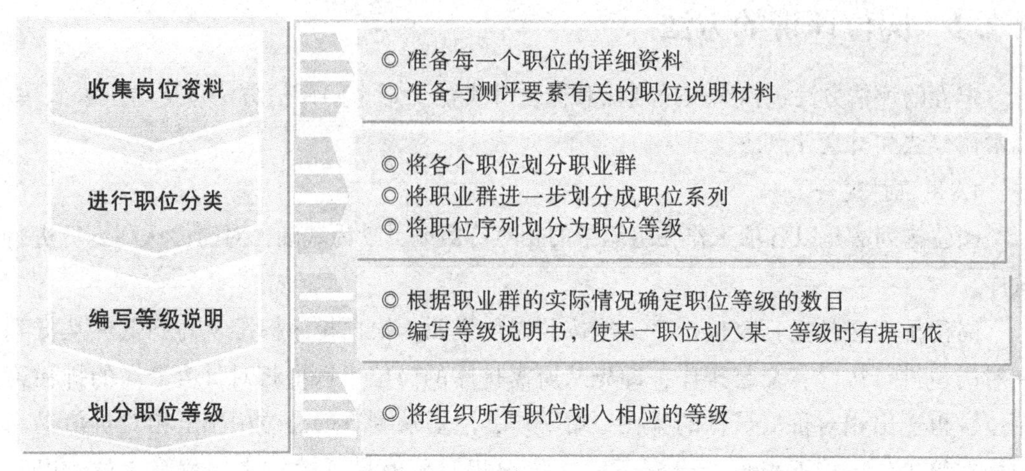

图 9-8 岗位分类法的实施步骤

3. 岗位参照法

岗位参照法是指企业事先建立一套较合理的标准岗位价值序列，其他岗位可参照已有标准进行评估。岗位参照法的具体实施步骤如图 9-9 所示。

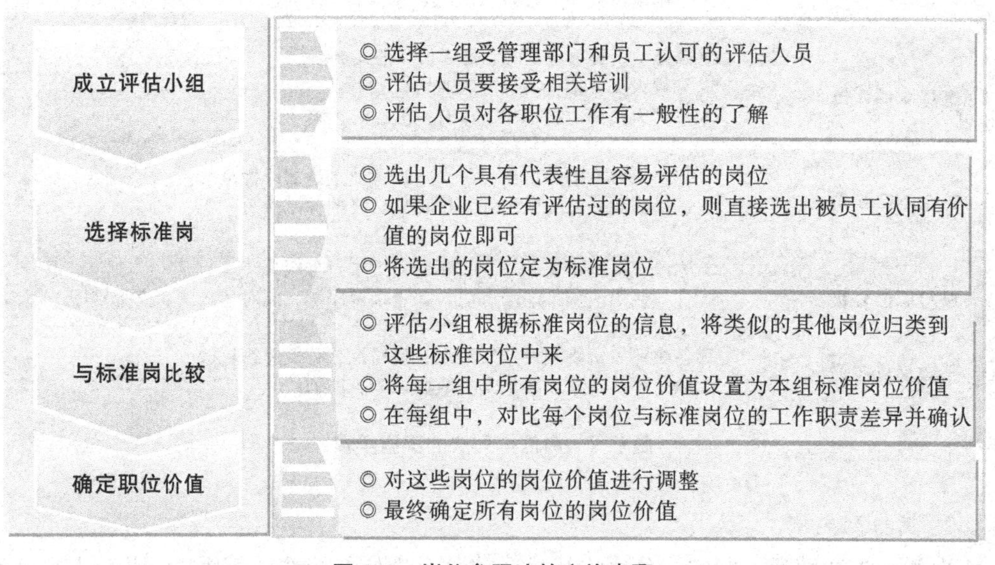

图 9-9 岗位参照法的实施步骤

4. 因素比较法

因素比较法是一种量化的岗位评价方法，是对岗位排序的一种改进。因素比较法与岗位排序法的主要区别是：岗位排序法是从整体的角度对岗位进行比较和排序，而因素比较法则是选择多种报酬因素，如工作责任、工作强度、任职要求、工作环境等，并按照各种因素分别进行排序。

因素比较法的实施步骤如图 9-10 所示。

确定关键职位	◎ 报酬水平合理 ◎ 包含评价要素的各个方面 ◎ 尽量涵盖组织内部各个薪酬水平等级 ◎ 工作内容为人们所熟知，在一定时间内相对稳定
选择比较要素	◎ 需要3~5个比较要素，并涵盖进行比较的所有职位 ◎ 通常的五要素是指脑力因素、体力因素、技能因素、职责因素和工作环境因素
编制因素表	◎ 因素尺度表有两个维度，横向维度是比较因素，纵向维度是与关键职位比较后所得到的工资率 ◎ 工资率是根据劳动市场的报酬、各岗位的工作量等确定的
进行职位比较	◎ 通过因素尺度表对非关键职位进行比较，并对每个要素进行判定 ◎ 查出各因素相对应的工资，再将其相加得到岗位工资

图 9-10　因素比较法的实施步骤

5. 要素计点法

要素计点就是选取若干关键性的薪酬因素，并对每个因素的不同水平进行界定，同时赋予其一定的分值，这个分值也称作“点数”，然后按照这些关键的薪酬因素对岗位进行评价，得到每个岗位的总点数，以此决定岗位的薪酬水平。要素计点法的实施步骤如图 9-11 所示。

确定评价要素及其权重	◎ 评价要素可以选择系统的，也可以选择根据组织特点开发的评价要素 ◎ 权重是以指标的相对重要性为基准的，对于重要的指标应赋予较大的权重
划定要素等级定义评价要素	◎ 对确定的指标，划分指标的等级 ◎ 清晰界定指标本身和指标的等级定义
配给各评价要素等级的点数	◎ 选择一些标杆职位进行试测，按照评价方案的各个指标，赋予标杆职位一定分值 ◎ 根据评价结果，对职位评价方案进行修正
确定岗位相对价值	◎ 将修正的职位方案扩展到非标杆职位，完成对所有职位的评价，建立职位序列

图 9-11　要素计点法的实施步骤

以上五种岗位评价方法的优缺点及适用范围/条件详见表9-8。

表9-8 岗位评价方法的优缺点及适用范围/条件

方法	优点	缺点	适用范围/条件
岗位排序法	◎ 简单、容易操作 ◎ 费用少	◎ 分析者必须对工作非常熟悉 ◎ 主观性强，容易引起争议 ◎ 岗位的相对价值与绝对价值偏离	◎ 适用于规模较小、岗位数量较少、新设立岗位较多的情况
岗位分类法	◎ 比较简单，所需经费、人员和时间相对较少 ◎ 出现新工作或发生岗位变动时，容易按照等级标准迅速确定其等级	◎ 岗位等级的划分和界定存在一定难度，带有一定的主观性 ◎ 较粗糙，无法衡量职位间的价值大小	◎ 组织中存在大量类似的工作，适用于大规模的企业
岗位参照法	◎ 可大大节省为岗位评估所花费的时间、精力和成本 ◎ 评估的结果具有较高的准确性	◎ 标准岗位的选择具有一定的难度 ◎ 当与标准岗位相比较时，也需要一定的精确度和说服力	◎ 工作岗位资料清晰、完整 ◎ 适用于企业规模相对较大的情况
因素比较法	◎ 组织中所有职位运用统一评价的标准 ◎ 直接将等级转换成了货币价值	◎ 各影响因素的相对价值完全依靠主观判断，影响评定的准确度 ◎ 操作起来相对比较复杂，而且很难对员工做出解释	◎ 劳动力市场相对稳定 ◎ 适用于规模比较大的企业
要素计点法	◎ 通俗，易推广 ◎ 相对客观的标准易于被人们接受 ◎ 保留了大量原始数据，便于组织进行动态分析与管理	◎ 费时，成本高，需投入大量人力 ◎ 评价要素定义和权重的确定有一定技术难度 ◎ 不完全客观和科学，在评价的过程中有很多主观因素	◎ 生产过程复杂，岗位类别数目多 ◎ 适用于大规模企业管理类工作岗位

9.2.2 岗位评价的步骤

岗位评价要经过准备、评估和完成三个阶段。三个阶段包括了很多细化的步骤，具体内容详见表 9-9。

表 9-9 岗位评价的步骤

阶段	细化步骤	步骤说明
准备阶段	(1) 确定评价岗位	◎ 对企业的岗位进行清理，列出需要评价岗位的目录
	(2) 准备材料	◎ 公司组织结构图和岗位设置 ◎ 岗位说明书
	(3) 评价计划工作准备	◎ 组建评价委员会，涵盖高、中、基层人员 ◎ 确定评价的时间、地点及工作流程 ◎ 根据企业实际，选择评价的方法和工作 ◎ 准备好评价工作需要的相关表单
评估阶段	(1) 评估培训	◎ 评估前，对评估委员会进行要点及注意事项的培训
	(2) 试打分	◎ 选择标杆职位进行试评估 ◎ 根据评估结果，对因素定义的指标和权重进行调整
	(3) 正式评估	◎ 第一次打分后，统计偏差大的岗位，然后再对其进行第二次打分 ◎ 第二次打分后，所有岗位的分数就基本确定下来
完成阶段	(1) 形成岗位排序表	◎ 对打分结果进行统计汇总，形成职位序列表
	(2) 公布与运用评估结果	◎ 公布岗位评估结果 ◎ 将岗位评估结果转化为实际的岗位工资

9.2.3 岗位评价的工具

岗位评价的工具包括企业自己创造的评价工具、国际评价工具和参照国际评价工具修改的工具。国际岗位评价工具又包括如下内容。

1. 海氏（Hay Group）评估系统

海氏评估系统实质上是一种评分法，根据这个系统，所有职务所包含的最主要的薪酬因素有三种，即技能水平、解决问题的能力和承担的职务责任。每一个薪酬因素又分别由数量不等的子因素构成，具体详见表 9-10。海氏评估系统适用于勘察、开发、设计以及研发等知识密集型公司，如外贸、高科技、金融、咨询业、教育、软件等服务类型公司。

表9-10 海氏评估系统的薪酬三要素

薪酬因素	薪酬因素释义	子因素	子因素释义	子系统等级
技能水平	指工作绩效达到可接受的水平所必需的专业知识及相应的实际运作技能的总和	专业理论知识	指对该职务要求从事的职业领域的理论、实际方法与专业知识的理解	（1）从基本的第一级到权威专业技术的第八级
		管理诀窍	为达到要求的绩效水平而具备的计划、组织、执行、控制、评价的能力与技巧	（2）从起码的第一级到全面的第五级
		人际技能	指该职务所需要的沟通、协调、激励、培训、关系处理等方面主动而活跃的活动技巧	（3）“基本的”“重要的”“关键的”三个等级
解决问题的能力	指在工作中发现问题、分析诊断问题、权衡与评价对策、做出决策的能力	思维环境	指定环境对职务行使者的思维的限制程度	（1）从几乎一切按指定规则办的第一级（高度常规的）到只作了含糊规定的第八级（抽象规定的）
		思维难度	指解决问题时对当事者创造性思维的要求	（2）从几乎无需动脑只需按老规矩办的第一级（重复性的）到完全无先例可供借鉴的第五级（无先例的）
承担的职务责任	指职务的行使者的行动对工作的最终结果可能造成的影响及承担责任的大小	行动的自由度	职务能在多大程度上对其工作进行指导与控制	（1）从自由度最小的第一级（有规定的）到自由度最大的第九级（一般性无指引的）
		职务对后果形成的影响		（2）第一级是后勤性作用；第二级是咨询性作用；第三级是分摊性作用；第四级是主要作用
		职务责任	指可能造成的经济性、正负性后果	（3）即微小的、少量的、中级的和大量的四个等级

海氏评估对所评估的岗位按照以上三个因素及相应的标准进行评估打分，得出每个岗位评估分，即岗位评估分=知能得分+解决问题得分+应负责任得分。解决问题的评估分是相对分（百分值），经过调整后的最后得分才是绝对分。

赋值结束后，要按照这三个薪酬因素在计算中的权重对岗位进行打分，打分的依据主要是技术及解决问题的能力和职务责任。

海氏评估将各个岗位归类为三种形态，即上山型、平路型和下山型，具体内容如图 9-12所示。

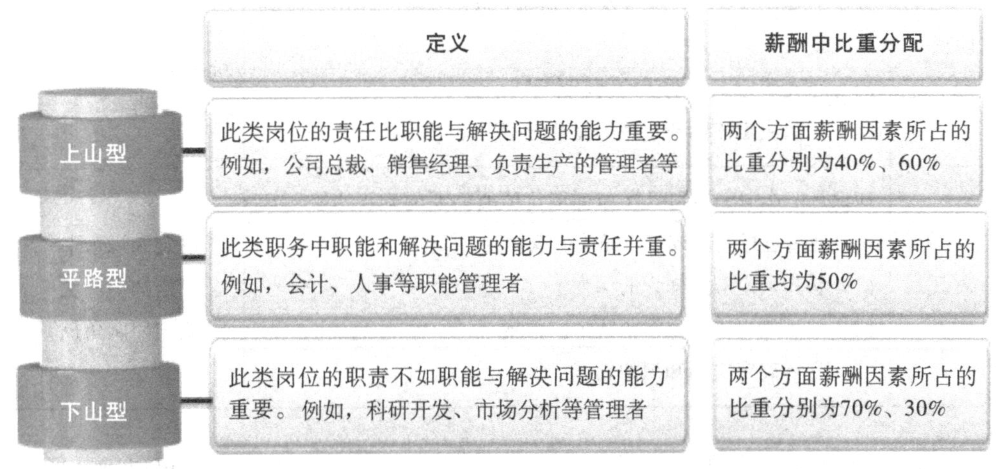

图 9-12　三种形态的定义及比重

2. 美世（Mercer）国际职位评估系统

美世国际职位评估系统（International Position Evaluation，IPE）是一个建立在四个因素基础上的职位评估模型，这四个因素覆盖了确定职位价值大小的关键因素。每个因素分为 2~3 个子维度，共 10 个维度，104 个级别，总分 1 225 分，每个子维度有不同的等级和相应的权重。

美世国际职位评估系统的四个因素是指影响（Impact）、沟通（Communication）、创新（Innovation）和知识（Knowledge），具体内容详见表 9-11。

表 9-11　美世国际职位评估系统的四个因素

因素	因素说明	二级维度
影响	考虑的是职位在其职责范围内具有的影响性质和范围，并以职位对组织的贡献作为修正	◎ 职位在组织内部的影响 ◎ 组织规模 ◎ 职位贡献大小

（续表）

因素	因素说明	二级维度
沟通	着眼于职位所需的沟通技巧 （1）首先决定任职者所需的沟通类型 （2）然后在选定对职位最困难和最具挑战的沟通的描述后决定	◎ 职位沟通方式 ◎ 职位的复杂性
创新	着眼于职位所需的创新水平，明确职位的要求，识别并改进程序、服务和产品，或者发展新的思想、方法、技术、服务或产品 （1）首先确定职位期望的创新水平 （2）然后决定该创新水平的复杂程度	◎ 职位的创新能力 ◎ 职位的复杂性
知识	知识是工作中为达到目标和创造价值所需要的知识水平，知识是通过正规教育或工作经验而获得的 （1）首先指定应用知识的深度 （2）然后指出该职位在团队中的位置 （3）最后确定应用知识的领域	◎ 确定知识水平 ◎ 确定知识深度 ◎ 确定团队角色

美世IPE评估过程简单，只需为每一个子维度选定适当的级别，就可以确认职位在该因素上的得分，然后将所有因素得分相加，计算出该职位的总体得分。

美世IPE系统不仅可以比较全球不同行业、不同规模的企业，而且适用于大型集团企业中各个分公司或子公司的职位比较。美世IPE系统更适合劳动密集型公司，如制造业、建筑、施工公司、纺织、服装、玩具、皮革、家具等行业。

3. 翰威特（Job Link）岗位评估系统

翰威特岗位评估是建立在六种因素基础上的评估系统，其具体内容详见表9-12。当公司规模比较小或评估资源不足时，我们可选择翰威特岗位评估系统。

表9-12 翰威特岗位评估系统六因素

因素名称	因素释义	评价维度
知识与技能	◎ 为了评估胜任工作所必需的整体知识和技能水平	◎ 知识是理解并运用大量事实或规则的能力 ◎ 技能是掌握实际工作任务的熟练程度

（续表）

因素名称	因素释义	评价维度
影响力与责任	◎ 影响力的衡量可以通过财务、预算、计划等其他与职位密切相关的关键点进行 ◎ 责任是指对于最终决策或行动的确定具有控制或支配力度。我们可通过职位是否承担主要责任、分享责任或间接责任来衡量责任大小	◎ 具体行为对实现组织、经营单位或部门目标并最终促成企业成功的潜在影响 ◎ 具体职位在完成工作成果方面所承担的责任
解决问题和制定决策	◎ 该因素对于在调查问题和评估多种解决方案方面所必须做出的判断与分析水平进行衡量，同时还可衡量胜任职位所需要的决策或判断的复杂程度	◎ 职位频繁出现问题的复杂程度 ◎ 解决面临的问题时，可参照的备选方案 ◎ 企业政策与规程对制定策略的限制方案
行动自由度	◎ 该因素评估相关工作层级、行动自由度以及事实或接受监管的性质。应注意该职位需要进行的规划、组织、人员配置与指导力度，以及下属的类别与工作性质	◎ 在因素较低的职位层级上，考虑的重点是接受监督管理的性质 ◎ 在中层水平上代表高层级的职责，以及在不断维护高效业绩方面所起到的明确而持续的监管责任
沟通技巧	◎ 该因素针对职位所需要的交往与人际关系技能的性质进行衡量	◎ 组织内部的沟通技能 ◎ 职位所需要的合作以及与企业外部的其他对象的交往技能 ◎ 还需要衡量履行工作职责所需要的沟通技巧的层次
工作环境	◎ 该因素评估日常工作的所处环境特征，以及所面临的风险状况	◎ 危险环境 ◎ 工作环境

9.2.4 岗位评价的范例

下面是某企业的岗位评价实施范例，仅供读者参考。

范例名称	岗位评价实施范例	应用范围	
		使用对象	

一、岗位评价的意义

岗位评价是以企业岗位为对象，综合运用现代数学、工时研究、劳动心理、生理卫生、人机工程、环境监测等科学理论和方法，按一定的客观衡量标准，对岗位的劳动环境、劳动强度、工作责任、所需要的资格条件等因素，系统地进行测定、评比和估价。岗位评价的意义如下图所示。

衡量岗位间的相对价值	岗位评价作为确定薪资结构的一个有效的支持性工具，可以清楚地衡量岗位间的相对价值。岗位评价是在工作分析的基础上，按照一定的客观衡量标准，对岗位的责任、能力要求、努力程度与工作环境等方面进行系统的、定量的评价
确定更公平合理的薪资结构	岗位评价的目标是建立一种公正、公平的工资结构，使员工在工作中的的付出与收入对等。目前本公司需要一种科学的方法来衡量岗位间的相对价值，从而确定一套有良好激励作用的薪资方案
为等级工资制奠定基础	确立等级工资制需要岗位评价这个有力的支持性工具，因为岗位评价可以衡量出各岗位的排序和量化差异，并使其与各个职系中的职级相对应，从而确定不同岗位间的相对价值

岗位评价的意义

二、岗位评价的原则

进行岗位评价时，必须贯彻如下图所示的基本原则。

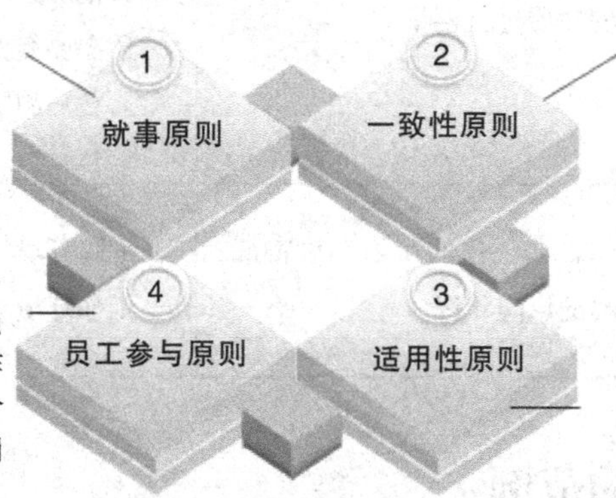
1
就事原则
2
一致性原则
4
员工参与原则
3
适用性原则
岗位评价针对的是工作的岗位，而不是目前在这个岗位上工作的人
所有岗位必须通过同一套评价因素进行评价
在岗位评价过程中，应让员工适当参与到岗位评价工作中来，使员工认同岗位评价的结果，这也有利于增强岗位评价结果的合理性
进行岗位评价时，我们必须从公司的实际情况出发，选择适合公司的评价工具、评价方法以及程序，以期顺利实现岗位评价的目的

岗位评价的原则示意图

（续）

三、岗位评价方法

根据集团公司的要求并结合公司实际，在此次岗位评价中我们选择了因素评分法。我们通过因素评分法，将岗位知识技能、工作责任、工作强度、工作环境四大要素又进一步分解为____个子因素，每个子因素再细分为____~____个等级，并分别定义和配点，然后按照这些子因素对岗位进行评价，得到每个岗位的总分数，以此作为确定岗位工资的重要依据。

有关于具体评价要素、子因素、分级、分级定义和配点的具体内容，请详见“公司岗位评价点数表”“公司岗位评价要素、子因素、分级、分级定义及配点”。

四、岗位评价的流程

根据经验，此次公司岗位评价主要分为以下四个阶段。

1. 准备阶段

在这一阶段需要完成的任务有四个部分，即清岗、完成职务说明书、评价前的准备工作及组建项目组和操作组。

组建的项目组和操作组中，其中项目组____人，操作组____人。

项目组名单如下图所示。

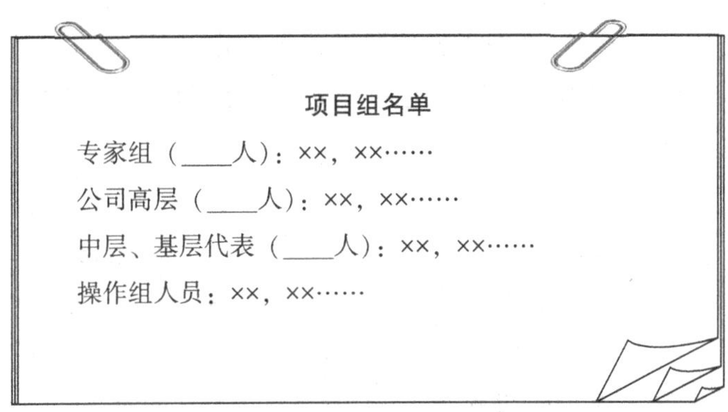

项目组名单
专家组（____人）：××，××……
公司高层（____人）：××，××……
中层、基层代表（____人）：××，××……
操作组人员：××，××……

2. 培训阶段

这一阶段需要确定评价表的因素定义和权重，以及标杆岗位，然后进行试打分并统一专家组成员的评判标准。

3. 评价阶段

这一阶段是岗位评价的核心阶段，其他阶段都是为了这一阶段的运作做准备。专家们在这一阶段按部门对岗位进行打分，操作组需要并行，对评价结果及时进行数据处理。

4. 总结阶段

这一阶段需要对上一阶段打分的结果进行岗位排序，对不合理的岗位/因素重新打分，并进行岗位排序的调整，至此，整个岗位评价工作结束。

（续）

五、运用岗位评价的注意事项 岗位评价评分法具有良好的可扩展性，因此随着公司的发展，我们需要注意以下两个问题。 （1）当新的岗位出现时，需要对这些新增加的岗位进行评价，评价的方法依然是组建项目组，采用上述工作流程进行。 （2）当企业经营的外部环境发生很大变化时，我们应该根据实际情况，确定是否有必要对有些岗位甚至所有的岗位进行重新评价。因此，虽然这套评价体系是固定的，但是企业可根据实际情况进行不断调整。

9.3 以岗定薪

现代企业管理要求建立适应现代企业制度和市场竞争要求的薪酬分配体系，以充分发挥薪酬机制的激励和约束作用，最大限度地调动员工的工作主动性、积极性和创造性。以岗定薪就是其中的一种。

以岗定薪是指员工的工资级别根据任职岗位来确定。在构建以岗定薪的薪酬体系前，企业人力资源部需事先做好“定岗定编”与“构建岗位测评体系”两方面的工作，具体内容如图 9-13 所示。

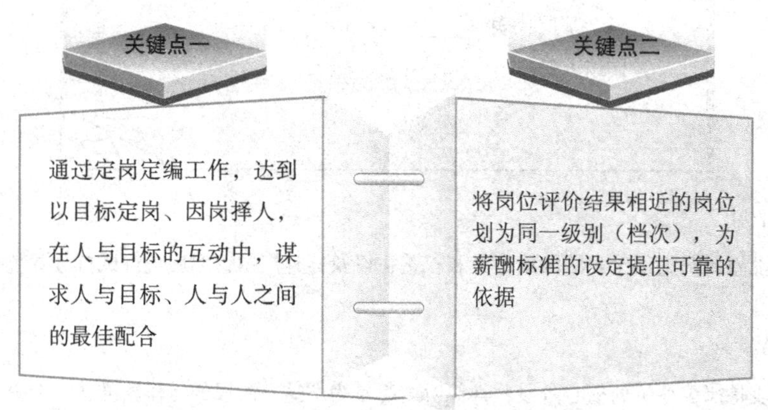

图 9-13 建立以岗定薪薪酬体系须解决的两大问题

岗位工资制是典型的以岗定薪的一种薪酬管理模式。岗位工资制是按照不同的工作岗位分别确定员工工资的一种工资制度。岗位工资标准主要通过对不同岗位的工作难易程度、责任大小、劳动轻重、劳动条件等因素进行测评来确定。

岗位工资制的主要特点是对岗不对人，其主要包括岗位等级工资制和岗位薪点工资制两种工资形式。

9.3.1 岗位等级工资制

岗位等级工资制是按照岗位等级规定员工工资等级和工资标准的一种工资制度。它有如下两种表现形式。

1. 一岗一薪制

一岗一薪岗位工资制是指每一个岗位只设置一个工资标准，凡在同一岗位上工作的员工都执行同一工资标准。

这种制度只体现不同岗位之间的工资差别，不体现岗位内部的劳动差别和工资差别。其示例详见表 9-13。

表 9-13 一岗一薪制薪酬等级表

职等	工资标准（元）	管理岗	技术岗	操作岗
一	____	公司总经理		
二	____	公司副总经理	总工	
三	____	部门经理	高级工程师	
四	____	部门主管	中级工程师	
五	____		工程师	
六	____		技术员	
七	____			____岗
八	____			____岗
九	____			____岗

2. 一岗数薪制

一岗数薪制又称为岗位等级工资制，是指在同一个岗位内设置几个工资等级，以反映同一岗位不同等级的差别。

这种形式是在岗位内部设级，以反映岗位内部不同员工之间的劳动差别。岗内级别是根据该岗位工作的技术高低、责任大小、劳动强度、劳动条件等因素来确定的。不同岗位之间的级别有交叉。一岗数薪制不仅体现出不同岗位之间的劳动差别，而且体现了同一岗位内部不同劳动者的劳动差异，并使之在劳动报酬上得到反映。

一岗数薪制弥补了一岗一薪制的不足，即将岗位薪酬设定在一定的范围内，这对员工有着更强的激励作用。其示例详见表 9-14。

表 9-14　一岗数薪制示例

岗位	职等	工资等级及标准			
		1	2	3	4
部门经理	三	____元	____元	____元	____元
部门主管	四	____元	____元	____元	____元

岗位等级工资制的设计是一项系统的工作，其设计流程如图 9-14 所示。

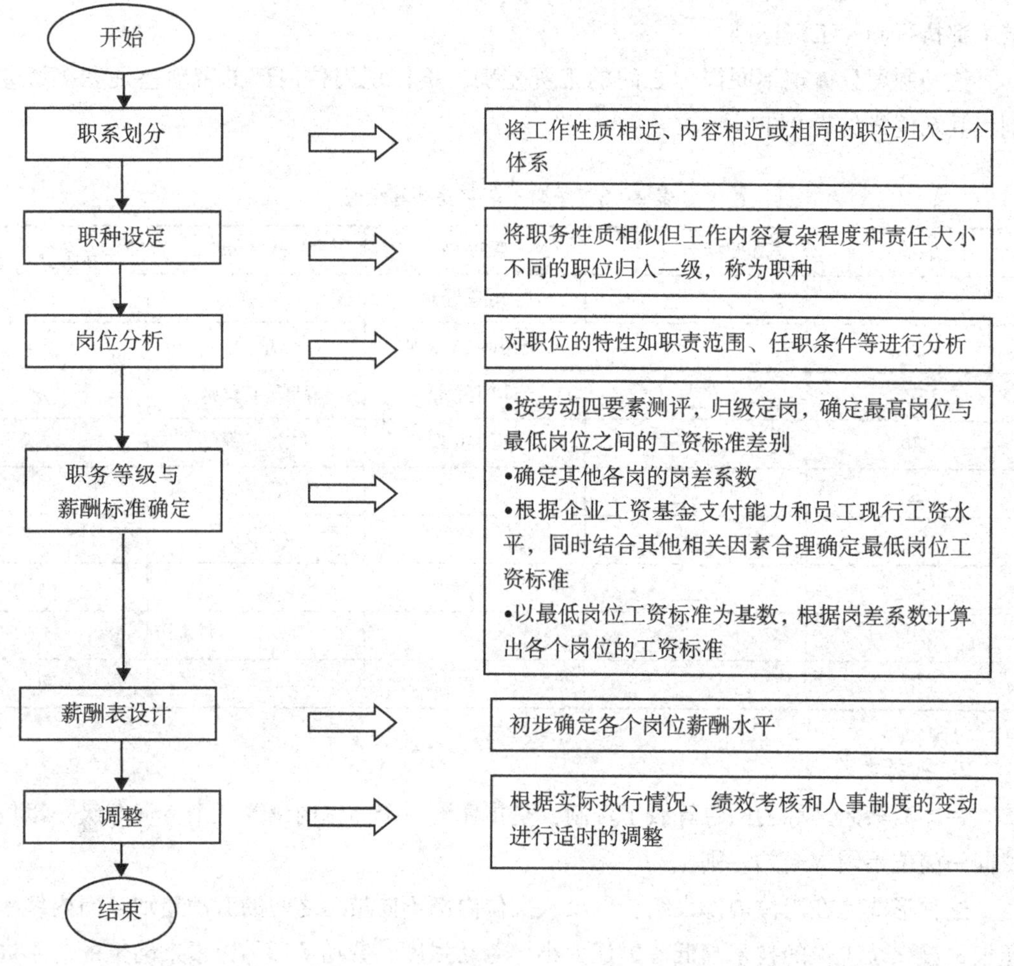

图 9-14　岗位等级工资制的设计流程图

9.3.2　岗位薪点工资制

岗位薪点工资制是在劳动四要素（劳动技能、劳动责任、劳动强度和劳动条件）

的基础上，用点数和点值来确定员工实际劳动报酬的一种工资制度。员工的点数可通过一系列量化的考核指标来确定，点值与公司（或者分厂、部门）效益挂钩，这使工资分配与企业经济效益密切联系起来。岗位薪点工资计算公式如下。

岗位薪点工资 = 岗位薪点×点值

岗位薪点工资制的设计是一项系统的工作，需遵循一定的程序进行。其操作要点如图 9-15 所示。

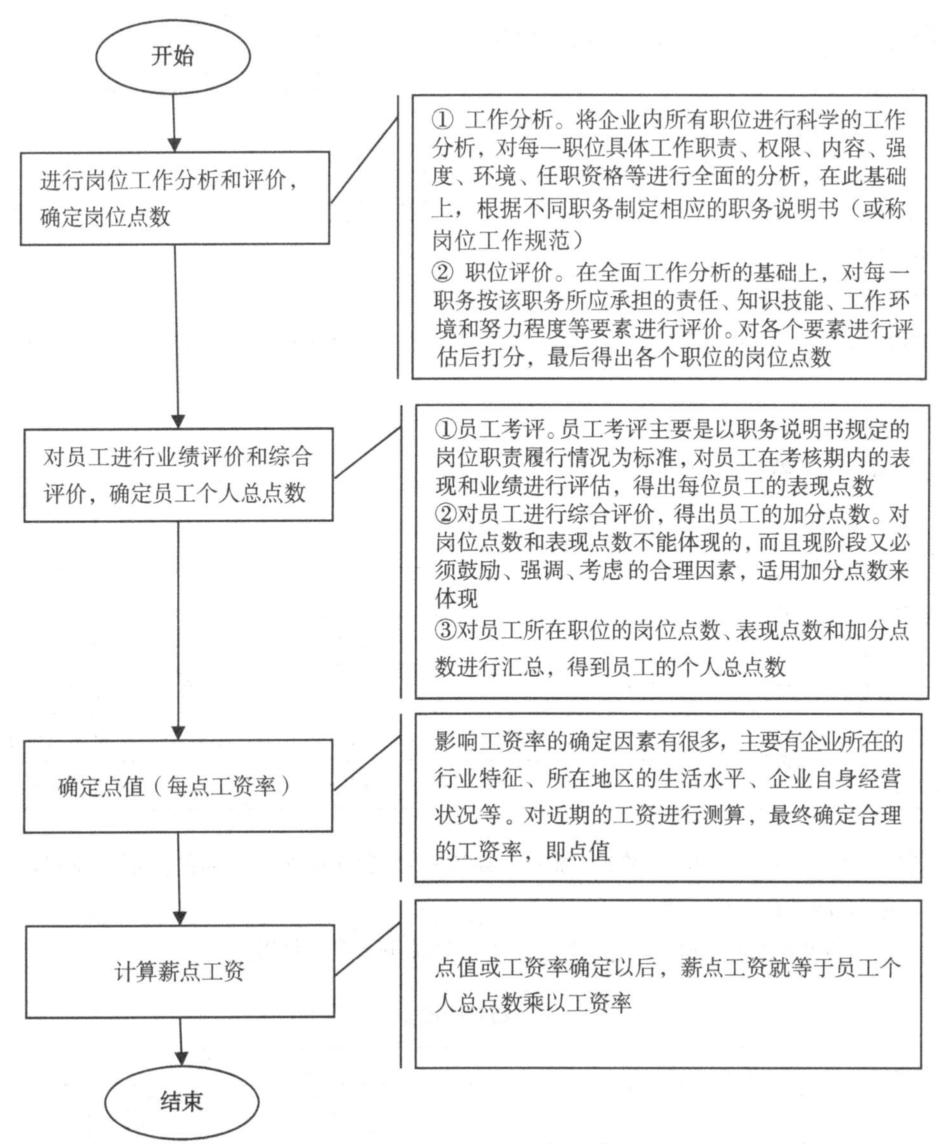

图 9-15　岗位薪点工资制操作要点

9.4 薪酬制度设计

9.4.1 新入职员工定薪办法

制度名称	新入职员工定薪办法	编制部门	
		执行部门	

第1条 目的

（1）以职位价值为基础，明确职位职级，充分体现薪酬内部的公平性。

（2）有效平衡薪酬的保障因素和激励因素，鼓励员工积极创造效益，使员工收入与个人业绩、组织业绩挂钩。

第2条 基本工资的确定

我们可根据职位评估结果及公司薪酬市场竞争性定位确定新入职员工的基本工资，具体计算办法如下。

1. 岗位薪点值的确定

岗位薪点值的确定标准详见下表。

岗位薪点值的确定

薪点因素	权重	薪点值				
		2	2.5	3.5	5.5	7
工作经验	60%	1年以下	1~2年	2~3年	3~5年	5年以上
学历	40%	初中以下	高中/中专	大专	本科	硕士及以上
技术职称		–	–	初级	中级	高级

岗位薪点值（S）= 同职务工作经验薪点值×60%+（学历薪点值+技术职称薪点值）×40%

2. 确定薪酬级别

运用计算出的岗位薪点值，对照公司的职等职级表，确定薪酬级别。

薪酬级别的确定

职等	____≤S<____	____≤S<____	____≤S<____	____≤S<____
一				____级（职位级别）
二			____级（职位级别）	____级（职位级别）
三		____级（职位级别）	____级（职位级别）	

（续）

四		____级（职位级别）		
五	____级（职位级别）			

第 3 条　绩效工资的确定

绩效工资是根据考核结果确定的，具体见公司绩效考核的有关规定。

第 4 条　福利（略）

第 5 条　薪酬调整（略）

第 6 条　薪酬发放

试用期按照相应岗位等级工资的 80%发放，试用期满经考核合格正式上岗的，按相应岗位等级工资的 100%发放。

第 7 条　附则

（1）本办法由公司人力资源部负责解释。

（2）本办法自公布之日起执行。

编制日期		审核日期		批准日期	
修改标记		修改处数		修改日期	

9.4.2　销售人员薪酬管理细则

制度名称	销售人员薪酬管理细则			编　　号	
				受控状态	
执行部门		监督部门		编修部门	

第 1 条　目的

（1）将销售人员的薪酬与其工作业绩挂钩，调动销售人员的工作积极性，促进公司健康发展。

（2）确保完成销售任务，符合公司整体经营战略需要。

（3）保证公司的薪酬水平对内具有公平性，对外具有竞争性。

第 2 条　适用范围

本细则适用于公司一线销售人员与销售经理的薪酬管理。

第 3 条　一线销售人员的薪酬设计

一线销售人员薪酬由底薪、月度提成、各项补助、年度奖金、其他奖金五部分组成。

1. 底薪

一线销售人员的底薪是由其业务水平、行业经验、学历、公司工龄等因素综合确定的。对销售人员底薪每年年终定期进行一次调整，调整的幅度取决于销售人员当年的绩效考核结果及公司的经济效益等因素。

（续）

2. 月度提成

销售提成根据销售人员每月完成的任务来计算，完成的任务量不同其提成比例也不同，具体详见下表。

销售人员提成比例表

销售额	提成比例
××万元及以下	0
××万元~××万元	从完成的销售额中提取×%
××万元~××万元	从完成的销售额中提取×%
××万元以上	从完成的销售额中提取×%

3. 各项补助

公司对一线销售人员给予的补助标准及说明详见下表。

一线销售人员补助标准表

补助类型	补助标准	结算方式
交通补助	××元/月	提供相关票据报销，每月报销1次，同月工资一起支付
午餐补助	××元/天	按照实际出勤天数计算，与每月工资一起支付
通信补助	××元/月	每月结算一次，与每月工资一起支付

4. 年度奖金

销售人员的年度奖金为当年总回款额的×%。

5. 其他奖金

公司设立合理化建议奖及优秀销售员工奖两项奖金。

（1）合理化建议奖。

一线销售人员在工作中对某一事项提出合理化建议，给公司带来一定的效益的，公司给予一定的奖励。合理化建议奖每季度评选1次，奖励××元。

（2）优秀销售员工奖。

人力资源部根据一线销售人员绩效考核结果及销售人员为公司创造的效益，每月评选出××位优秀销售员工，并奖励××元，每年年终根据年终考核结果评选出年度优秀销售员工奖，奖励××元。

第4条　销售经理的薪酬设计

销售经理的薪酬构成包括基本工资、月度提成、各项补助、季度奖金、年度奖金五部分。

（续）

1. 基本工资

基本工资根据公司规定的岗位等级工资制定标准而定。

2. 月度提成

我们可根据销售经理当月完成的业务量及回款率计算其提成，具体标准详见下表。

销售经理月度提成比例

回款率下限	当月完成业务量	提成比例
××%	××万元及以下	××%
	××万元以上	××%
××%	××万元及以下	××%
	××万元以上	××%
××%	××万元及以上	××%

3. 各项补助

销售经理各项补助标准及说明详见下表。

销售经理补助标准表

补助类型	补助标准
交通补助	××元/月
午餐补助	××元/天
通信补助	××元/月

4. 季度奖金

销售经理季度奖金的发放标准详见下表。

销售经理季度奖金标准一览表

部门销售任务完成额	季度奖金额
××万元~××万元	从部门完成的超额业绩中提取××%
××万元~××万元	从部门完成的超额业绩中提取××%
××万元以上	从部门完成的超额业绩中提取××%

5. 年度奖金

销售经理年度奖金的发放标准详见下表。

（续）

销售经理年度奖金标准一览表

部门销售任务完成额	年度奖金额
××万元~××万元	从部门完成的超额业绩中提取××%
××万元~××万元	从部门完成的超额业绩中提取××%
××万元以上	从部门完成的超额业绩中提取××%

第5条　薪酬发放管理

1. 月薪资发放

销售人员每月薪资于下月×日发放，月销售提成按当月实际销售情况计算，并与薪资及各项补助一起发放。

2. 季度奖金

销售经理的季度奖金与下季度第1个月薪资一起发放。

3. 年度奖金

年度奖金于每年12月××日发放。

4. 离职销售人员薪资发放

销售人员离职需办理工作移交手续，协助公司回收剩余款项，所有工作均交接完毕之后方能办理薪酬结算。

第6条　附则

（1）本细则由公司人力资源部负责解释。

（2）本细则自公布之日起执行。

编制日期		审核日期		批准日期	
修改标记		修改处数		修改日期	

9.4.3　网店客服薪酬实施办法

制度名称	网店客服薪酬实施办法			编　　号	
				受控状态	
执行部门		监督部门		编修部门	

第1条　目的

为了激发客服人员的工作热情，达成网店销售目标，特制定本办法。

第2条　薪酬结构

网店客服薪酬结构由基本工资、业绩提成和绩效奖金三部分构成。

（续）

第 3 条　基本工资的确定

网店客服人员基本工资情况详见下表。

网店客服人员基本工资一览表

岗位	基本工资（元/月）
初级客服	____
中级客服	____
高级客服	____
资深客服	____

第 4 条　业绩提成标准的设定

网店客服的业绩提成依据是网店销售客服个人的产品销售额，具体的计提标准详见下表。

网店客服提成计提标准表

产品名称	销售额（万元）	提成标准	产品类别
产品 1	____以上	计提销售总金额的____%	老产品
	____~____（含）	计提销售总金额的____%	
	____（含）以下	计提销售总金额的____%	
产品 2	____以上	计提销售总金额的____%	新产品
	____~____（含）	计提销售总金额的____%	
	____（含）以下	计提销售总金额的____%	
	该产品的网络销售费用应控制在____元以内，超过此费用需经网店销售主管同意		

第 5 条　绩效奖金的确定

每月未完成销售任务者，不能参与绩效奖金的评定。完成销售任务者的绩效奖金的发放标准详见下表。

（续）

绩效奖金的确定

考核指标	考核排名	奖励标准
询单转化率	1	____元
	2	____元
	3	____元
平均响应时间	1	____元
	2	____元
	3	____元
客单价	1	____元
	2	____元
	3	____元

第6条　附则

（1）本办法由公司人力资源部负责解释。

（2）本办法自公布之日起执行。

编制日期		审核日期		批准日期	
修改标记		修改处数		修改日期	

9.4.4　研发人员薪酬管理办法

制度名称	研发人员薪酬管理办法			编　　号	
				受控状态	
执行部门		监督部门		编修部门	

第1章　总则

第1条　目的

为了吸引和留住更多的优秀人才，促进公司的发展，在分析研发工作和项目管理模式的基础上，特制定本办法。

第2条　适用范围

本办法适用于研发部研发人员，包括但不限于产品研发人员、技术研发人员、工艺研发人员。

（续）

第 2 章　薪酬设计

第 3 条　薪酬模式

本公司采用宽带薪酬的模式将研发人员的薪酬等级设为三个技术级别。每一位研发人员的薪酬具体处于哪个级别，需要通过职位评估来确定。

第 4 条　职位评估

本公司对研发职位的评估内容详见下表。

研发职位评估项目

评估项	分值
具备国家承认的职称，且有与目前所从事工作相对应的技术职称（____分）	1. 初级（____分） 2. 中级（____分） 3. 高级（____分）
在本公司连续服务期限（____分）	1. 3 个月<服务期限≤1 年（____分） 2. 1 年<服务期限≤3 年（____分） 3. 3 年<服务期限≤5 年（____分） 4. 5 年以上（____分）
能较独立地完成一定程度的项目设计（____分）	1. 技术难度大（____~____分） 2. 技术难度较大（____~____分） 3. 技术难度适中（____~____分） 4. 技术难度较小（1~____分）
对公司技术发展提出可行性报告，并具有较大的价值（____分）	参考价值（____分） 每提出 1 项可行性报告，加____分

第 5 条　薪酬结构

研发人员的薪酬包括基本薪酬、绩效薪酬、学历津贴和福利四个部分。

第 3 章　薪酬标准

第 6 条　基本薪酬

研发人员根据职位评估分数，将基本薪酬分为三个薪级，每个薪级分为 3~5 个薪等，具体详见下表。

（续）

研发人员基本薪酬表

薪级	薪等	基本薪酬（元）	职位评估分数
一级	一等	1 100	___分及以下
	二等	1 300	___~___分
	三等	1 500	___~___分
	四等	1 700	___~___分
	五等	1 900	___~___分
二级	一等	2 200	___~___分
	二等	2 500	___~___分
	三等	2 800	___~___分
	四等	3 200	___~___分
	五等	3 600	___~___分
三级	一等	4 000	___~___分
	二等	6 000	___~___分
	三等	8 000	___分以上

第7条　绩效薪酬

绩效薪酬的表现形式主要是研发项目奖金。

（1）研发经理不参与研发项目奖金的分配，研发经理奖金由研发评审委员会确定，原则上为项目研发人员平均奖金的120%~160%。

（2）对于研发项目奖金的分配，我们可根据研发项目难度和进程的不同，制定不同的奖励标准，具体标准详见下表。

项目奖金发放标准

项目	难度系数	项目进程	奖励标准
项目1	难度系数≤___	提前1周以上完成	110%A
		提前1周完成	60%A
		提前3天完成	50%A
项目2	难度系数≤___	提前1周以上完成	110%B
		提前1周完成	60%B
		提前3天完成	50%B

（续）

项目	难度系数	项目进程	奖励标准
项目 3	难度系数≤____	提前 1 周以上完成	110%C
		提前 1 周完成	60%C
		提前 3 天完成	50%C
项目 4	难度系数≤____	提前 1 周以上完成	110%D
		提前 1 周完成	60%D
		提前 3 天完成	50%D

说明：(1) 表中 A、B、C、D 均为研发项目的奖金总额。

(2) 研发人员个人奖金的分配是在研发项目奖金总额的基础上，根据项目考核得分进行计算。

其中，研发项目难度系数划分标准如下表所示。

研发项目难度系数评定标准

首创	仿研	合作	改进
____	____	____	____

第 8 条　学历津贴

学历津贴的计发标准为：硕士及以上____元/月、本科____元/月。

第 9 条　福利

公司的福利包括提供学习和培训的机会、自助式福利套餐等。

第 4 章　附则

第 10 条　本办法由人力资源部负责制定，解释权归人力资源部所有。

第 11 条　本办法自颁布之日起实施。

编制日期		审核日期		批准日期	
修改标记		修改处数		修改日期	

9.4.5 工程项目部薪酬管理办法

制度名称	工程项目部薪酬管理办法			编　号	
				受控状态	
执行部门		监督部门		编修部门	

第1章　总则

第1条　目的

为了达到以下目的，参照行业水平，结合公司实际，特制定本办法。

（1）加强对工程项目部薪酬的管理，努力建立客观、公正、合理的分配制度。

（2）充分调动工程项目部员工的工作积极性和创造性，为公司创造良好的社会效益和经济效益。

第2条　适用范围

本办法适用于本公司所有工程项目部人员的薪酬管理工作。

第2章　薪酬构成

第3条　薪酬管理制度

根据工程施工实际，项目部实行综合薪酬管理制度。

第4条　薪酬结构

工程项目部薪酬结构由职位工资、绩效工资、生活补贴和年功工资四部分组成。

（1）月工资=职位工资+月绩效工资+生活补贴+年功工资。

（2）月绩效工资=绩效薪资基数×绩效系数，其中绩效薪资基数应与项目部效益、人员的劳动成果直接挂钩，以充分体现人员的潜在劳动要素和实际劳动成果之间的关系。

第5条　项目奖金设置

工程项目奖金主要包括三项，即工程项目管理奖金、成本节约奖金、项目销售奖金。公司按工程项目收益和每一位项目相关人员的工作成绩，建立工程项目奖金分配标准。

第3章　薪酬发放标准

第6条　职位工资发放标准

职位工资是指以岗位劳动责任、劳动强度、劳动条件等评价要素确定劳动者报酬。本公司工程项目部的职位级别及职位工资标准设定详见下表。

工程项目部职位工资标准表

工资级别	职位等级	职位工资标准（元/月）	绩效系数
一级	项目正职	14 000	2.0
二级	项目副职	12 000	1.8
三级	项目经理助理/副总师	10 000	1.5

（续）

（续表）

工资级别	职位等级	职位工资标准（元/月）	绩效系数
四级	厂队、部门正职	7 000	1.3
五级	厂队、部门副职	6 500	1.2
六级	一级职员	6 000	1.1
七级	二级职员	5 500	1.0
八级	三级职员	5 000	0.9
九级	考察试用期员工	4 500	0.8
注：上述等级适用于本公司正式员工，对于其他用工形式，工程项目部可根据上述等级确定后报总经理审批后执行。			

第 7 条　生活补贴发放标准

根据项目人员所在国家或地区的环境、安全局势、生活消费水平等因素进行地区分类，并结合本公司的实际情况，确定其生活补贴，具体标准为国外 180 元/月，国内县镇及以下地区 100 元/月。

第 8 条　月绩效工资发放标准

月绩效工资每月发放一次，项目部根据月度完成产值情况进行核算后确定绩效薪资基数，根据各岗位系数情况进行合理分配，并报总经理办公室备案。

第 9 条　年功工资发放标准

年功工资按照员工的工作年限计发，标准为每工作满一年每月发放 10 元。

第 10 条　过节费发放标准

过节费是指公司在国家法定节假日为员工所发放的节日补贴费用，标准为每个节假日每人 200 元。

第 11 条　项目奖金发放标准

（1）工程项目管理奖金的发放标准可根据职位进行区分，一般为项目额的 10‰~15‰，具体详见下表。

工程项目管理奖金发放标准表

岗位	分配比例（占项目额的比例）	岗位	分配比例（占项目额的比例）
项目经理	5‰	副项目经理	2‰
项目总工	2‰	系统工程师	1‰
资料员	1‰	安全员	1‰
施工员	1‰	质检员	1‰

（续）

（2）成本节约奖金：各相关人员通过加强管理、提高工艺水平、采用新工艺等方法降低了项目总成本。其中，成本结余部分×30%作为项目组奖金，其发放办法是项目结算完毕后，由项目经理及项目组各成员共同议定发放标准、额度，经项目经理、总经理审核确认后，在项目结算当年以年终奖金形式发放。

（3）销售提成：按照市场部销售提成标准的80%发放，发放办法同销售人员奖金发放办法。

第4章　薪酬发放

第12条　薪酬发放时间

（1）工程项目部员工的薪酬按月发放。计薪期为发薪当月的一日至月末最后一天。若遇发薪日为节假日时，则提前至离节假日最近工作日发放。

（2）项目奖金根据公司奖金政策机动发放。

（3）公司因不可抗拒等因素不得不延缓发放时，应提前一日通知工程项目部员工并确定延缓发放日期。

第13条　薪酬发放形式

工程项目部人员薪酬发放形式均通过银行自动转账方式存入员工个人工资卡，特殊情况另行通知。

第5章　附则

第14条　本办法由公司人力资源部负责制定，解释权亦归人力资源部所有。

第15条　本办法自颁布之日起实施。

编制日期		审核日期		批准日期	
修改标记		修改处数		修改日期	

第10章

岗位体系诊断与调整

岗位体系并不是永远不变的，岗位体系也会出现各种各样的问题，这就需要我们通过系统的岗位体系诊断来找到问题所在，并提出初步解决思路，实施岗位调整。岗位体系与“六定”工作二者之间是相互影响、相互作用的过程，因此要做好“六定”工作，深入了解岗位体系的变动也是非常必要的。

10.1 岗位体系诊断

岗位体系诊断即对岗位体系的前后对比、诊断、分析和研究。企业必须了解岗位体系诊断的程序、方法、实务操作等内容，只有这样才能为岗位调整工作奠定基础，从而保证“六定”工作的顺利进行。

10.1.1 岗位异动的征兆

岗位异动的征兆归纳起来可以概括为以下几个方面的内容。

1. 组织结构混乱

岗位体系是在组织结构的基础上建立起来的，如果组织结构出现图 10-1 所示的问题，最终势必会影响岗位体系的正常运行。

1 ◎组织结构没有经过必要的功能整合和业务整合，缺乏合力

2 ◎总部与分企业权责界定不清，致使业务发展受限，同时难以控制分企业渎职越限以及资源浪费

3 ◎组织关键职能的设置不完善或未发挥应有的作用

4 ◎领导结构上没有设置规范的对高级管理人员的考核及选择方式，缺乏对高级管理层的制约力度，难以实现对高级管理层的有效监督

图 10-1 组织结构混乱的表现

2. 管理体系不规范

管理体系不规范会导致岗位体系无法明确反映出岗位和岗位间的关系，进而不能反映出岗位和岗位是如何组合的、是如何组成团队的，同时也不能从组织结构看出层级间的关系。管理体系不规范的四种表现如图 10-2 所示。

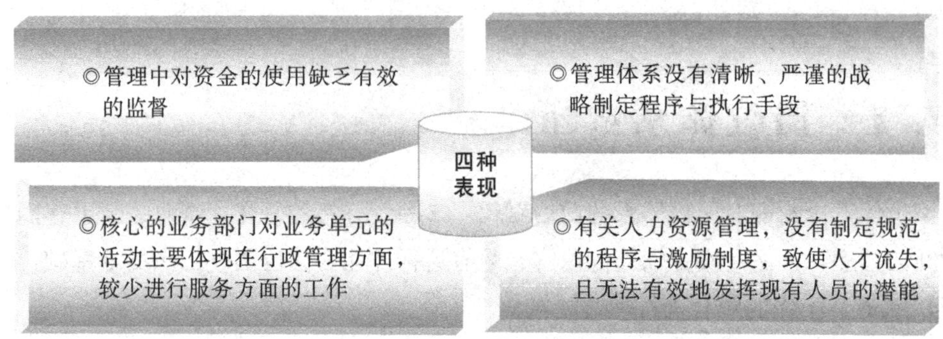

图 10-2　管理体系不规范的表现

3. 工作流程不清晰

业务流程的调整与岗位的调整密切相关，所设定的绝大部分岗位是按照工作需要，即按照工作流程来设岗，而不是因人设岗。如果工作流程不清晰，岗位体系也将出现很大的问题。

4. 人力资源管理体系中出现的问题

岗位体系若出现了重大问题，则会影响整个组织的进一步发展。人力资源管理体系中出现的具体问题如图 10-3 所示。

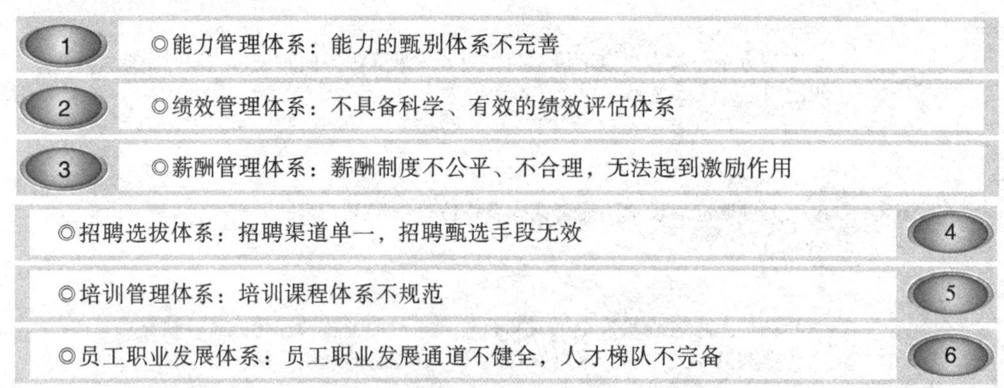

图 10-3　人力资源管理体系中出现的问题

5. 岗位的“职、权、责、利”不统一

岗位体系中出现的一个普遍的问题是没有将岗位的“职、权、责、利”有效地统一起来。“职”是指工作内容；“权”是为完成工作而应享有的权利；“责”是岗位中应该承担的责任；“利”是完成工作应该得到的收益。有工作就有相应的权利和责任，工作的好坏和奖惩相挂钩。

职、权、责、利的统一，就是将岗位的工作内容与岗位的权利、责任和员工的收益统一起来。如果不统一，就会出现责、权、利各自程度大小的不同，具体有如图 10-4 所示的八种不同的状况，从而造成不同的结果。

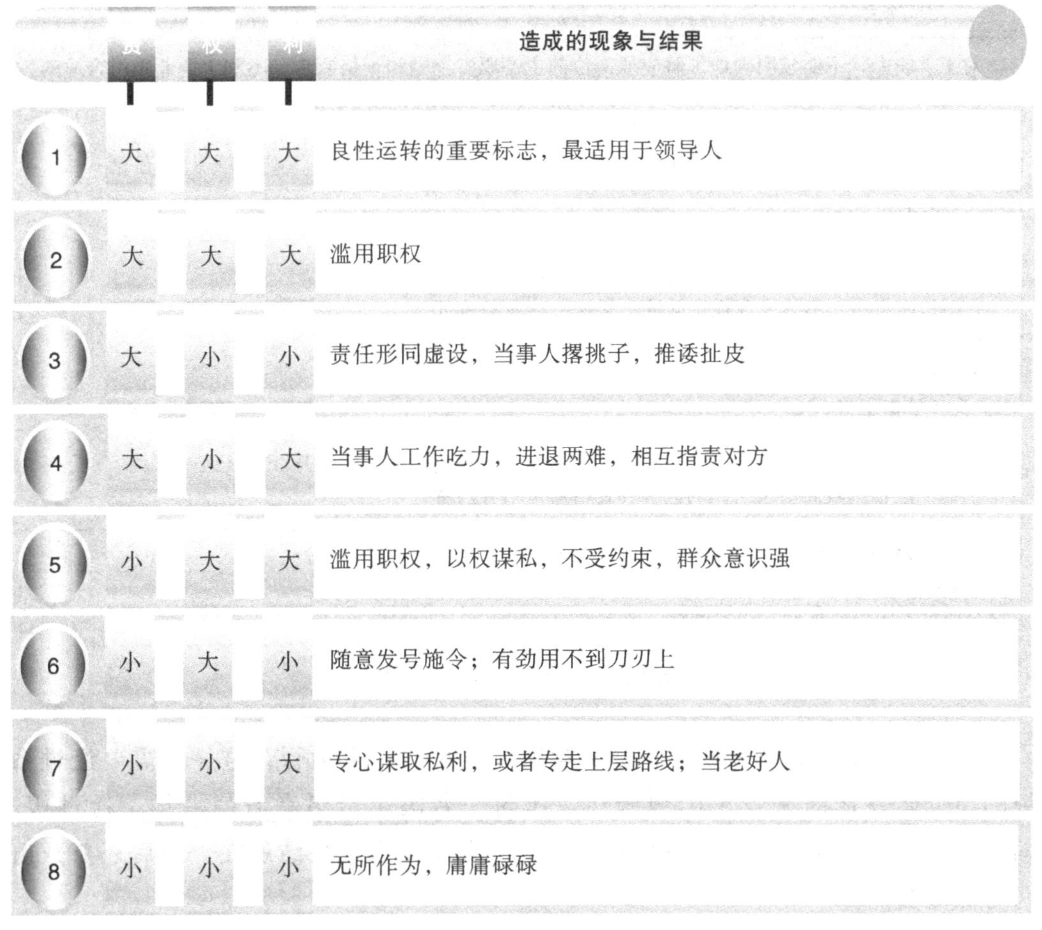

	责	权	利	造成的现象与结果
1	大	大	大	良性运转的重要标志，最适用于领导人
2	大	大	大	滥用职权
3	大	小	小	责任形同虚设，当事人撂挑子，推诿扯皮
4	大	小	大	当事人工作吃力，进退两难，相互指责对方
5	小	大	大	滥用职权，以权谋私，不受约束，群众意识强
6	小	大	小	随意发号施令；有劲用不到刀刃上
7	小	小	大	专心谋取私利，或者专走上层路线；当老好人
8	小	小	小	无所作为，庸庸碌碌

图 10-4　责、权、利的不同组合及结果

10.1.2　岗位异动的表现

当企业存在上述全部问题时，企业的岗位体系就不能发挥其应有的作用，从而出现

各种严重的问题，接下来企业必须要进入诊断和调整阶段。当组织存在上述岗位异动征兆时，会出现岗位异动的表现，具体如图 10-5 所示。

1. 离职率升高

◎没有角色感——员工无法明确了解本岗位职责及其他部门（岗位）职责，以及团队的整体运作和自己工作的意义
◎缺乏目标感——员工无法了解任职资格，不能认知自己与岗位要求的差距，更无法明确学习成长的方向和目标及确立职业发展目标
◎缺乏成就感——没有完备的资格等级的评定，能力各异的员工就没有了相对公正的评价

2. 招聘效果差

◎ 对于求职者，不能较明确地了解应征岗位的主要职责范围和资格要求，不利于企业吸引合适的候选人
◎ 对于企业，不能直观、有效地筛选出合适的候选人
◎ 当进行内部招聘时，无法给员工更明确的指引

3. 业务流程不合理

◎ 不能明确岗位间的组织关系和业务关联，弱化了业务链
◎ 在岗位职责中，不能发现现有问题，无法改善业务流程
◎ 岗位的新增和删减不规范，管理随意，导致职责重叠、疏漏

4. 人才储备率低

◎ 部门无法对现有人员的任职资格进行考察，影响了补足性教育的展开
◎ 部门无法根据较高层级岗位的职责和资格需求培养后备人才

5. 影响考核和薪酬

◎不能基于岗位职责展开业绩考核、能力评估、岗位工资体系的运行

图 10-5 岗位异动的五种表现

岗位体系出现异动表现时，会影响岗位体系的正常运行，这往往需要经过系统的岗位体系诊断来找出问题所在。如同一名医生给患者看病一样，通过望、闻、问、切等诊断方式，了解患者的病情、发病原因、症结所在，最后还要开出药方和医嘱。

10.1.3 岗位体系诊断的程序

岗位体系的诊断，首先是洞悉岗位管理现状，其次是根据战略目标和发展计划，结合自身的特点、现有的软硬件条件和人力资源条件，勾勒出一幅岗位体系发展的画面。岗位体系诊断的价值体现在：将现状与发展计划进行比较，发现现状与未来发展计划之

间的差距，找到现状的不足，提出改善和提高的对策。

岗位体系诊断的三个程序及各个程序的内容如图 10-6 所示。

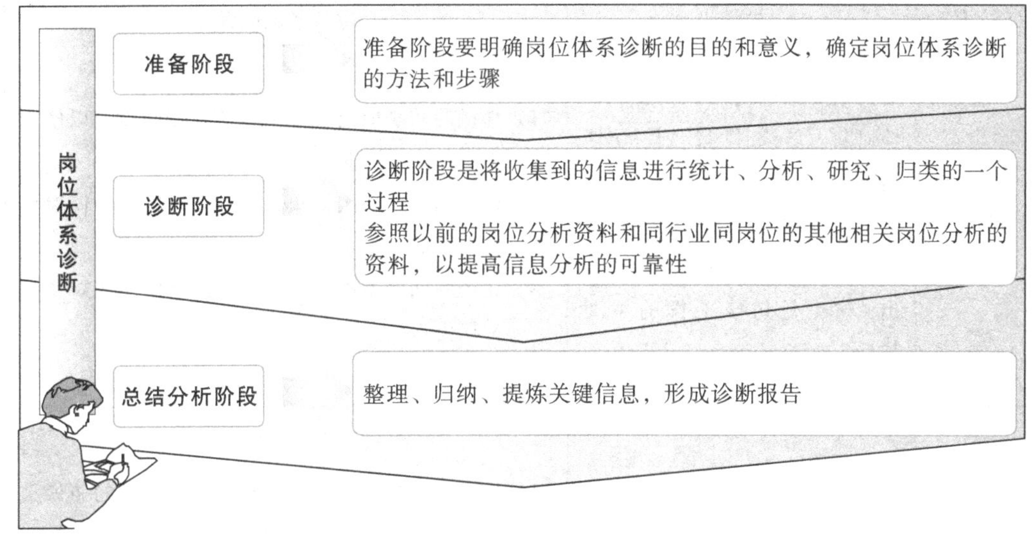

图 10-6　岗位体系诊断的程序

10.1.4　岗位体系诊断的方法

以下将逐一介绍岗位体系诊断的四种常见方法。

1. 集中访谈法

集中访谈法是指在诊断初期相对集中的一段时间内，通过与企业相关负责人面对面地交谈沟通来获取岗位体系的基本信息和资料的方法。在访谈前，根据企业性质和管理层级来编制访谈提纲。

根据访谈对象层级和数量的不同，我们将集中访谈法划分为如图 10-7 所示的两种方法。

根据访谈对象层级和数量的不同

一对一访谈法	集体座谈法
◎一对一访谈法可以充分利用访谈者的技巧和经验，有针对性地深入了解所需要的信息，但是一对一访谈法比较费时，成本较高	◎ 通过充分调动座谈对象来参与讨论，从不同角度获取针对一个问题的信息。此方法时间效率高，利于集思广益，达成共识，但由于碍于同事或上下级颜面，座谈对象不便于发表不满、质疑等言论，会有所保留，以致得到的信息不够全面

图 10-7　集中访谈法的两种具体方法

集中访谈法一般分为三个阶段，其内容详见表 10-1。

表 10-1　集中访谈法的三个阶段

阶段	内容	需注意的问题
准备阶段	需要做的是确定访谈目标、访谈对象、访谈时间计划、访谈地点，拟定针对不同访谈对象的访谈提纲。访谈提纲包括将要在访谈中提出的所有问题列出，这也是访谈工作的主要依据	（1）访谈的问题应当包括多个方面或角度，以便于得到广泛的信息 （2）访谈的问题应当简单、直白，以便于访谈对象准确理解 （3）访谈的问题不能过于敏感，以免给访谈对象带来压力
访谈阶段	常采用一人提问、一人记录的方式。访谈者的沟通技巧和经验对本阶段是否顺利进行有很大影响	（1）访谈者应当努力营造一种友好、轻松的访谈氛围，争取获得访谈对象的好感 （2）访谈者应当明确地提出问题，并对问题做出必要的解释，以便于访谈对象准确理解所提问题的意思 （3）访谈者应当专心倾听，同时用表情、眼神与访谈对象进行交流，鼓励访谈对象阐述清楚问题的根源 （4）访谈者应当善于捕捉重要信息，引导访谈对象更深入地思考和回答，以便于获得更详细、更深入的信息
总结分析阶段	访谈者应趁热打铁，整理、归纳、提炼访谈要点和关键信息，并形成访谈报告	

2. 问卷调查法

问卷调查法是指通过向调查对象发放事先设计好的调查问卷，回收、录入、分析统计结果，以此获得相关信息的方法。根据问题的结构化程度的不同，调查问卷的问题可以分为结构化问题和非结构化问题两种，具体如图 10-8 所示。

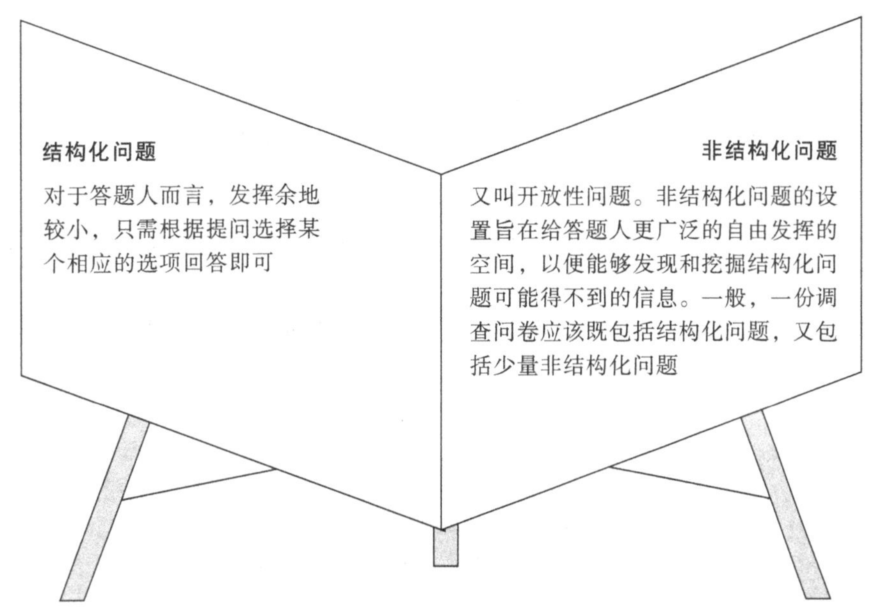

结构化问题
对于答题人而言，发挥余地较小，只需根据提问选择某个相应的选项回答即可
非结构化问题
又叫开放性问题。非结构化问题的设置旨在给答题人更广泛的自由发挥的空间，以便能够发现和挖掘结构化问题可能得不到的信息。一般，一份调查问卷应该既包括结构化问题，又包括少量非结构化问题

图 10-8　结构化问题和非结构化问题的内容

问卷调查法一般分为三个阶段，分别是问卷设计阶段、问卷的发放回收阶段和问卷的统计分析阶段。其具体内容如图 10-9 所示。

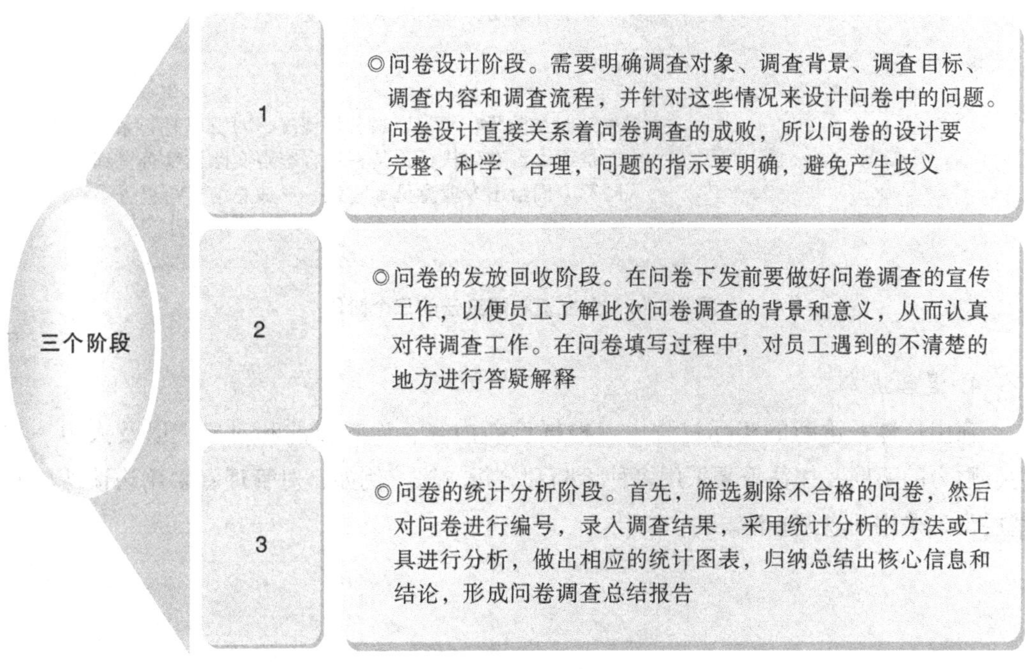

三个阶段
1
◎问卷设计阶段。需要明确调查对象、调查背景、调查目标、调查内容和调查流程，并针对这些情况来设计问卷中的问题。问卷设计直接关系着问卷调查的成败，所以问卷的设计要完整、科学、合理，问题的指示要明确，避免产生歧义
2
◎问卷的发放回收阶段。在问卷下发前要做好问卷调查的宣传工作，以便员工了解此次问卷调查的背景和意义，从而认真对待调查工作。在问卷填写过程中，对员工遇到的不清楚的地方进行答疑解释
3
◎问卷的统计分析阶段。首先，筛选剔除不合格的问卷，然后对问卷进行编号，录入调查结果，采用统计分析的方法或工具进行分析，做出相应的统计图表，归纳总结出核心信息和结论，形成问卷调查总结报告

图 10-9　问卷调查法的三个阶段

3. 企业资料研究法

企业资料研究法是指通过查阅企业方的相关资料，如简介、发展规划、企业文化、制度流程、员工情况、人力资源管理的各项制度、文件、表单等资料，以此来获得信息的方法。企业资料研究法的最大优点是成本低，可以不费时、不费力地去收集和整理信息；缺点是资料的滞后性，即现有的资料不能反映管理的现状；同时，所有的制度是否都得到了有效执行，也是需要着重研究的要点。

企业资料研究法一般分为三个阶段，分别是资料收集阶段、资料分析阶段和总结归纳阶段。其具体内容如图 10-10 所示。

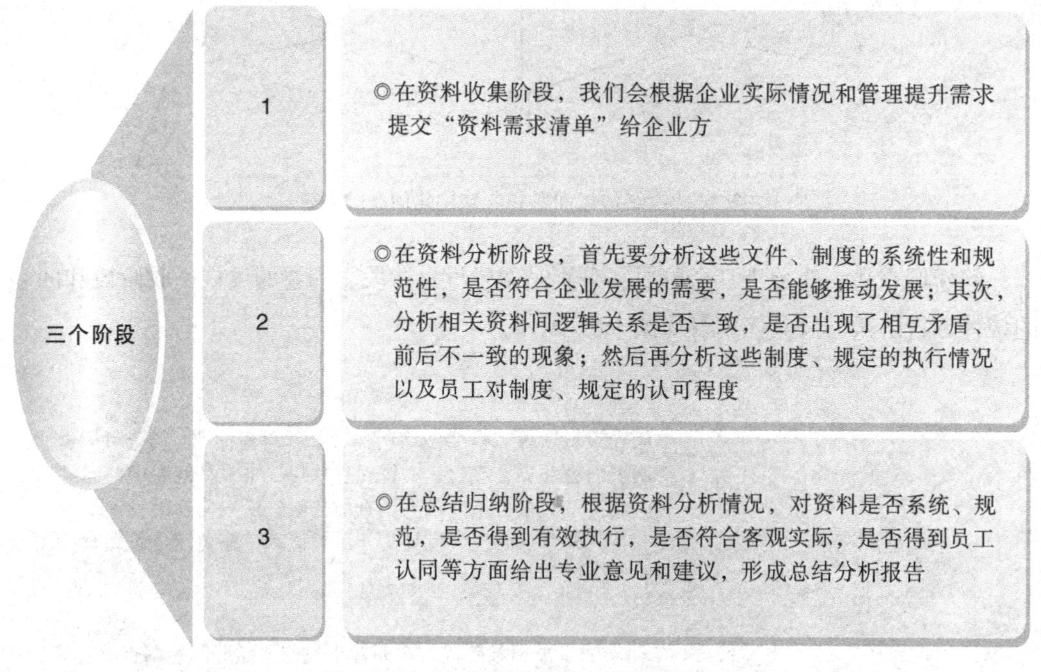

图 10-10　企业资料研究法的三个阶段

4. 混合法

在岗位体系诊断的实际过程中，根据诊断内容、诊断目的和对象，以及人力、物力、财力的不同，往往需要采用多种诊断和分析方法。例如，对管理者采用访谈法，对基层员工采用问卷调查法。

10.1.5 岗位体系诊断实务操作案例

下面是某企业的岗位体系诊断方案，仅供读者参考。

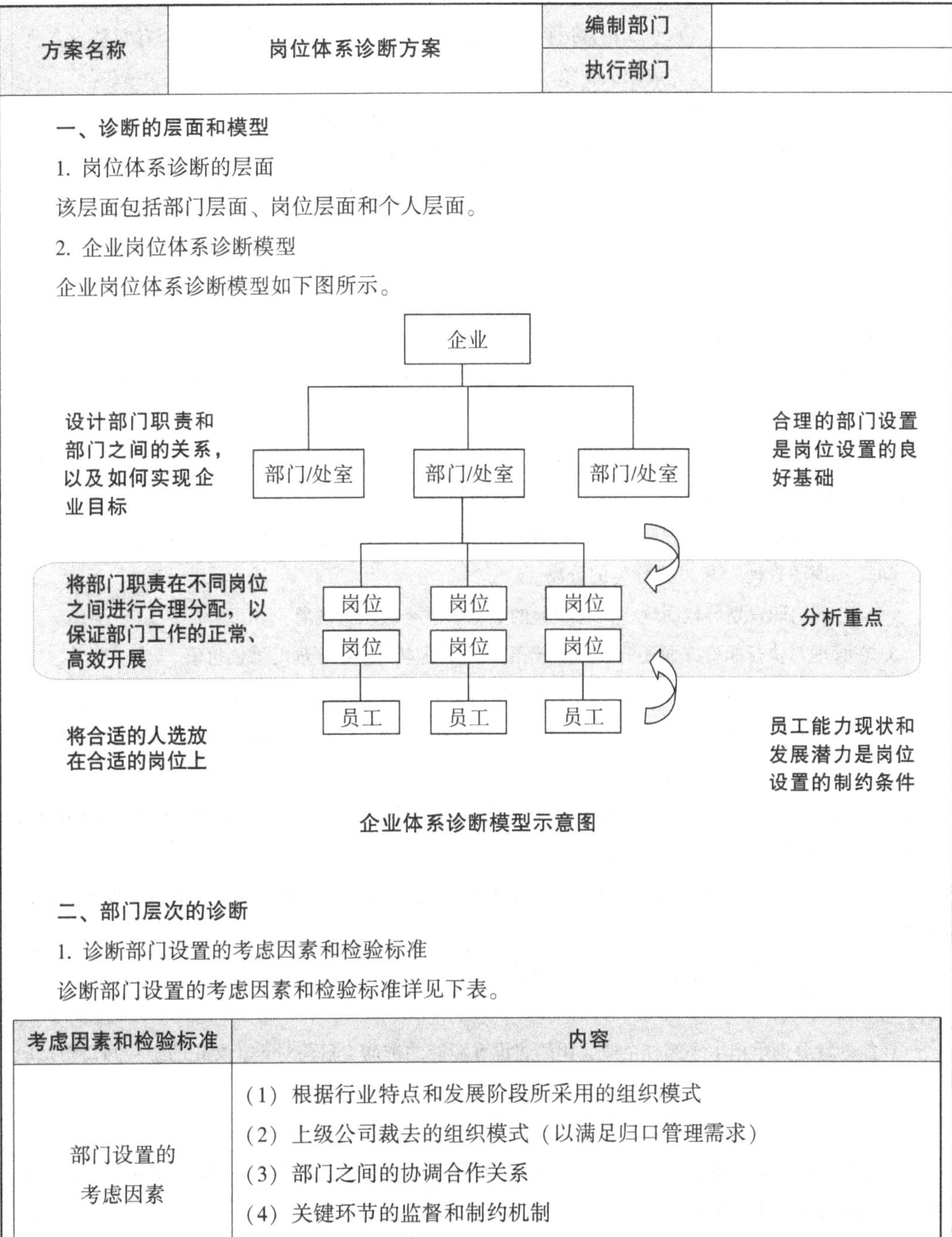

方案名称	岗位体系诊断方案	编制部门	
		执行部门	

一、诊断的层面和模型

1. 岗位体系诊断的层面

该层面包括部门层面、岗位层面和个人层面。

2. 企业岗位体系诊断模型

企业岗位体系诊断模型如下图所示。

企业体系诊断模型示意图

二、部门层次的诊断

1. 诊断部门设置的考虑因素和检验标准

诊断部门设置的考虑因素和检验标准详见下表。

考虑因素和检验标准	内容
部门设置的考虑因素	（1）根据行业特点和发展阶段所采用的组织模式 （2）上级公司裁去的组织模式（以满足归口管理需求） （3）部门之间的协调合作关系 （4）关键环节的监督和制约机制 （5）人员队伍现状

（续）

考虑因素和检验标准	内容
检验部门设置是否支持企业目标的实现	（1）企业正常运行所需的职能是否明确划分到部门，是否有交叉、重叠或缺失现象 （2）是否与上级公司保持通畅的业务汇报关系 （3）部门间主要业务流程是否通畅 （4）是否实现管理和执行的分离，是否实现操作和监控的分离 （5）在可能的情况下考虑企业现有人员的结构

2. 部门层面的组织设计和职责分配合理

（1）根据行业惯例，采取职能制组织形式，设置的部门与上级公司归口惯例部门有对应关系。

（2）总部部门可分为生产和管理职能处室两大类。生产处室应根据两大主营业务及其专业细分的需要进行划分。职能处室应根据不同管理职能划分。

（3）根据业务特点和管理职能，实施财务和审计的分离等，保证监控的有效性。

（4）实现“管理”和“执行”的分离。

（5）各部门职责划分较明确，没有明显的交叉、重叠或缺失现象。

3. 在管理与执行职责方面还有待进一步落实，真正体现企业管理的增值价值

（1）用电处下的客服部基本体现用电处的管理职能。

（2）××处归口管理监理公司的工作应对业主和施工方双方负责，该归口方式不利于监理公司职责的落实。

（3）有关物资处与物资公司的设置，不能有效地体现物资处对物资计划的管理职能和物资公司具体进行采购的执行职能。

（4）科技中心目前的职责更多地体现在执行层面上，未来应考虑将具体的执行职能下放，或者由部分人员承担，转移管理工作重心。

4. 企业文化管理职能还需统一规划与整合

（1）现状

职能处室分别承担了一部分企业文化的建设和职能的贯彻，目前对企业文化的统一归口管理职能仍不明确。

（2）建议

充分发挥政工处在企业文化建设方面的主导作用，体现企业文化的统一规划与管理，使得企业文化成为核心竞争力不可或缺的重要部分。

（续）

5. 主要业务流程基本清晰，部门之间分工协作顺畅

了解主要业务流程中各部门的分工和协作关系，观察部门职责的划分是否能够保证业务流程的顺利执行。

6. 对于业扩、用户等不同类型项目的接入设计需要进行统一归口管理

三、岗位层次的诊断

1. 诊断部门岗位设计是否合理的考虑因素和检验标准

诊断部门岗位设计的考虑因素和检验标准详见下表。

考虑因素和检验标准	内容
进行岗位设计时应考虑的因素	（1）任务的完整性 （2）任务的统一性 （3）完成任务所需的专业知识和技能的相近性 （4）必要的职能分离和监控 （5）管理幅度和跨度（仅针对涉及人员管理的岗位） （6）现有人员的情况
检验岗位设计是否支持部门目标实现的检验标准	（1）是否尽量将一项相对独立的任务交给一个岗位，保证每项任务都有负责的岗位，并能对该岗位进行业绩衡量 （2）是否将性质相同的任务尽量分配给同一个岗位 （3）是否将所需技能相似的任务尽可能放在同一岗位上，对同一岗位的技能要求是否合理、是否根据技能要求水平的不同将岗位层次进行合理的划分 （4）对于一些关键控制点，是否设置了执行和监控职能在不同岗位之间的分离 （5）人员管理和业务指导关系是否明晰，管理的幅度和跨度是否合理 （6）岗位设计是否现实可行，现有人员能否实现设计目标

2. 岗位设置的总体数量设置基本合理

企业共设____个部门，总体人员编制有____人。从整体来看，生产处室较为紧凑、合理，职能部门存在“因人设岗”的情况。

3. 部分岗位职责需要进一步优化

（1）随着管理与执行职能的进一步落实，我们可对部分岗位职责进行调整，如科信处岗位职责需要向管理职能转移，物资处与物资公司岗位职责分工需要明确）。

（续）

（2）随着业务开展方式的进一步优化，我们可调整部分岗位职责。

4. 岗位专业系列的划分需要进一步细化

5. 岗位设计需要从“以人员资历为中心”向“以岗位职责为中心”转移

岗位应该依据职责和任务的合理划分而设置，而不应受目前任职人员职级的影响。具体到单个岗位分析时，岗位说明书应与任职人员脱钩，岗位名称中也应避免出现任职人员的职务名称，如主办、专职、办事员等。

6. 关键岗位职责划分需要进一步明确和落实

部门正副职的分工需要明确，我们可将高级主管定位如下。

（1）具体执行一部分业务工作。

（2）正副处长外出时，负责组织开展部门内部的工作。

（3）承担专业导师的职能，对部门内员工进行“传帮带”，或对其他相关专业人员提供培训。

四、员工层次的诊断

1. 存在部分人岗能力不匹配的情况

分析差距原因，如果属于岗位要求过高而导致大部分员工无法实现，则考虑岗位设计的调整。如果属于个别人员或群组无法达到岗位要求，则需要设计相应的培训发展方案，提高该部分人员的能力。

2. 人岗能力不匹配可能带来的问题

（1）影响该岗位的职责履行。

（2）增加向“以岗选人”转变的难度。

（3）结构性缺员。

（4）部门效率低下。

3. 改善人岗能力匹配情况必须以能力管理的加强为基础

能力管理基础下人岗匹配的内容详见下表。

能力管理	内容
能力管理识别人岗匹配问题	（1）设立能力模型，明确岗位能力要求 （2）通过能力评估，弄清员工能力素质现状
能力和员工发展管理，提高人岗匹配程度	（1）对所有员工，以能力评估结果和个人发展愿望为基础，开展职业发展规划 （2）对能力不足的员工，提供有针对性的培训和发展机会 （3）对能力满足要求的员工，进行合理的激励 （4）对于能力明显超出要求的员工，考虑将其安置在更加具有挑战性的合适的岗位上

（续）

4. 多通道人员发展模式需进一步深入和完善

要进一步完善人员晋升阶梯设计，应有针对性地对不同类型员工的发展过程进行规划。目前，只有工种带头人和技术带头人才有晋升可能，中间的发展过程在岗位系列中没有突出体现。人员薪酬变化只能在单一晋升通道中得到较充分的体现。

5. 对未来公司人员发展提出的建议

（1）根据公司岗位特点进行岗位分类，体现员工从事岗位职责的差异性。

（2）针对不同类型岗位和专业系列涉及相应的职级划分，并与薪酬建立对应关系。

（3）员工可以根据企业的需要并结合个人发展意愿，在岗位系列中进行纵向或横向发展。

五、诊断评价

整体组织设计和人员配置在公司中当属精干、高效的组织机构，总体劳动生产效率高。

1. 部门层次

（1）部门层面的组织设计和职责分配合理。

（2）内部政令畅通，在管理与执行职责方面还有待进一步落实，真正体现机关管理的增值价值。

（3）企业文化管理职能还需统一规划与整合。

（4）部分部门职能流程有一定缺失。

2. 岗位层次

（1）岗位设置的总体数量设置基本合理，但部分岗位职责需要进一步优化。

（2）岗位专业系列的划分需要进一步细化，并针对不同系列采取差异化的能力、绩效薪酬、职业发展规划等管理。

（3）岗位设计需要从“以人员资历为中心”向“以岗位职责为中心”转移。

（4）关键岗位职责（处长、副处长、高级主管等）划分需要进一步明确和落实。

3. 员工层次

人员队伍整体水平基本能够满足岗位要求，但存在部分人员与岗位要求不匹配的情况，导致结构性缺员。多通道人员的发展模式需要进一步深入和完善。

编制人员		审核人员		批准人员	
编制日期		审核日期		批准日期	

10.2 六定与岗位调整程序和方法

根据岗位的诊断结果，按照一定的原则、程序和方法对岗位体系进行调整。

10.2.1 六定与岗位调整的关系

岗位调整影响着六定，六定的实施效果也影响着下一次的岗位调整。六定与岗位调整的具体关系如图 10-11 所示。

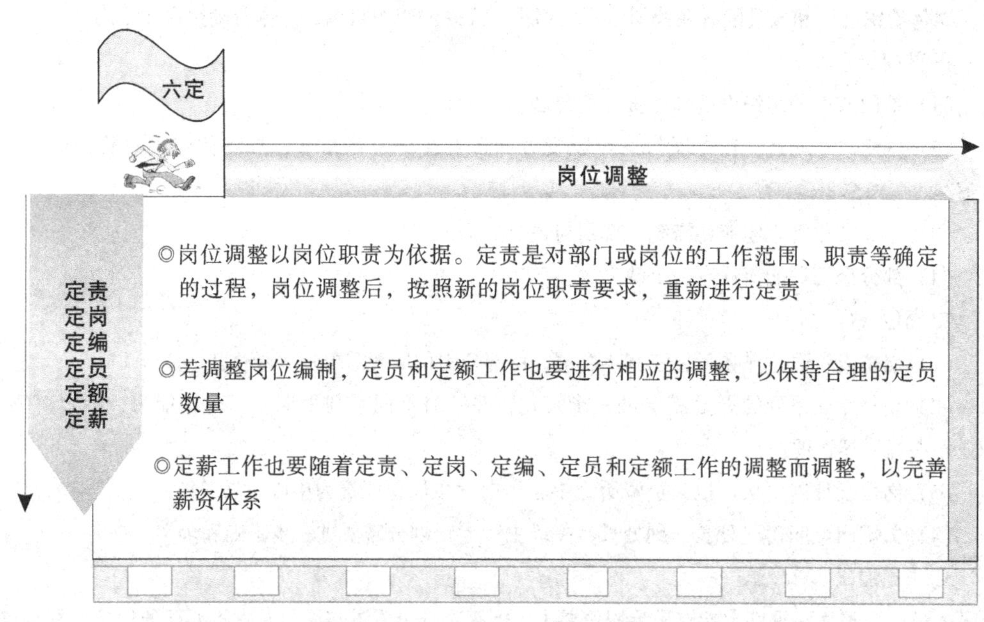

图 10-11　六定与岗位调整的关系

10.2.2 岗位调整的内容

一般来说，某一组织设置什么岗位、设置多少岗位是由该组织具体的工作职能划分形式和总的工作任务量决定的。随着企业规模、职能范围等的变化，当企业现有的岗位体系不能满足企业的发展时，企业就需要为“职能”和“事务”变化来调整岗位体系。图 10-12 列出了岗位调整的五项内容。

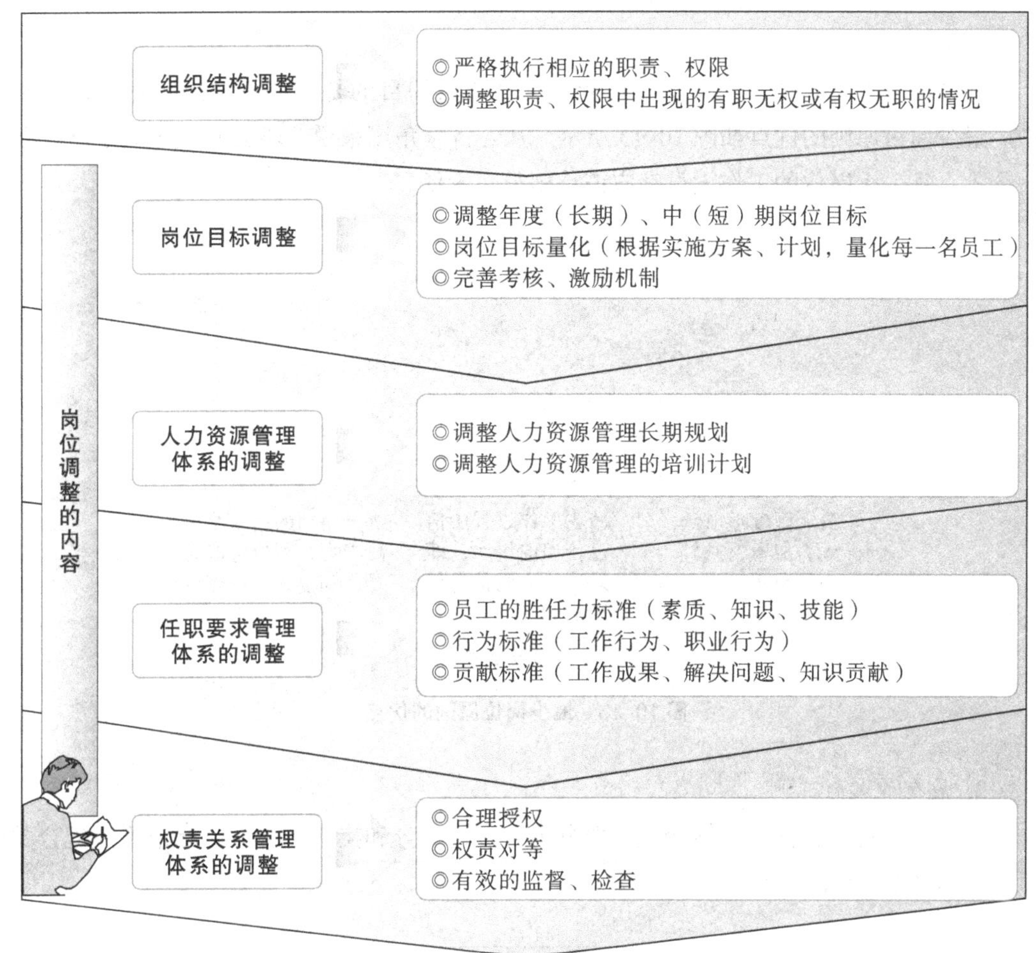

图 10-12 岗位调整的内容

10.2.3 岗位调整的原则

1. 因事设岗原则

组织在设计每个工作岗位时，应尽可能使工作量达到饱和，使有效的劳动时间得到充分利用。如果岗位的工作量处于低负荷状态，必然会影响企业的运作成本，造成人力、物力和资源上的浪费。如果是超负荷，虽然能带来高效率，但这种效率不能维持长久，否则会给员工的身心健康带来极大的负面影响。

组织中的任何岗位都是依赖于具体的工作职能和工作量而存在的，没有具体工作内容的岗位是没有任何意义的岗位。因此，企业在设置工作岗位时，应以“事”（工作职能和工作任务量）为基础进行设计，因人设岗、不考虑工作负荷量的设岗，或根本就没有任何根据的主观假设的设岗，是工作设计的最大误区。

2. 最少岗位原则

岗位设置不要太多，数量要尽可能少，这样做的目的是使所有的工作尽可能地集中。最少岗位原则的优点如图 10-13 所示。从经济学角度来说，不必花很多人工费，每一个人、每一个岗位的工作人员都应该承担很多责任。

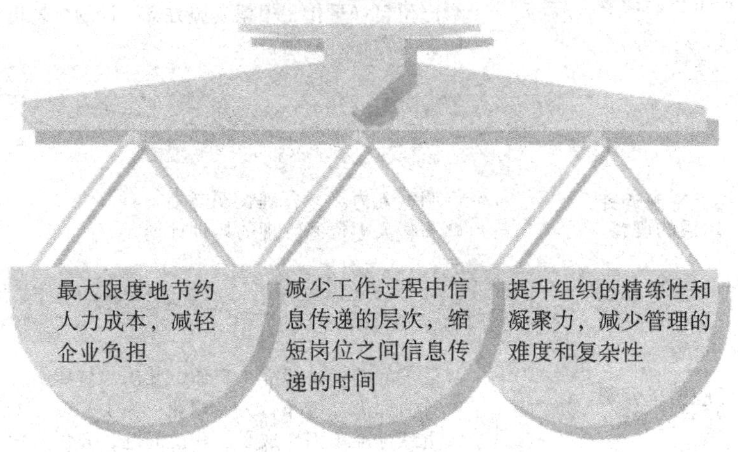
最大限度地节约人力成本，减轻企业负担
减少工作过程中信息传递的层次，缩短岗位之间信息传递的时间
提升组织的精练性和凝聚力，减少管理的难度和复杂性

图 10-13 最少岗位原则的优点

3. 最有效配合原则

对岗位承担的责任进行划分，一般分为主责、部分和支持三类，以此来确定配合关系，具体如图 10-14 所示。

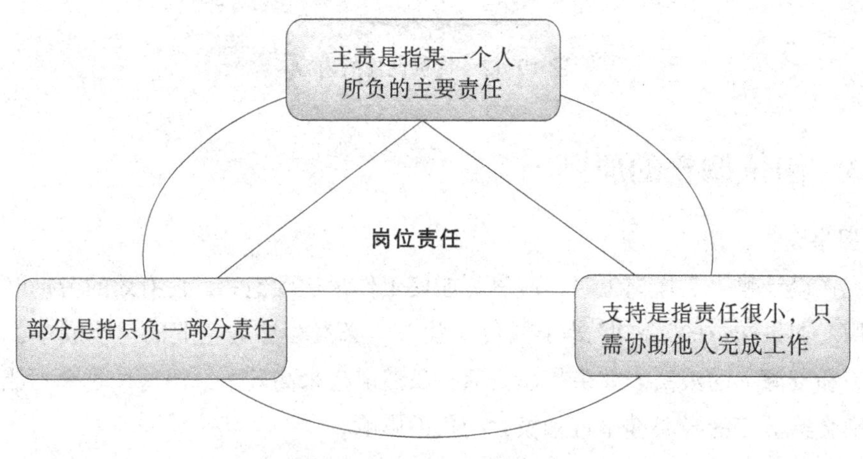
主责是指某一个人所负的主要责任
岗位责任
部分是指只负一部分责任
支持是指责任很小，只需协助他人完成工作

图 10-14 岗位责任的划分

每一个岗位都要有相应的主责，然后有部分配合或者支持性的工作。

这里应注意，岗位之间的责任不能交叉，且不能留空白，同时应避免某一项责任中，张同志是主责，李同志也是主责，导致出了事不知道由谁负主要责任。一项职能没有人负主责，就是岗位职责出现了空白。如果某一项工作，既有负主责的人员，又有配合的人员，还有做支持性工作的人员，就表示岗位之间配合工作做得很好。

4. 经济、科学和系统化原则

岗位应体现经济、科学、合理的原则，否则，岗位设置过多或设置过少都会影响岗位体系对企业经济效益的积极性，具体如图 10-15 所示。企业对于人工成本的控制是企业控制成本的重要组成部分。

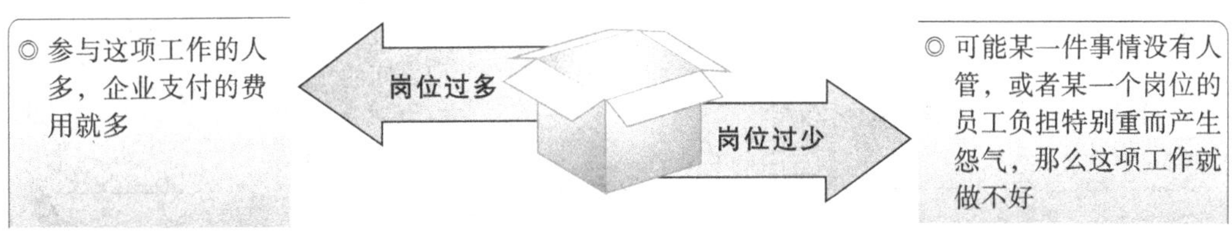

◎ 参与这项工作的人多，企业支付的费用就多
岗位过多
岗位过少
◎ 可能某一件事情没有人管，或者某一个岗位的员工负担特别重而产生怨气，那么这项工作就做不好

图 10-15　岗位过多与过少的情况

岗位是组织系统的基本单元，虽然每个岗位都具有独特的功能，但组织中任何一个岗位都不是孤立的，每一个岗位间都存在不可分割的联系，它们之间相互的配合度、支持度和协作关系深深地影响着组织系统的功能。

岗位要满足系统化原则，必须先回答图 10-16 所示的五大问题。

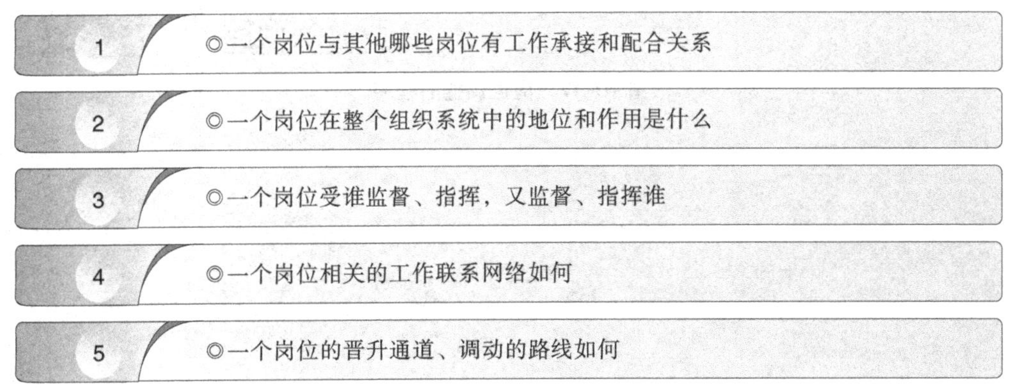

1
◎一个岗位与其他哪些岗位有工作承接和配合关系
2
◎一个岗位在整个组织系统中的地位和作用是什么
3
◎一个岗位受谁监督、指挥，又监督、指挥谁
4
◎一个岗位相关的工作联系网络如何
5
◎一个岗位的晋升通道、调动的路线如何

图 10-16　满足系统化原则的五大问题

企业规范化管理体系是一个大的完整的系统，岗位设置要和组织结构设计、职能分解相吻合，要符合系统化原则。同时，岗位设置也为岗位描述、岗位评价、薪酬福利体系设计提供支持。

10.2.4 岗位调整的程序

根据岗位调整方案进行岗位调整，调整的程序如图 10-17 所示，调整的流程如图 10-18 所示。

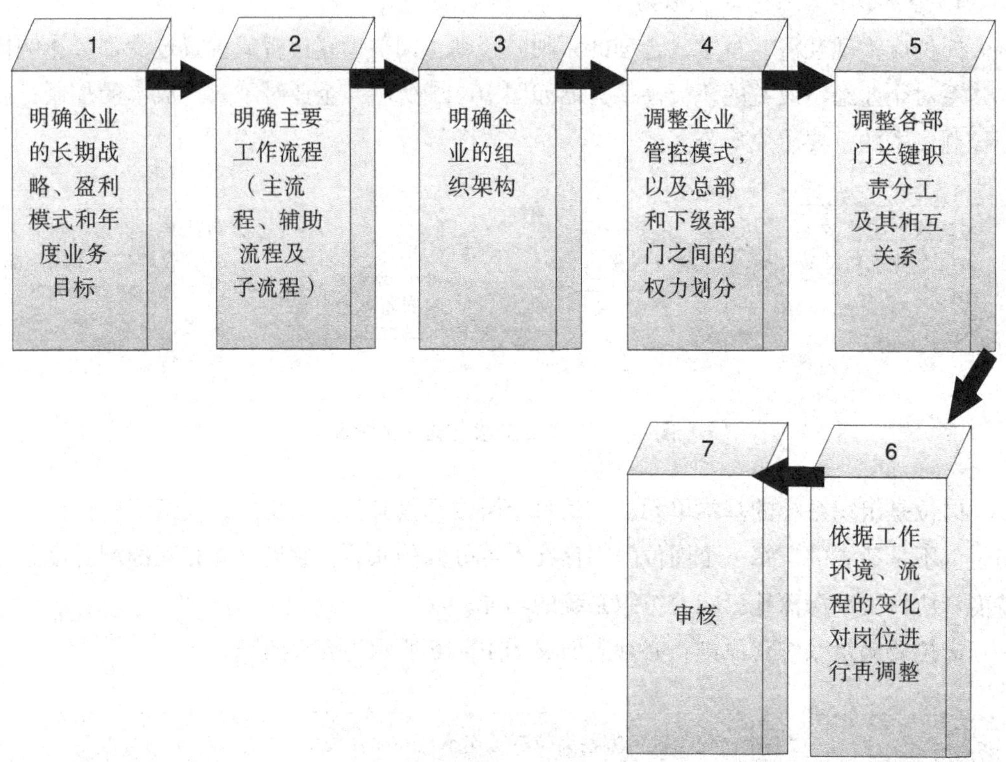

图 10-17 岗位调整的程序

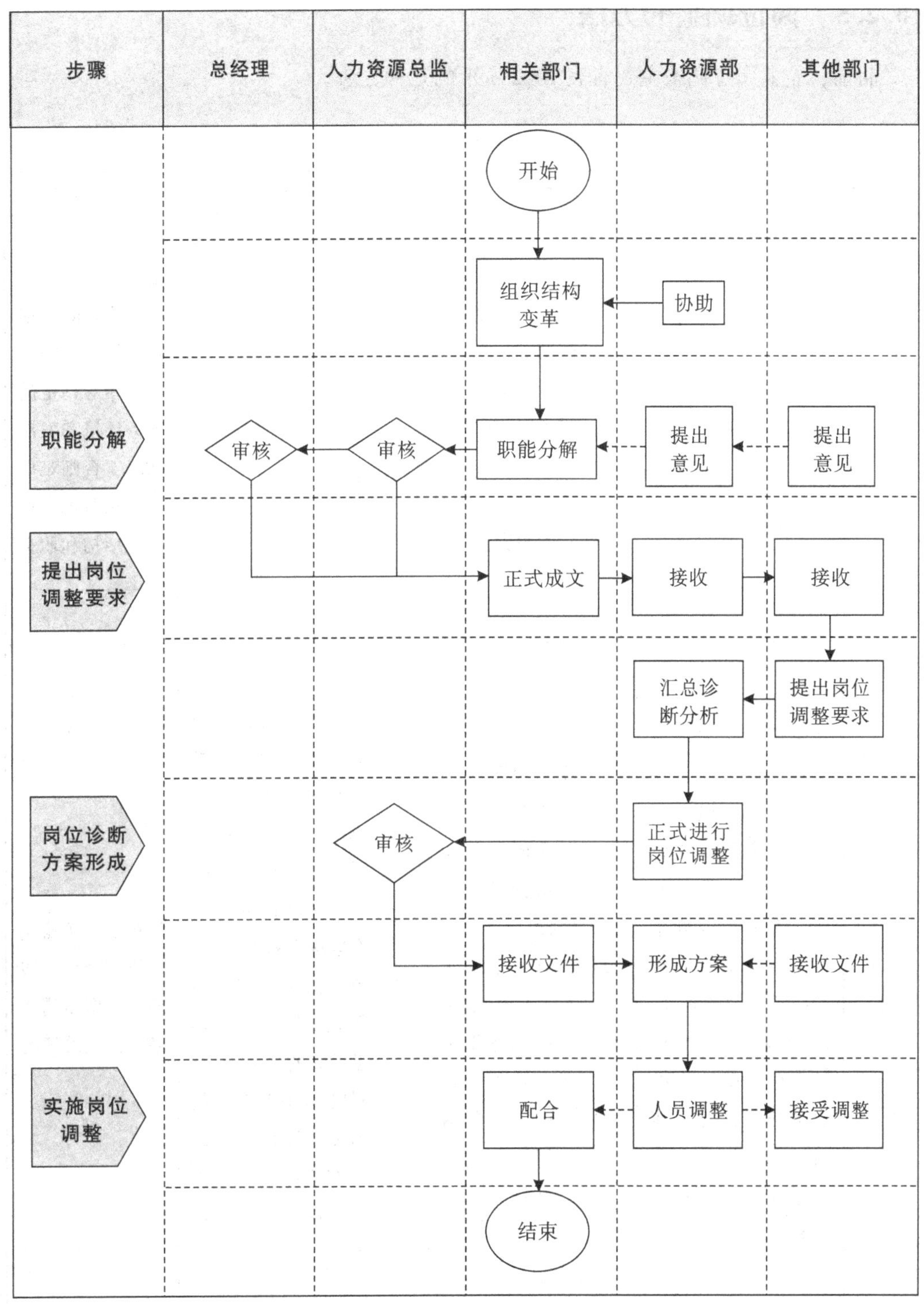

图 10-18　岗位调整的流程图

10.2.5 岗位调整的方法

目前，企业岗位调整主要有表10-2所示的几种方法。

表10-2 岗位调整的方法

方法	含义	优点	缺点	应用范围
组织分析法	由于岗位是从部门职责和组织流程中分解出来的，即由部门一级职能分解出二级职能，并依此确定岗位	（1）解决许多细节问题 （2）提供广泛的组织和岗位调整 （3）提交一个与企业长远战略一致的解决方案	（1）岗位设计往往会过于复杂和具体 （2）需要组织的大力支持	适用于大型企业大范围重组项目，因此必须有一个相对稳定的业务环境和发展战略，否则难以形成相对稳定的组织结构和职责分工
关键使命法	对由于个别原因设置不必要的岗位要坚决撤销，但是基于改革方面的原因或者补偿方面的原因，为某个人或某些人设置的不必要的岗位要创造条件，逐步调整，直至撤销。它不是一个综合的方法，有可能对岗位与岗位之间的衔接处理相对较差	（1）注意力集中于关键岗位，可以用较少的投资得到较高的回报 （2）注意力集中于关键业务领域，可以确保得到业务利益 （3）可以比较灵活地用于不同的组织中	（1）可能因为将整个组织的业务分成关键与非关键部分而造成组织内部的摩擦 （2）需要较深的专业知识、对客户的需求有较深入的了解 （3）此方法不一定面面俱到，但也需要具备较高的专业知识，对管理和支持部门内关键岗位的认定要有判断力，否则很难在这些部门运用该方法	适用于对关键岗位进行调整，以较少的资金得到较高回报的情况

（续表）

方法	含义	优点	缺点	应用范围
标杆对照法	即在本行业内选取成功的企业作为标杆，以它作为参考，从而进行本企业的岗位设计	（1）简单易行，可以由企业自身人员设计 （2）设计成本低，能够帮助企业尽快完成工作岗位设计	（1）照搬照抄，容易脱离本企业实际，造成新的混乱 （2）需要对标杆企业有比较透彻的了解	适用于不太精确的项目范围
流程优化法	通过对组织流程的分析，确定支撑战略发展需要和通过努力能够全面履行的职能，取消不切实际和不必要的职能，这样设置的岗位是有效岗位	（1）注重于新的管理信息系统对在岗者的影响 （2）服从于系统的要求，根据新的信息系统进行调整	没有真正投入大量的资源进行岗位设计，可能会导致岗位调整的效果不佳	适用于较小的项目范围，主要在实施一个新的管理信息系统时应用。此方法注重于新的管理信息系统对在岗者的影响，服从于系统的要求，根据新的信息系统进行调整，不需要投入大量的资源进行岗位调整

除了表 10-2 中所示的五种方法以外，岗位调整的方法还包括传统技术研究法、个体工作设计法等方法。

1. 传统技术研究法

运用调查研究的实证方法，对现行岗位活动的内容和步骤进行全面、系统的观察、记录和分析，找出其中不必要、不合理的部分，寻求构建更安全、经济、简便、有效作业程序的一种专门技术。

2. 个体工作设计法

个体工作设计法的目的就是为了获得高激励、高工作绩效、高员工满意度，以及低缺勤率和低人员流动率。

个体工作设计法主要有四种形式，即工作轮换、工作扩大化、工作丰富化和弹性工作制。其内容如图10-19所示。

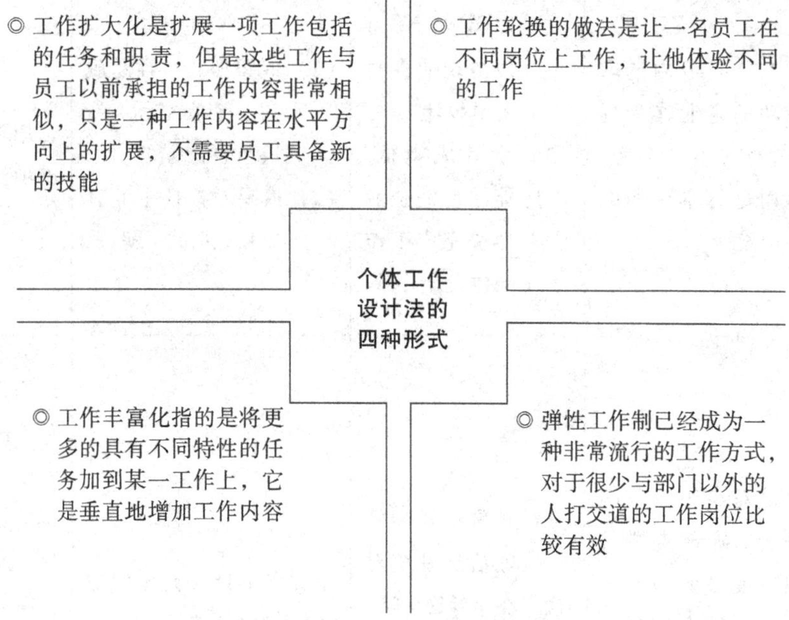

◎ 工作扩大化是扩展一项工作包括的任务和职责，但是这些工作与员工以前承担的工作内容非常相似，只是一种工作内容在水平方向上的扩展，不需要员工具备新的技能
◎ 工作轮换的做法是让一名员工在不同岗位上工作，让他体验不同的工作
个体工作设计法的四种形式
◎ 工作丰富化指的是将更多的具有不同特性的任务加到某一工作上，它是垂直地增加工作内容
◎ 弹性工作制已经成为一种非常流行的工作方式，对于很少与部门以外的人打交道的工作岗位比较有效

图10-19 个体工作设计法的四种形式

3. 小组工作设计法

通过小组工作设计法设计出来的工作，体现的是对个体的社会需求和技术的局限性的综合考虑。由员工组成的小组会经常轮换工作，还有可能自始至终地参与整个产品生产流程的操作。

通过应用小组工作设计，每名员工都可以学会处理多种业务，并学会很多不同的技能。同时，小组成员对于成就和任务完成的需求，以及社会互动的需求都可从中得到满足。当小组面临决策时，应尽量让所有的成员参与。如果小组的决策和活动获得了很大的产出，那么所有的小组成员都可分享物质利益。

4. 现代工效学设计法（人类工程学方法）

工效学设计法的目的是使工作的设计和构成适应个体的体能与特性，从而使个体能够更好地从事工作。这种做法有利于就业机会平等和援助计划目标的达成。相关研究结果表明，如果工作是按照工效学原理设计的，那么工人的生产率就会大大提高。

10.2.6 岗位调整实务操作案例

1. 下面是某加油站岗位调整方案范例，仅供读者参考。

<table>
<tr><td rowspan="2">方案名称</td><td rowspan="2">某加油站岗位调整方案</td><td>编制部门</td><td></td></tr>
<tr><td>执行部门</td><td></td></tr>
<tr><td colspan="4">

一、岗位调整的目的

为了加强加油站现场服务质量，提高员工的现场服务能力和创效能力，整合加油站人力资源，特制定本方案。

二、岗位调整的原则

本次岗位调整采取撤编不减员的原则，根据加油站销量、安全和劳动强度等情况，综合进行加油站人员配置，以充分发挥企业管理的主观能动性，为加油站各项经营及管理工作提供保障管理。

三、调整岗位的职责

1. 加油站站长要起到表率作用

加油站站长作为加油站管理第一责任人和便利店店长，全面负责加油站各项工作。站长要切实加强加油站员工队伍的管理，投身到加油站一线服务，起到站长的表率作用，彻底打破管理人员不参与现场服务的局面。

2. 取消计量员岗位编制

按照企业对加油站站长的管理要求，计量员作为加油站专职油品管理员的职责已经弱化，完全可以合并到其他岗位中。具体计量工作的调整如下图所示。

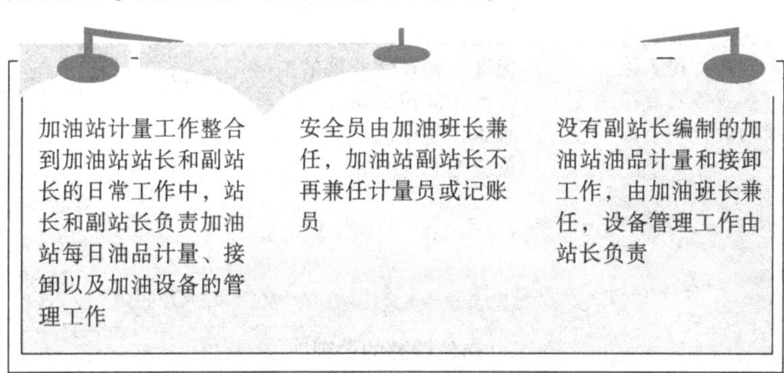
加油站计量工作整合到加油站站长和副站长的日常工作中，站长和副站长负责加油站每日油品计量、接卸以及加油设备的管理工作
安全员由加油班长兼任，加油站副站长不再兼任计量员或记账员
没有副站长编制的加油站油品计量和接卸工作，由加油班长兼任，设备管理工作由站长负责

计量工作的调整示意图

3. 便利店进销存业务由记账员负责

（1）记账员除负责加油站油品销售账务工作以外，还承担便利店非油品业务的相关工作。

（2）便利店有专职店员的，专职店员负责便利店的前台销售、陈列、理货、库房管理，以及便利店内的卫生清洁、设备设施的日常维护和保养。

（3）由于加油站便利店业务涉及便利店商品的进销存业务和便利店现场管理工作，无专职店

</td></tr>
</table>

（续）

员的便利店，非油品业务由记账员负责。

4. 若设有副站长，加油站的非油品业务（包括经营和管理）由副站长全面负责。

四、其他岗位职责

1. 站长岗位职责（略）

2. 副站长岗位职责（略）

3. 记账员岗位职责（略）

编制人员		审核人员		批准人员	
编制日期		审核日期		批准日期	

2. 下面是某企业部门岗位调整方案范例，仅供读者参考。

方案名称	某企业部门岗位调整方案	编制部门	
		执行部门	

一、调整的原则

人力资源部门作为岗位管理的机构，承担公司岗位管理的业务指导、审核、备案和监督等工作。岗位调整的原则如下图所示。

设立、调整、变更岗位时，应与公司的经营战略、业务发展和组织架构调整相一致

设立、调整、变更岗位应遵循精简的原则，在保证工作正常开展的前提下，岗位数量应尽量减少，每个岗位的工作量应饱和

设立、调整、变更岗位时须经人力资源部门审核、公司总经理批准

岗位调整的原则

二、调整的流程

（1）新设立岗位、调整岗位申请表：由部门领导填写，表中应详细阐明新设立岗位、调整岗位的原因，并按公司的规定和格式编写岗位说明书。

（2）分管副总审核。

（3）人力资源部门审核：人力资源部门在审核时应对岗位设立、调整的原因、岗位名称、岗位职责、权限、岗位任职资格等与申请部门进行充分沟通 。

（续）

（4）公司行政副总审核。 （5）公司总经理审批。 （6）岗位评估：总经理审批同意后，人力资源部门与申请部门一起对岗位进行评估，明确岗位等级、薪酬范围并确定岗位说明书编写内容和要求。 **三、岗位确认** 每年年底，人力资源部门应当组织各单位对部门编制、岗位数量、岗位名称、岗位职责、岗位说明书进行审视，并在第二年的年初予以确认。					
编制人员		**审核人员**		**批准人员**	
编制日期		**审核日期**		**批准日期**	

3. 下面是某学校教师岗位调整工作方案范例，仅供读者参考。

方案名称	**某学校教师岗位调整工作方案**	**编制部门**	
		执行部门	

一、调整目的

为了进一步深入落实科学发展观，不断推进学校人事制度以及绩效工资制度改革，优化教师队伍，调动广大教师的工作积极性和创造性，形成充满活力的竞争激励机制，特制定本方案。

二、组织领导

学校专门成立教师岗位调整工作领导小组。领导小组负责制定方案、组织实施、过程监督、结果审定、岗位人员的最终聘用等工作。

三、调整原则

（1）坚持公平、公正、公开的原则。

（2）坚持注重个人能力和实绩的原则。

（3）坚持因岗择人的原则。

（4）坚持优化整合的原则。

（5）坚持相对固定、双向选择、确保教学一线稳定的原则。

一线教学即教学岗位教师不可以申请调整到重要岗位和非教学岗位。重要岗位的教师既可以申请调整到一线教学岗位，也可以申请调整到非教学岗位；非教学岗位的教师既可以申请调整到一线教学岗位，也可以申请调整到重要岗位。

四、岗位设置

学校教师共设三个岗位类别。

1. 一线教学岗位教师

（1）一线教学岗位教师主要指任课教师。

（续）

（2）任课教师是我校教育教学的中坚力量，特别是毕业班教师的工作压力更大，在学校发展中处于核心位置。

（3）任课教师的待遇和地位在学校应处于最高层级。

2. 重要岗位教师

（1）重要岗位教师是指从事学校管理工作中较为重要岗位的教师。

（2）对这些岗位教师的要求，如个人能力强、业务素质高、劳动强度大，一般教师难以胜任。重要岗位教师在学校发展中的作用不可或缺，他们的待遇和地位应当适时给予提高。

（3）学校重要岗位教师为年级教导处干事、教科研室教师、撰写学校大型材料的材料员。

3. 非教学岗位教师

（1）非教学岗位教师是指从事学校服务性工作的教师。

（2）非教学岗位的教师主要承担学校的管理工作、服务工作，以保证学校的教育教学和正常工作运转。

（3）非教学岗位教师大多数是由于年龄较大或身体多病，或由于其他原因由一线教学岗位教师转为非教学岗位教师。

（4）非教学岗位教师的工作压力、工作强度相对来说要小于一线教学岗位教师和重要岗位教师。

（5）学校办公室、工会综合处、保卫科、宿管处、总务处、后勤服务中心、实验室、团委、体育器材室、收发室、图书室、网控室、体卫艺教研室职员均为非教学岗位人员。

五、调整对象

此次岗位调整的对象为目前在我校工作的全体非一线教学岗位教师。

六、调整时间

此次岗位调整的时间为____年__月__日～____年__月__日。

七、调整程序

（1）召开全体教工大会，进行岗位调整工作总动员。

（2）组织教师报名，经领导小组研究，根据学校实际情况确定调整人选。

（3）领导小组根据学校公示确定需进行岗位调整的教师数，依据《教师岗位调整实施细则》对相关教师进行量化打分。

（4）领导小组根据评分结果和学校实际工作需要及本人的意愿进行综合考虑，以确定岗位初选人名单。

八、其他事项

（1）对于岗位调整过程中出现的问题，由领导小组及有关人员进行磋商，做出微调。

（2）及时公布调整结果。

（3）对于落选人员，学校要结合具体工作给予适当安排。

编制人员		审核人员		批准人员	
编制日期		审核日期		批准日期	